Diana Pflichthofer

Die Psycho-Industrie

DIANA PFLICHTHOFER

DIE PSYCHOINDUSTRIE

Wie das Geschäft mit unserer Psyche funktioniert und was es so gefährlich macht

GOLDEGG

Rechte Umschlaggestaltung: Thierry Wijnberg
Rechte Autorinnenfoto: Angelika Povel

Der Verlag und seine Autor:innen sind für Reaktionen, Hinweise oder Meinungen dankbar. Bitte wenden Sie sich diesbezüglich an verlag@goldegg-verlag.com.

Der Goldegg Verlag achtet bei seinen Büchern und Magazinen auf nachhaltiges Produzieren. Goldegg-Bücher sind umweltfreundlich produziert und orientieren sich in Materialien, Herstellungsorten, Arbeitsbedingungen und Produktionsformen an den Bedürfnissen von Gesellschaft und Umwelt.

MIX
Papier | Fördert gute Waldnutzung
FSC® C014138
FSC www.fsc.org

ISBN: 978-3-99060-423-6

Unter den Linden 21 • D-10117 Berlin
Telefon: +49 800 505 43 76-0

Goldegg Verlag GmbH, Österreich
Mommsengasse 4/2 • A-1040 Wien
Telefon: +43 1 505 43 76-0

E-Mail: office@goldegg-verlag.com
www.goldegg-verlag.com

Layout, Satz und Herstellung: Goldegg Verlag GmbH, Wien
Printed in the EU

Für Eti,

meine liebe Freundin mit dem
großen ungarischen Herzen

Inhaltsverzeichnis

Intro – Im Psycho-Dschungel

Kennen Sie psychische Krisen? Vielleicht waren auch Sie schon einmal in einer Lebenskrise und haben nach jemandem gesucht, der Ihnen helfen kann, sich daraus wieder herauszuarbeiten?

Vielleicht haben Sie auch einmal in einem Trauerprozess gesteckt und nach jemandem gesucht, der Ihnen zuhört? Oder Sie wollten sich selbst irgendwie mal besser verstehen können?

Haben Sie vielleicht schon einmal erwogen, sich um einen Therapieplatz zu bemühen?

Womöglich sind Sie dann an einen dieser Anrufbeantworter geraten, die ihrem Namen keine Ehre erweisen und eben nicht »antworten«. Diese Anrufbeantworter versprechen einen Rückruf, halten das Versprechen aber nicht, oder sie teilen Ihnen gleich mit, dass der zugehörige Therapeut leider überhaupt keine freien Plätze mehr hat. Vielleicht haben Sie es doch schon einmal geschafft, eines der begehrten Vorgespräche zu ergattern, um anschließend mit einem 30-Seiten-Fragebogen nach Hause geschickt zu werden. Und dann waren Sie mit all den Fragen zu Ihrer Biografie und den dazugehörigen Gefühlen doch wieder allein, während Sie sich durch den Fragebogen quälten (Fragebögen antworten auch nicht).

Die Frage, die sich dann stellt: Was jetzt?

Die Wartezeit auf einen Psychotherapieplatz hat man Ihnen mit etwa einem Jahr angekündigt. Niemand ist da, der Ihnen sagen könnte, welche Therapie Sie eigentlich machen sollten und wer diese anbietet. (Sind das nicht immer Psychologinnen? Antwort: Nein, sind es nicht.) Also vielleicht mal ein Blick in die Gelben Seiten – und was steht da nicht alles unter dem Begriff »Psychotherapie«? Sind das alles Psychotherapeuten, die »Psychotherapie« anbieten? (Antwort: Nein, sind es keineswegs.)

Vielleicht haben Sie sich an Ihre Krankenkasse gewandt, die Ihnen gesagt hat, Sie benötigten unbedingt erst einmal Formular PTV11 (kein Witz!) und dann könne man mal weitersehen. Formular PTV11 bekommen Sie bei einer Therapeutin, die zwar häufig ein Erstgespräch anbietet, aber leider keinen Therapieplatz. Und diese Therapeutin hat ihre Praxis unter Umständen 50 Kilometer von Ihrem Wohnort entfernt. (Das nennt sich »Überversorgung«.)

Oder Ihre Krankenkasse hat Ihnen wärmstens die neue Gesundheits-App ans Herz gelegt. Vielleicht haben Sie ja in Ihrer Not auch schon einmal einen »Onlinekurs« gebucht, vielleicht einen, um Liebeskummer zu überwinden. So etwas kann man sogar als Gutschein verschenken (auch kein Witz), zu Weihnachten für unter dem Tannenbaum.

Vielleicht haben Sie es aber auch erst einmal mit einem Buch versucht. Dazu schaut man in die Spiegel-Bestseller-Liste und sucht nach passender Lektüre zu dem Thema. Vielleicht von einem Autor, der medial sehr präsent ist. Das müssen doch Leute schreiben, die seriös sind? (Antwort: nicht zwingend.) Oder Sie haben sich eine der einschlägigen Sendungen zum Thema angeschaut, in der Hoffnung, dort seriöse Hinweise zu erhalten.

Falls Sie das kennen, dann hier ein kleiner Trost: Sie sind nicht allein. Viele meiner Patientinnen erzählen mir von solchen Odysseen. Manchmal weiß man nicht, ob sie von der eigentlichen Lebenskrise oder von der Suche nach Hilfe erschöpft sind. Dann sitzen sie vor mir, angefüllt mit »Übungen« und »Glaubenssätzen«, ausgefüllten »Übungsbüchern« und Fragebögen. Oder mit einer Diagnose versehen, die niemand so richtig überprüft hat. Sie wurde aber womöglich gestellt, weil sie gerade modern ist oder sich damit trefflich

Geld verdienen lässt – es gibt schließlich dafür so schöne Medikamente. Oder sie sitzen vor mir, weil die vermeintlichen Psychotherapeuten, bei denen sie vorher waren und die sie aus eigener Tasche bezahlt haben, jetzt irgendwie auch nicht mehr weiterwissen.

Woher sollen Sie, liebe Leserinnen und Leser, wissen, dass Sie durch vermeintliche Expertinnen durch vermeintlich aufklärende Sendungen geführt werden, Pseudo-Experten, die sich – offenbar von der Komplexität des Fachwissens herrlich unbelastet – beherzt zu den gerade aktuellen psychischen Erkrankungen und Themen äußern?

Woher sollen Sie wissen, dass in vermeintlich seriösen Sendungen subtil Werbung für die Pharmaindustrie gemacht wird?

Woher sollen Sie wissen, dass in sogenannten Bestsellern unter der Rubrik »Sachbücher« plagiiert wird?

Woher sollen Sie wissen, dass das, was Ihnen da großartig als »Studie« präsentiert wird, nicht wirklich repräsentativ ist? Woher sollen Sie wissen, dass Ergebnisse zu reißerischen Aussagen zurechtgebogen werden, damit sie medial schön verwertet werden können?

Und woher sollen Sie wissen, dass der Begriff »Therapie« genauso wenig geschützt ist wie der Begriff der Psychotherapie. Der Begriff der »Psychotherapeutin«, des »Psychotherapeuten« hingegen schon. Eine kleine, aber extrem bedeutsame Differenz. Denn diese Tatsache führt dazu, dass Sie unter den Anbietern angeblicher »Psychotherapie« Leute erwarten, deren »Ausbildung« aus einem 45-Minuten-Multiple-Choice-Test beim Gesundheitsamt besteht (leider auch kein Witz).

Woher sollen Sie wissen, dass von den Medien erkorene »Expertinnen« unter Umständen nicht annähernd die Ausbildung haben, die im Gesundheitswesen tätige Psychotherapeuten haben sollten?

Und woher sollen Sie wissen, dass die »Angebote«, die sich auf dem Psycho-Markt tummeln, am Ende auch gefährlich sein können? Dass sie zu Psychosen, zu Schädigungen durch falsche oder zu lang eingenommene Medikamente, zu Existenzkrisen führen können, gar zu Frühberentungen aufgrund dauerhafter Krankschreibungen, ohne echte Hilfe?

Vielleicht gehören Sie aber zu jenen, die verzweifeln, weil Ihre Partnerin oder Ihr längst erwachsenes Kind dauerhaft auf der Suche nach ihrem, nach seinem »inneren Kind« ist und einfach nicht (mehr) am Erwachsenenleben teilnehmen will?

Gegenüber meinen Patienten höre ich mich immer wieder über diese Dinge sprechen. In meiner Telefonsprechzeit (ja, so etwas gibt es) höre ich mich oft dieselben Antworten geben und darüber aufklären, was man unter einem seriösen Therapieangebot versteht. So habe ich zunehmend das Gefühl bekommen, dass diese Antworten, die ich Tag für Tag am Telefon gebe, für mehrere Menschen interessant sein könnten. Also habe ich mich darangemacht, all das aufzuschreiben. Aber während ich das tat, erschrak ich. Denn je mehr ich mich mit dem befasste, was unter dem Label »Psyche« und »Psychotherapie« kursiert, auf desto mehr Abgründe stieß ich. Von solchen Abgründen möchte ich in diesem Buch genauer berichten.

Als Ärztin und – mehr noch – als Psychotherapeutin ist man es gewohnt, zuzuhören und sich so seine Gedanken zu machen. Aber wir hören nicht nur unseren Patientinnen und Patienten zu, sondern auch dem, was da so über die Bildschirme pixelt, und wir lesen auch Zeitungen. Immer wieder bin ich dann erstaunt, wer sich auf welche Weise so alles zu Themen rund um psychische Erkrankungen und psychische Nichterkrankungen äußert. Seit geraumer Zeit beobachte ich, wie sehr viele vermeintliche Psycho-Expertinnen auf den Psycho-Markt drängen und »therapieren« möchten, häufig ohne Ausbildung, ohne fachkundige Supervision, ohne Erfahrung mit psychischen Krankheitsbildern und ohne professionelle Selbsterfahrung. Sie bieten vermeintliche »Psychotherapie« als Häppchenkost an, können sich oft nicht entscheiden, ob sie gesunde oder kranke Menschen therapieren wollen, versichern, sie würden sich nur um das »allgemeine Wohlbefinden« kümmern, um dann doch von »Depressionen« zu sprechen. Aber woher kommen all diese Pseudo-Experten? Wieso sind sie so beliebt? Eine Antwort ist womöglich in dem Begriff der Optimierung zu finden.

Man kann vermutlich mit einigem Recht behaupten, dass unsere Gesellschaft sich gegenwärtig in einer Art »Optimierungsrausch« befindet. Wir optimieren, wo wir können, was wir können: Prozesse, Produkte, Gewinne, Zeit. Und das natürlich im Dienste der Ökonomie. Gewinne sind finanzielle Gewinne. Nur diese verheißen Erfolg und ein glückliches Leben, so das Heilsversprechen der Ökonomisierung des sozialen Lebens.

Jeder, so heißt es immer wieder, könne sich zu einem erfolgreichen Selbst gestalten, es bedürfe nur einiger Optimierungs-, Empowerment- und Managementprogramme und des absoluten Glaubens an die eigene Kraft. Es gilt, aktiv zu sein und flexibel. Jeden Morgen mit seinen Affirmationen aufstehen, abends statt Gebet das Dankbarkeitstagebuch! Die Positive Psychologie macht es möglich. Die Optimierungen beginnen inzwischen schon früh, bereits in den Kindergärten. Davor warten die gehetzten Eltern, besorgt um den täglichen Optimierungsprozess ihres Kindes. Die Menge der Synapsen innen und der zuträglichen, gewinnbringenden Kontakte außen wird schließlich einmal über die soziale Rangfolge entscheiden.

Und sollte der Platz in der Rangfolge nicht gefallen, oh, dann liegt es ganz sicher an den Genen. Weniger Erfolg oder schlechtes Benehmen oder Aggressionen – es liegt an unseren Genen. Neuerdings gilt sogar die schlechte Laune als genetisch bedingt.

Oder es liegt an der Amygdala. (Es heißt, ein Vortrag oder eine Arbeit werde nur dann als so richtig wissenschaftlich wahrgenommen, wenn das Wort »Amygdala« fällt. Das hätten wir jetzt also auch.) Oder es ist eben mal wieder ein Durcheinander bei unseren Neurotransmittern. Das klingt auch so überzeugend wissenschaftlich. Und neben den Millionen von vermeintlichen Fußballbundestrainern, die letztlich die bessere Mannschaft aufstellen würden, haben wir jetzt auch zahlreiche Hobbyneurobiologinnen am Werk. Da ist dann vom »Dopaminrausch« die Rede oder – folgerichtig – von der »Dopaminabstinenz«.

Der Optimierungswahn macht auch vor uns Psychotherapeuten nicht halt: Auch wir sollen uns optimieren. Wir sollen schneller, effizienter, wirksamer und erfolgreicher werden und ebenso therapieren. Wir sollen auch unsere Patientinnen optimieren. Das, was holpert und stolpert in der menschlichen Seele, soll wieder rundlaufen.

All das ist ein riesiger Markt, leider oft auch ein Markt der Verzweiflung.

Irgendwie scheint sich eingebürgert zu haben, dass jeder »Psyche« kann. Das ist seltsam, denn nur wenige fühlen sich (hoffentlich) berufen, einen Blinddarm operativ zu entfernen oder ein EKG auszuwerten, nur weil sie mal ein Buch dazu gelesen haben.

Da mir aber aus eigener Erfahrung bekannt ist, dass es eine zehn bis zwölf Jahre lange Ausbildung braucht, um professionell psychotherapeutisch arbeiten zu können, wundere ich mich.

Ich wundere mich darüber, dass Stefanie Stahl – ohne Belege – Behauptungen aufstellt und all das von einigen Medien völlig unkritisch wiedergegeben wird, und darüber, dass sogenannte Sachbücher weiterverkauft werden, obwohl zahlreiche Stellen im Verdacht stehen, aus anderen Werken übernommen worden zu sein, ohne dass sie als Zitat gekennzeichnet sind.

Ich wundere mich, dass Eckart von Hirschhausen als Experte für psychische Erkrankungen befragt wird, obwohl er kein Facharzt für psychische Erkrankungen ist. Ich wundere mich auch, mit welcher Verve er in einer ADHS-Sendung die Einnahme von Medikamenten präsentiert, die dem Betäubungsmittelgesetz unterliegen, ohne dass – wie in der Wissenschaft üblich – auf mögliche Interessenkonflikte hingewiesen werden muss. Und ich wundere mich, wenn ich in einer solchen Sendung das von ihm eingenommene Medikament erkennen kann.

Es reicht inzwischen offensichtlich, wenn man sich kompetent »fühlt« oder »berufen« zu heilen, gerne mit einem (teuren) »Workshop«. Das bringt Geld und eventuell ein wenig Amüsement. Oder aber es kann bei den Teilnehmerinnen leider auch mal zu einer psychotischen Dekompensation führen, d. h. die Menschen verlieren völlig den Boden unter den Füßen, werden depressiv oder entwickeln gar wahnhafte Gedanken.

Offenkundig ist: Das Geschäft mit der »Psyche« blüht. Abgesehen von der allgegenwärtigen »Ratgeberitis« scheinen aktuell viele selbst ernannte Experten den Diskurs zu bestimmen, angefeuert und unterstützt von bisweilen merkwürdig unkritischen Medien. Je größer der Name, desto weniger Kritik scheint erlaubt.

Und wenn man sich das jetzt doch mal traut? Ich traue mich mal aus der Perspektive einer Fachärztin und ausgebildeten Psychotherapeutin, auf dieses große Geschäft zu blicken, das ich die Psycho-Industrie nenne.

In diesem Buch werde ich versuchen, Ihnen professionelle Informationen aus der Welt der Psyche nahezubringen, Ihnen dabei zu helfen, sich in dem »Psycho-Dschungel« nicht zu verlaufen, sondern sich zu orientieren und herauszufinden, wie Sie professionelle Psychotherapeutinnen von solchen unterscheiden können, die sich nur dafür ausgeben.

Ich werde versuchen, Ihnen die Tricks der Psycho-Industrie nahezubringen, mit denen man Sie glauben machen will, es würde professionell oder gar »wissenschaftlich« zugehen.

Ich werde auch einmal genauer hinsehen, was uns die medialen Psycho-Größen so anbieten als angeblichen Stand der Forschung und unumstößlich scheinende Wahrheiten.

Dabei muss ich auch auf die Gefahren zu sprechen kommen, die hinter dem Geschäft mit der Psyche lauern. Möglicherweise haben Sie selbst schon einmal durch einen dieser Industrieausläufer Schaden genommen. Aber vielleicht gelingt es auch, Sie vor Schaden oder zumindest vor sehr viel Ärger und Frust zu bewahren.

Die Gefahren sind reichhaltig: Sie reichen von der wiederkehrenden Tendenz zum Sozialdarwinismus und der angeblichen Verantwortung der »Gene«, vom Missbrauch angeblicher psychischer Diagnosen, sie reichen von Pseudo-Religiosität und Heilsversprechen über Trivialisierung und Betroffenheitsjournalismus bis hin zu falschen Glücksversprechen, Verramschung des Psychotherapiebegriffes, falschen, veralteten Rollenbildern, Etablierung von Machtverhältnissen und der Weigerung, gesellschaftliche Missverhältnisse zu ändern. Sie führen aber auch zu Verunsicherung, jahrelangen Nebenwirkungen durch Medikamenteneinnahme, Psychosen und Einsamkeit.

Die Gefahren liegen auf einer höchst individuellen Ebene, weil Menschen – im guten Glauben, dass ihnen nach dem Stand des medizinischen Wissens geholfen wird – getäuscht werden, sie vermeintlich eine »Psychotherapie« machen, ihre eigentlichen Erkrankungen aber in Wahrheit unbehandelt bleiben. Die Gefahren liegen aber auch auf einer gesellschaftlichen Ebene, indem es einen Rückfall in ein extrem vereinfachtes Schwarz-Weiß-Menschenbild gibt, indem die Illusion erzeugt wird, gravierende Probleme könnten mit einer kleinen Übung oder »positiven Gedanken« aus der Welt geschafft werden, indem psychische Diagnosen auch dafür missbraucht werden können, die schwierige Lebensrealität von Menschen nicht zu verbessern, sondern sie lieber mittels Medikamenten dafür unempfindlicher zu machen.

Vielleicht geht es Ihnen am Ende des Buches wie mir, dass Sie sich sagen: »Das kann doch eigentlich nicht wahr sein!« Ist es aber – bisher noch.

01 DIE PSYCHE ALS INDUSTRIEZWEIG

Der Markt

Sicher ist es Ihnen auch schon aufgefallen. Gegenwärtig kann man der Psyche und Psychischem kaum noch entkommen. Überall scheint gecoacht oder therapiert zu werden, man ist achtsam, auf der Suche nach dem »inneren Kind«, auf der Suche nach seinem ADHS (Aufmerksamkeitsdefizit- und Hyperaktivitätssyndrom), neuerdings auch nach seinem Autismus (vom Asperger-Typ, versteht sich). Oder ist nicht vielleicht die Linkshändigkeit ein Problem? Wurden Linkshänder (wie ich) nicht womöglich immer schon ausgegrenzt oder war nicht die Ermahnung zum rechtshändigen Schreiben Gewalt, eine Traumatisierung gar? Ansonsten bleibt vielleicht noch die Hypersensibilität. Es gibt neuerdings »toxische Beziehungen«, jede Menge »Trigger«, Mental-Health-Coaches, Narzissten und Neurodiverse. Bei dem reichhaltigen Angebot dürfte eigentlich für fast jeden eine passende oder passend zu machende psychische Diagnose dabei sein. In jedem Falle lässt sich damit hervorragend Geld verdienen. Das gehört zu den Gesetzen des Marktes: Schaffe Bedürfnisse, damit du sie befriedigen kannst. Schaffe Erkrankungen, damit du »Therapien« anbieten kannst.

Nun ist es häufig entlastend, wenn das Kind einen Namen hat. Allerdings ist es dabei immer hilfreich, wenn es auch ein Kind dazu gibt, das Kind den richtigen Namen trägt und wenn nicht plötzlich alle Kinder den gleichen Namen bekommen. Und eben das scheint manchmal zweifelhaft. Diagnosen, insbesondere aktuelle Modediagnosen, werden mit viel Verve in den Medien und den sogenannten sozialen Netzwerken gehypt und – besonders bemerkenswert – ziemlich kritiklos hingenommen. Manchmal scheint es fast, als löse es regelrecht Erleichterung und Entspannung aus, wenn endlich eine solche Diagnose gestellt wird.

Das ist bemerkenswert, wo wir uns doch einerseits – zu Recht – sehr bemühen, Menschen nicht zu etikettieren und damit zu stigmatisieren oder sie von ihren »Labeln« und Stigmatisierungen zu befreien. Wo doch viele Menschen, gerade wenn sie mit dem Gedanken spielen, eine psychotherapeutische Praxis aufzusuchen, Angst davor haben, »in eine Schublade gesteckt« zu werden, aus der sie dann lebenslang nicht wieder herauskämen. Wieso gibt es dann auf der anderen Seite plötzlich dieses große Bedürfnis nach einer psychischen Diagnose? Das Bedürfnis nach einem klar erkennbaren »Etikett«? Woher rührt die Erleichterung, wenn man eines bekommen hat (»Gott sei Dank, jetzt weiß ich – ich habe ADHS.«)?

Allerdings scheinen gerade an dieser Stelle die Diagnose und die damit einhergehende Pathologisierung auch nicht mehr zu beruhigen, und da kommt der Begriff der Neurodiversität ins Spiel. Dieser soll gerade »entlabeln«, indem seelische oder kognitive Probleme als eine neurologische Spielart der menschlichen Natur eingeordnet werden, ohne dass man sich pathologisieren lassen muss. Aber auch mit diesem Begriff wird ein neuer Markt geschaffen, denn »Neurodiversität« bietet ein sehr, sehr großes Dach, unter dem sich viele versammeln können (zum Beispiel auch ich, als Linkshänderin), sodass es dabei letztlich auch nicht mehr weiterhilft, etwas erkennen und verstehen zu können.

Meine Vermutung ist: Die Diagnose einer vermeintlichen psychischen Erkrankung erscheint manchmal als das kleinere Übel. Es ist womöglich besser auszuhalten, »etwas Bestimmtes« zu haben, das zudem allgemein anerkannt zu sein scheint, als sich selbst nicht zu verstehen. Zu fühlen, dass man vielleicht leicht ablenkbar, nervös, vergesslich, nicht »leistungsfähig«, traurig, müde, energielos, freudlos oder ängstlich ist, ohne selbst einen Grund dafür erkennen zu können, kann zutiefst verunsichern, Angst machen, das eigene Selbstwertgefühl angreifen. Es bleibt das unbestimmte »Mit mir stimmt etwas nicht«-Gefühl zurück. Wenn einem dann gesagt wird: »Sie haben X«, dann fühlt man sich vielleicht gesehen, ernst genommen, verstanden und schon dadurch beruhigt.

Verführerische Digitalisierung

Eine Diagnose bietet einem wenigstens etwas an. In der Regel gehen Menschen zu Therapeutinnen, Coaches, Lebensberaterinnen und so weiter, weil sie fühlen, dass etwas nicht stimmt, sie etwas quält. Aber sie haben für dieses Etwas keinen Namen. Dann ist es womöglich hilfreich und entlastend, wenn es einen Namen bekommt, auch wenn es ein nicht zutreffender ist. Wenn Sie sich müde, irgendwie krank und nicht leistungsfähig fühlen und bei Ihrem Hausarzt ein Labor machen lassen, dann sind Sie neben der möglichen Erleichterung, wenn er Sie freudestrahlend begrüßt mit »Ist alles super!«, womöglich auch ein bisschen enttäuscht, oder?

Eine Diagnose kann also auch entlasten, und dies umso mehr, als mit der Riesenwelle der Kognitiven Verhaltenstherapie annehmbare Angebote dafür gemacht werden, warum man X hat (die Verhaltenstherapeuten sprechen gerne von »Wellen« ihrer Entwicklung; demzufolge befindet sie sich gerade in der dritten »Welle«, die der Psychotherapeut Farhad Dalal als »Tsunami« bezeichnet). Irgendwie hat man die Erkrankung »geerbt«, »in den Genen«, damit also von Geburt an. Das wird – missverstanden – so aufgenommen, dass die individuellen und gesellschaftlichen äußeren Lebensumstände nichts damit zu tun haben.

Oder es handelt sich um eine Art »Fehlprogrammierung«: Man hat sich etwas, beispielsweise eine negative Sicht auf die Dinge, zu sehr »angewöhnt« oder ist von den Eltern »falsch programmiert« worden, hat also eine Art »Softwareproblem«. Diese funktionale und vor allem auch äußerst beziehungslose Sichtweise wird dann gerne unterlegt mit der »Hirnforschung«, insbesondere der Neurobiologie, dieser spannenden Wissenschaft, die inzwischen bei vielen für vieles herhalten muss. Zum Beispiel: Ein Hirnscan zeigt bei ADHS die Veränderung X im MRT, also liegt ADHS vermutlich an der Veränderung X im MRT. Das Softwareproblem ist entstanden, weil es ein Hardwareproblem gibt. Dies ist eine leider häufig anzutreffende verkürzte Sichtweise, die sich allen wissenschaftlichen neurobiologischen Aufklärungen zum Trotz hartnäckig hält. Eine der wichtigen Erkenntnisse der Neurobiologie ist gerade, dass ein »Softwareproblem« dem »Hardwareproblem« vorausgehen kann. Das heißt, wenn ein Verhalten oder auch ein Erleben (zum Beispiel Angst) lange genug anhält, kann sich im Laufe der Zeit auch die Hirnstruktur verändern.

Aber offenbar scheint eine rein funktionale, mechanistische, biologistische Einordnung menschlichen Verhaltens und Erlebens zurzeit attraktiv zu sein, weil sie von Komplexität befreit, von der Komplexität, die entsteht, wenn man Beziehungen, Gefühle, Biografisches, Leben, Erleben und die Konflikthaftigkeit des Menschen mit einbezieht, wenn man gar nach Bedeutungen sucht. Wir Menschen funktionieren eben nicht »digital«, also nach dem »0 oder 1«-Prinzip, sondern – wenn man es denn so ausdrücken will – nach dem »0 bis n«-Prinzip.

Vielleicht könnte man gar von dem (zwangsläufig scheiternden) Versuch sprechen, die Psyche und die Psychotherapie zu digitalisieren. Bekanntermaßen versteht man unter der Digitalisierung (ursprünglich) die Umwandlung von analogen Werten in digitale. Analoge Werte sind stufenlos darstellbare, also kontinuierliche Werte, digitale Werte sind stufenförmig. Neben den Vorteilen der Digitalisierung liegt genau hier auch einer ihrer Nachteile: Sie geht mit einem

Informationsverlust einher. 1 oder 0, An- oder Aus-Signale, das heißt, alles oder nichts, das »Dazwischen« ist nicht ohne Weiteres darstellbar. So spektakulär die Erfindung des dualen Systems durch Leibniz (De Progressione Dyadica im Jahr 1679) für die Mathematik und die Informationsverarbeitung auch gewesen sein mag, die menschliche Psyche in dieses System pressen zu wollen, halte ich für mehr als kritisch. Diese Vorgehensweise fördert gerade den Verlust von »Graustufen« und kann zu einem dichotomen Menschen- und Weltbild führen, in dem Objekte nur in Extreme (zum Beispiel gut oder schlecht) eingeteilt werden.

Die Digitalisierung der Psyche führt ebenfalls zu einem Informationsverlust. Es geht dann beispielsweise nur noch darum, ob etwas, ein X, da ist oder nicht, und nicht mehr darum, in welcher Ausführung oder aus welchen Gründen es existiert. Mit dem digitalisierenden Ansatz allerdings kann man leichter Fragebögen erstellen, die beispielsweise Symptome abfragen: Kopfschmerzen, ja oder nein? Schlechte Stimmung, ja oder nein? Nur um welche Kopfschmerzen es sich handelt, und vor allem wie diese erlebt werden oder wie genau die schlechte Stimmung aussieht und so weiter, das lässt sich damit nicht abbilden. Am Ende aber erhält man Skalen und Zahlen, die sich wiederum schematisieren lassen. Das ist alles insofern praktisch, als man dann auch vermeintliche Angebote machen kann, wie man solche »Dinge« mit einem x-Wochen-Programm, einem therapeutischen »Manual« und der Re-Programmierung aus der Welt schafft.

Angebot und Nachfrage – der Preis?

Traut man dem AOK-Fehlzeitenreport 2023, dann haben die psychischen Erkrankungen ein historisches Hoch erreicht.

Die Mitherausgeberin des Reports schlüsselte auf, dass

die Fehltage aufgrund psychischer Erkrankungen von 2012 bis 2022 um 48 Prozent gestiegen seien. In allen anderen Erkrankungsgruppen seien die Krankmeldungen um 35 Prozent erhöht. Der größte Anteil unter den 35 Prozent im Jahr 2022 würde – pandemiebedingt – auf die Atemwegserkrankungen entfallen.[1]

Und dann auch noch dies: Psychische Erkrankungen führen zu durchschnittlich deutlich längeren Zeiten der Arbeitsunfähigkeit, im Schnitt zu 29,6 Tagen, während sie beispielsweise bei Atemwegserkrankungen nur bei 7,1 Tagen pro Fall lägen.[2] Ärgerlich für die Arbeitgeber, für die bekanntlich ein Arbeitsausfall unter Umständen ein Einkommensdefizit bedeutet (wenn die anderen Mitarbeiterinnen das nicht durch Mehrarbeit verhindern). Ist das nicht seltsam? In Deutschland und Österreich leben wir in der sogenannten sozialen Marktwirtschaft, nicht wahr? Und deswegen achten wir neuerdings vermehrt auf die psychische Gesundheit unserer Arbeitnehmer. Das glauben Sie nicht, merken Sie nicht? Hm.

Aber wir leben auch im Kapitalismus, in dem Angebot und Nachfrage den sogenannten Markt bestimmen. Wir haben also ein reichhaltiges Angebot. Ein Angebot an psychischen Erkrankungen. Ergo steigt die Nachfrage danach, diese therapieren zu lassen. Und das ruft nun alle Unternehmerseelen auf den Plan. Denn wenn die Zahlen so hoch sind, dann sind auch die Krankenkassen bereit, Geld auszugeben. Fehltage sind nicht gut, kosten Geld. Und wenn Geld ausgegeben wird, dann gibt es viele offene Hände.

In Deutschland haben wir das Privileg, dass Psychotherapien von den Krankenkassen bezahlt werden. Das ist innerhalb der EU keineswegs eine Selbstverständlichkeit, wie man vielleicht meinen könnte. In Frankreich zum Beispiel musste man mindestens bis 2022 eine Psychotherapie aus dem eigenen Portemonnaie bezahlen. In Österreich ist der Anteil an voll finanzierten Psychotherapieplätzen begrenzt, was, wie in Deutschland auch, zu langen Wartezeiten führen kann. Diese Wartezeiten sind zum Teil »hausgemacht« beziehungsweise durch ein Gesetz geschaffen worden.

Im Dezember 1992 trat in Deutschland das Gesundheitsstruktur-Gesetz in Kraft. Mit ihm wurde die sogenannte Bedarfsplanung eingeführt, was nichts anderes heißt, als dass die Niederlassungsfreiheit für Ärztinnen in der bekannten Form aufgehoben wurde. Zwar dürfen sich Ärzte weiterhin niederlassen, wo sie wollen, bekommen dann aber keine Kassenzulassung, das heißt, sie sind für die Mehrzahl der Versicherten uninteressant, da die Kosten für die Behandlungen nicht ohne Weiteres von ihrer gesetzlichen Krankenkasse übernommen werden. Eine solche Privatniederlassung ist dann häufig auch für viele Ärztinnen und Ärzte nicht so interessant.

Vielleicht haben Sie auch schon einmal drei Monate auf einen Facharzttermin warten müssen?

Den wenigsten Menschen in Deutschland dürfte klar sein, dass der Fachärztemangel, der zu den wochenlangen Wartezeiten beispielsweise auf einen Termin bei der Kardiologin (auch wenn der Verdacht auf eine koronare Herzerkrankung besteht) oder eben zu dem monatelangen Warten auf einen Psychotherapieplatz führt, seine Ursache in der Zulassungsbeschränkung durch die sogenannte Bedarfsplanung hat. Bei dieser wird mittels einer interessanten Rechnung ermittelt, wie hoch der Bedarf an medizinischen Leistungen in einem bestimmten Bereich wohl ist und wie viele Ärzte wohl gebraucht werden, diesen zu decken. Die errechnete Zahl wird dann zugelassen, mehr nicht. Das funktioniert sogar so gut, dass es in Deutschland nun eine große Sorge gibt, wer denn die Hausarztpraxen, vorzugsweise auf dem Land, in Zukunft weiter betreiben soll. Denn die jungen Medizinerinnen hatten Gelegenheit, dabei zuzusehen, wie die Niedergelassenen in Arbeit ertrinken (da sich ja nur eine irgendwie errechnete Zahl an Kolleginnen und Kollegen an der kassenärztlichen Versorgung beteiligen darf). Dank der neuen Psychohygiene, die daran erinnert, die Work-Life-Balance einzuhalten, haben die jungen Kollegen verständlicherweise wenig Lust auf eine solche Praxis, die mit der gemütlichen Landarztpraxis in TV-Deekelsen und den sie umgebenden blühenden Rapsfeldern nur wenig zu tun hat.

Die »Bedarfsplanung« also führt auch zu einer begrenzten Zulassung von ärztlichen und psychologischen Psychotherapeutinnen. Eine künstliche Ressourcenverknappung, wenn Sie so wollen. Ergo sind die Behandlungsplätze schnell vergeben, und da eine Psychotherapie ein bis drei Jahre dauert, werden die Plätze auch nicht so schnell wieder frei.

Auf diese Weise werden zwei für den Markt interessante Faktoren freigesetzt:

Verzweiflung auf der einen Seite, weil man krank ist und Hilfe sucht. Geschäftstüchtigkeit auf der anderen Seite, wie man dieser Verzweiflung eine Adresse bieten kann.

Wenn es viele psychische Erkrankungen gibt, müsste es doch auch viel Bedarf an Therapien geben und dann müsste es doch auch viel zu verdienen geben? Oder nicht? Gibt es!

Die Menge der von wirklichen Fachleuten gestellten psychischen Diagnosen, ferner die hinzukommenden Selbstdiagnosen und das offenbar durch Ratgeber und pseudowissenschaftliche Literatur erzeugte scheinbare Bedürfnis nach Selbsterkenntnis rufen jede Menge »Anbieter« von, sagen wir, »psychischen Dienstleistungen« auf den Plan. Auch solche mit keiner oder einer nur rudimentären psychotherapeutischen Ausbildung sind deshalb Teil des Marktgeschehens.

Vielleicht bietet kaum ein anderes Fachgebiet als das der psychischen Erkrankungen (oder der vermeintlichen psychischen Erkrankungen) so viele Möglichkeiten für Laien, in diesem Gebiet viel Geld zu verdienen. (Laien sind Personen, die über keine formale fachliche Ausbildung in einem Gebiet verfügen.)

Erinnern wir uns nicht nur an die oben erwähnte künstliche Ressourcenverknappung, sondern auch noch einmal an die Zunahme der psychischen Erkrankungen. Natürlich tut sich sofort die Frage auf, warum denn die Zahl der psychischen Erkrankungen steigt. Gibt es wirklich mehr psychische Erkrankungen als »früher« oder werden sie heute nur häufiger diagnostiziert, weil die Menschen sich in dieser Angelegenheit eher zu einem Arzt oder einer Psychotherapeutin trauen? Oder werden vielleicht bestimmte Verhaltensweisen eher als »Symptom« und damit als krankheitswertig eingestuft, was dann eine Diagnose bewirkt? Sicher dürften alle drei Faktoren zum höheren Diagnoseaufkommen beitragen. Dazu kommen noch die Selbstdiagnosen, die mithilfe von Dr. Google und der einschlägigen Ratgeberliteratur gestellt werden. Wir werden darauf zurückkommen. Insbesondere die bisweilen pseudowissenschaftlich daherkommende Populär- und Ratgeberliteratur (ich nenne sie »Bahnhofsliteratur«, weil es in der Regel die Bücher sind, die man in Bahnhofsbuchhandlungen erwirbt, wenn der ICE mal wieder Verspätung hat) hat dazu beigetragen, wichtige wissenschaftliche Begriffe auf den Ramschtisch zu packen, wo sie nach Belieben herausgesucht und zweckentfremdet verwendet werden können. Kostet ja nicht viel. All das zusammen führt zu einem mitunter inflationären und eben auch falschen Gebrauch von diagnostischen Begriffen.

Werner Bartels fasst dieses Phänomen in seinem Artikel *Ist doch nur psychisch* in der Süddeutschen Zeitung, sehr schön zusammen:

»Wer ein wenig kontaktscheu ist, gilt umgangssprachlich schnell als ›Autist‹. Widersprüchliches Verhalten oder ambivalente Situationen werden als ›schizophren‹ bezeichnet, auch wenn die Zuschreibung mit dem psychiatrischen Krankheitsbild wenig gemein hat. Als ›depressiv‹ bezeichnet sich manch empfindsame Seele, wenn das Winterwetter die Stimmung trübt.«[3]

Hinzugekommen sind in der letzten Zeit die »toxischen«

Beziehungen, die Einordnung unsympathischer Mitmenschen als »Narzissten«, je nachdem, welche Schwerpunkte die Ratgeberliteratur gerade setzt. Und es scheint alles immer so klar zu sein. Aber fragen Sie mal jemanden nach dem Unterschied zwischen einer depressiven Erkrankung und einer Trauerreaktion. Und danach, wann eine Trauerreaktion als »normal« gilt und wann und warum sie vielleicht ins Symptomatische und eventuell Krankheitswertige gleitet.

Die Therapie psychischer Erkrankungen ist in Deutschland seit dem Inkrafttreten des Psychotherapeuten-Gesetzes am 01. Januar 1999 geregelt und der Begriff »Psychotherapeut/in« seither geschützt und approbierten Berufsträgerinnen vorbehalten. Dies soll – eigentlich – verhindern, dass man als Patient mit einer psychischen Erkrankung an Pseudo-Therapeuten ohne richtige Ausbildung gerät (wir werden noch sehen, dass das leider nicht immer funktioniert). Damit aber die Pseudo-Therapie weiterhin ihren Markt hat, wurde kurzerhand eine neue Personengruppe gebildet. Auch weil die Behandlung wirklicher psychischer Erkrankungen viel Ausbildung, Erfahrung und Wissen erfordert, zudem oft sehr anstrengend und heikel sein kann und dazu noch sehr im Verborgenen stattfindet (es also wenig Applaus gibt), schuf man mit dieser neuen Gruppe ein spezielles »Marktsegment«, in dem es sich gut verdienen lässt: Es sind die sogenannten »Normalgestörten«[4] oder die »Normopathen«, Letztere laut Wikipedia[5] (!) auch gleich mit einer »Persönlichkeitsstörung« versehen, ein Begriff, der am Ende eher zu einem politischen Kampfbegriff zu werden scheint, wenn er gar »zum drängendsten Problem unserer Zeit« ausgerufen wird.[6] Dies geschieht in einem Buch, in dem gleich in der Einleitung von »gleichgeschalteter Berichterstattung in den öffentlich-rechtlichen Medien« die Rede ist.[7] (Weil im Rahmen der Pandemie so oft von »gleichgeschalteten Medien« die Rede war, hier nur ein kurzer historischer Aufheller: Mit »Gleichschaltung« sind die »Gleichschaltungsgesetze«

der Nationalsozialisten im Jahr 1933 gemeint, mit denen sie ihre Diktatur zementierten.) Folgt man dem Blog von Christian Dittrich-Opitz, gehört man bereits zu den Normopathen, wenn man zu Herrn Dr. Schiffmann und Prof. Sucharit Bhakdi eine kritische Haltung hat. Dann hat man sich halt »in der Normopathie so gemütlich eingerichtet«[8]. Welche Ausbildung Dittrich-Opitz hat, bleibt auch auf seiner Internet-Seite sein Geheimnis. Er spricht von »Hochbegabung« und einem »umfassenden Wissen« in Biochemie und Physik, das er sich in seiner Grundschulzeit (!) angeeignet habe.

Wie wir also leider sehen, kann es weit mit der Verwendung scheinbarer psychischer Diagnosen gehen, nämlich bis zum Missbrauch diagnostischer Kategorien, um eigene politische Ansichten als die vermeintlich richtigen und die anderer im Bereich des Pathologischen zu verorten. Der Begriff der Normopathie wird hier als scheinbare »Diagnose« missbraucht, um diejenigen abzugrenzen, die eine andere Meinung vertreten als die Autoren.

Psychische Diagnosen werden immer wieder gerne als »Kampfmittel« eingesetzt. Als politisches, wie im Falle von Christian Dittrich-Opitz, oder auch als soziales. Wer »was Psychisches« hat, der ist doch sowieso mit Vorsicht zu genießen? Immer wieder berichten mir meine Patienten und Patientinnen davon, dass sie – wenn sie den »Fehler« begangen und einer Arbeitskollegin davon erzählt haben, in Therapie zu sein – bei nächster Gelegenheit abgestempelt werden: als Depressive, nicht belastungsfähig and so on. Aber es ist oftmals gerade umgekehrt. Nicht selten sind gerade Menschen mit psychischen Erkrankungen sehr belastungsfähig und gerade ihre Belastungsfähigkeit macht sie krank, weil sie zu spät Nein sagen und ihr »schlechtes Gewissen« sie zur Arbeit treibt, obwohl sie eigentlich schon nicht mehr können. Das ist die eine Fraktion. Aber es gibt auch eine andere, die sich von der Diagnose etwas erhofft: Wer etwas »Psychisches« hat, möchte für sich mehr Zuwendung, Schonung, mehr Verständnis für die eigene individuelle Situation in Anspruch nehmen. Es ist das Phänomen, das man auch als »sekundären Krankheitsgewinn« bezeichnet.

Zugleich begegnen wir hier einem weiteren Phänomen der Psycho-Industrie: Es sind sehr häufig gerade keine Fachleute, die zu dem Thema Psyche, psychische Erkrankungen und Psychotherapie schreiben und reden. Ein seltsames Phänomen. Gerade dieser Bereich scheint sich dafür anzubieten, dass alle möglichen selbst ernannten Expertinnen und Experten sich mehr oder weniger substanziell dazu äußern.

All dies, was ich hier erst einmal nur kurz anreiße, sind oft zweifelhafte Ergebnisse der Psycho-Industrie.

Die Industrie

Man kann die Industrie auf zweierlei Weise verstehen: einmal als »Wirtschaftszweig«, wie beispielsweise die Finanzindustrie oder die Tourismusindustrie. Hier zeigt der Begriff an, dass aus einer Sparte ein wirtschaftlich wichtiges Produkt geworden ist. Es gibt einen bestimmten »Markt«, also Kunden, Abnehmer für ein bestimmtes »Produkt«.

Zum anderen gehören zum eigentlichen Industriebegriff die Massenproduktion, Spezialisierung, Mechanisierung und Rationalisierung. All diese können wir im übertragenen Sinne in der neuen Entwicklung des »Psycho-Marktes« wiederfinden.

Spezialisierung als Deckmantel?

Zur »Spezialisierung« gehört das Herauspicken einzelner Therapie-Elemente aus einem der großen therapeutischen Verfahren, in Deutschland den sogenannten Richtlinienverfahren: tiefenpsychologisch fundierte Psychotherapie, Analytische Psychotherapie, Verhaltenstherapie und seit 2019 auch die Systemische Therapie. Mit den drei erstgenannten Verfahren gibt es inzwischen langjährige Erfahrungen innerhalb des Versorgungssystems. Die Kolleginnen und Kollegen, die in diesen vier Verfahren ausgebildet sind, verfügen über einen breiten therapeutischen Fundus. Aus diesem Fundus, der auf einem komplexen Theoriengebäude beruht, greift man sich gerne einen Teil heraus, um diesen vereinfacht gut zu vermarkten.

Eine der bekanntesten zusätzlichen »Spezialisierungen« ist vermutlich die sogenannte Traumatherapie bzw. jene zum

Traumatherapeuten. Diese Begriffe suggerieren, es handele sich dabei um eine gesonderte Therapierichtung, für die es einer Spezialausbildung bedürfe. Tatsächlich aber hat die Psychoanalyse sich schon seit ihren Anfängen traumatisierten Menschen gewidmet. Wenn man an die ursprüngliche »Verführungstheorie« von Freud denkt, dann hat diese sogar ihren Ursprung in der Behandlung traumatisierter Menschen, im Falle der Verführungstheorie sexuell traumatisierter Menschen. (Die Verführungstheorie Freuds gibt, vereinfacht ausgedrückt, seine damalige Annahme wieder, dass eine sexuelle Traumatisierung gewissermaßen in zwei Phasen verläuft: In der ersten Phase kommt es zu einem sexuellen Übergriff auf das Kind, einem »vorzeitigen Sexualerlebnis«, der eigentlichen Verführung. Da das Kind die sexuellen Erfahrungen weder körperlich noch psychisch einordnen kann, bleiben sie gewissermaßen als rohes und unverstandenes Erlebnis gespeichert. Erst mit der Pubertät und der sexuellen Reifung erschließt sich der nun heranwachsende Jugendliche gewissermaßen die sexuelle Bedeutung des damals Erlebten. Diese Bedeutung ist so schlimm, dass sie verdrängt wird. Das Besondere an dieser Theorie ist, dass ihr zufolge nicht das Erlebnis selbst, sondern die Erinnerung an dieses Erlebnis traumatisierend wirkt. Freud hat diese Verführungstheorie zwischen 1895 und 1897 ausgearbeitet und sie 1897 widerrufen.)[9]

Und Vorsicht! »Psychotherapeutin/Psychotherapeut«, das ist eine gesetzlich geschützte Berufsbezeichnung, hinter der eine mehrjährige Ausbildung steht. In Deutschland ist sie an die Approbation geknüpft. Wenn Sie nun aber zum Beispiel einfach »Traumatherapeutin« auf dem Schild lesen, dann sollten Sie mal nachfragen, worin denn die Grundausbildung der »Traumatherapeutin« besteht. Denn der Begriff »Therapeut/Therapeutin« ist im Gegensatz zu »Psychotherapeut/Psychotherapeutin« – zumindest in Deutschland – nicht geschützt, das heißt, es kann sich im Prinzip jeder so nennen. Gerne schreibt man auch »Traumaarbeit« auf sein Schildchen oder seine Website. »Trauma« floriert, nicht zuletzt aufgrund der einschlägigen Ratgeberliteratur und des inflationären (und oft falschen) Gebrauchs des Begriffes. Und das ist leider ziemlich gefährlich, denn wenn ein wirklich traumatisierter Mensch an einen nicht ausgebildeten »Traumatherapeuten« gerät, dann kann der oder die Hilfesuchende tatsächlich Schaden nehmen.

Manuals – Garanten für Beziehungsferne

Unter dem Begriff der »Mechanisierung« lassen sich trefflich die anscheinend immer beliebter werdenden »Manuals« einordnen. Vermutlich gibt es nur wenige psychische Erkrankungen, für die es kein »Manual« gibt, also eine Art Schritt-für-Schritt-Anleitung oder »Gebrauchsanleitung«, auch »Programm« genannt, das die Therapeutin im Falle einer bestimmten Diagnose anzuwenden hat (man könnte auch hinzufügen: Komme, was da wolle – Hauptsache, das Manual wird durchgezogen). Diese »Manuals« sind in erster Linie durch die Kognitive Verhaltenstherapie »auf den Markt« gekommen. Sie wirken so schön wissenschaftlich und professionell, suggerieren Sicherheit und Erfolg, wo der Erfolg unsicher ist. Manuals sind eigentlich aus der Technik bekannt: Es sind Handbücher, die über den Gebrauch von Maschinen aufklären, oder andere Gebrauchsanweisungen für die sogenannten Benutzerinnen – nun also auch Gebrauchsanweisungen für Menschen mit psychischen Erkrankungen.

Erscheinen Behandlungstechniken innerhalb eines Manuals, dann kann das zudem den Eindruck erwecken, als seien solche Manuals immer schon Bestandteil dieser Behandlungstechnik gewesen, auch wenn sie – vollkommen eklektizistisch – aus anderen Therapieformen eingemeindet worden sind. Auf diese Weise besetzt man die Plätze im

Psycho-Markt. Ein schönes Beispiel dafür ist das Konzept der »Achtsamkeit« (ich komme später ausführlicher darauf zu sprechen): Es wird aus einem sehr komplexen philosophisch-religiösen Gebäude herausgetrennt, fast bis zur Unkenntlichkeit verändert und so in Häppchen-Form als »Manual« angeboten.

Weitere Vorteile eines solchen Manuals liegen scheinbar auf der Hand: Sämtliche Therapeuten wenden die gleichen Techniken an, das heißt im Falle der Psychotherapie die gleichen Interventionen, Fragen und Schlussfolgerungen. Das Ganze funktioniert nach dem Prinzip: Wenn A, dann B. Oder wenn A1, dann B1, und wenn A2, dann B2 und so weiter. Das wiederum bedeutet, es braucht nicht viel Zeit, hierin Therapeutinnen auszubilden. Man muss sich lediglich durch »sein« Manual arbeiten, also durch das Manual, das angewendet werden soll. Ein weiterer Vorteil ist (und dies schätzen insbesondere Krankenkassen, aber auch Patienten): Die Therapie ist gut strukturierbar – einschließlich ihres exakten Beginns, nämlich bei Stunde eins, bis zu ihrem Ende. Nicht selten steht bereits am Anfang einer Behandlung auf Grundlage eines Manuals fest, wann Stunde eins und wann Stunde fünf und wann die letzte Stunde ist. Herrlich! Und wenn man dann das Programm durchlaufen hat, dann hat man auch das Gefühl, es ist jetzt aber wirklich etwas passiert. Man hat etwas bekommen für sein Geld, hat nach Manual X die Soundso-Therapie durchlaufen. Vielleicht gibt es sogar noch ein Übungsbuch für zu Hause oder – moderner – eine Übungs-App. Die kann man dann auch allein durcharbeiten und nach Belieben wiederholen.

Nun macht es natürlich einen Unterschied, ob es sich um erprobte, in der Praxis bewährte und genauer untersuchte Manuals oder ob es sich um Privatkonzepte handelt.

Beispiel: Auf der Website von Stefanie Stahl findet man unter dem Button »Beratung« 14 Beraterinnen und Berater, »die allesamt nach meinem Konzept arbeiten«[10]. Welches

Konzept das ist, bleibt erst einmal rätselhaft. Sollte man allein arbeiten wollen, dann kann man auch einen Onlinekurs buchen – für 289 Euro –, bestehend aus acht »Modulen«, die einem zu Selbstsicherheit und einem besseren Selbstwertgefühl verhelfen sollen.

Aber so oder so, etwas fällt an der Manualisierung und der Modulisierung auf: Die Programme sind dekontextualisiert, sie scheinen weitgehend unabhängig vom einzelnen Menschen, vom einzelnen Betroffenen und von der einzelnen Patientin durchdekliniert werden zu können. Glaubt man Stefanie Stahl, dass »8 Milliarden Menschen alle gleich ticken«[11], dann ist das ja auch kein Wunder. Dann ist das der Boden, auf dem die Massenproduktion gedeihen kann, ein paar wenige Therapie-Manuals für alle.

Glaubt man ihr nicht – und ich glaube ihr ganz und gar nicht –, kann man auf die Idee kommen, es handle sich hier um ein mechanistisches Konzept. Beziehung scheint hier keine Rolle zu spielen, also die Beziehung zwischen Patienten und Therapeutin. Es geht in der Hauptsache um das Verkaufen eines Programms und nicht um die individuellen Bedürfnisse der Patienten oder das Vertrauen in einer soliden Therapiebeziehung. Besonders deutlich wird dies bei den Onlinekursen.

Die Rationalisierung und warum »Fast Food« auch in der menschlichen Psyche eine Rolle spielt

Spezialisierung und Mechanisierung tragen zur Rationalisierung bei, indem durch Technisierung und Automatisierung die »Effizienz« gesteigert wird und die Kosten nach Möglichkeit gesenkt werden. In unserem Falle kann das heißen: Es werden mehr Patientinnen in kürzerer Zeit mit weniger Aufwand behandelt. Da könnte man eigentlich nicht mal etwas dagegen haben, wenn, ja, wenn die Qualität wirklich gut bliebe. Dies bedeutet, dass Menschen auch längerfristig psychisch stabiler bleiben könnten und nicht lediglich für die Dauer einer Therapie oder noch ein paar Monate danach.

Und noch weniger könnte man dagegen haben, wenn Menschen und die menschliche Psyche tatsächlich so funktionieren würden, wie beispielsweise Stefanie Stahl uns glauben machen will: Acht Milliarden Menschen ticken gleich, und das tun sie, weil ihre Psyche überhaupt – angeblich – nur mit vier »Grundbedürfnissen« zu tun hat. Als da wären: Bedürfnis nach 1. Bindung und Zughörigkeit, 2. Autonomie und Kontrolle, 3. Selbstwerterhöhung und 4. das Bedürfnis, Lustgefühle zu bekommen und Unlust zu vermeiden.[12]

Diese sogenannten vier psychischen Grundbedürfnisse, die Stahl in ihren Büchern immer wiederholt, sind von Klaus Grawe übernommen, der sie seinerseits von Seymour Epstein übernommen hat, wie er in seinem Buch *Neuropsychotherapie* schreibt.[13]

Mit diesen vier Grundbedürfnissen nun gestaltet Stahl Bücher und Kurse. Hier beginnt schon das für die Psycho-Industrie typische Dekontextualisieren, denn die Begriffe hat man sich aus verschiedenen Richtungen zusammengesucht: die Bindung aus der Bindungstheorie, die vor allem durch John Bowlby bekannt geworden ist. (Dessen Werke finden sich zwar in Stahls »Literaturverzeichnis«, aber in ihrem Text kommt er überhaupt nicht vor.) Autonomie und Kontrolle stammen aus der Entwicklungspsychologie und der Psychodynamischen Psychotherapie, die bei Stahl sogenannte »Selbstwerterhöhung« kommt aus der überwiegend psychoanalytischen Narzissmus-Theorie[14], aber den Begriff der »Selbstwerterhöhung« gibt es hier nicht als Fachbegriff, sondern, wenn überhaupt, als Bezeichnung eines Symptoms. Die Narzissmus-Theorie beschreibt die Regulation des Selbstwertgefühls und gegebenenfalls deren Misslingen. Und schließlich stammt das Konzept des Bedürfnisses nach Lust und Unlust-Vermeidung von Freud selbst, zum Beispiel aus seiner Arbeit *Triebe und Triebschicksale*[15], in der er ebenfalls die Begriffe »Projektion« und »Introjektion« verwendet, an denen auch Stahl Gefallen findet. Nachdem man sich dann solchermaßen die Teile aus den verschiedensten Theorien und Konzeptionen zusammengesucht und sie ihres Kontextes beraubt hat, ist es fast schon folgerichtig, dass sie auch völlig schematisch verwendet werden. Denn bei Stahl gibt es in diesem Zusammenhang keinen inneren Konflikt, außer dem, dass ein Bedürfnis befriedigt werden soll und womöglich nicht wird.

Aber wir Menschen sind etwas komplizierter, als dass wir nur die vier Grundbedürfnisse hätten. Wir haben alle ständig innere Konflikte, die unbewusst sein können. Sie beruhen auf einer unbewussten Angst auf der einen und auf einem unbewussten, dagegen gerichteten Wunsch auf der anderen Seite: So können wir nicht nur das Bedürfnis nach Kontrolle haben, sondern auch jenes (häufig unbewusste, weil irgendwie schamhafte) Bedürfnis danach, Selbstkontrolle abzugeben, gar von außen kontrolliert zu werden. Wir können sogar das Bedürfnis haben, erniedrigt zu werden, und wir können gar das Bedürfnis nach (scheinbarer) Unlust haben und besitzen die merkwürdige Fähigkeit, aus Unlust wieder Lust zu ziehen. Glauben Sie nicht? Schauen Sie sich die Sadomasochismus-Szene an.

Zu allem Überfluss können alle diese Bedürfnisse nach X und −X gleichzeitig auftreten und zum Teil unbewusst sein. Es können zum Beispiel die Bedürfnisse nach Bindung und Trennung gleichzeitig auftreten. Also eine sehr komplexe und sehr dynamische Angelegenheit. Bei Stahl und Co erscheint aber alles wohlgeordnet.

Dieses mechanistische, extrem reduzierte und vereinfachte dichotome Menschenbild wurde ebenfalls durch die Kognitive Verhaltenstherapie befördert und hat sich von da aus in alle möglichen Trainings- und Coaching-Programme verbreitet. Da dieses Menschenbild keine Ambivalenz kennt, keine Ambiguität, kein unbewusstes mentales Leben, keine Grautöne, ist es herrlich überschaubar, sehr gut zu vermarkten und kommt damit den Ansprüchen des Marktes mehr als entgegen. Es ist doch großartig, wenn man seine Mitarbeiterinnen und Mitarbeiter mit einem Manual fit für den Arbeitsalltag bekommt. Das Ganze hat nur einen Haken: Dieses mechanistische, positivistische und reduzierte Menschenbild kürzt einen großen Teil des menschlichen Lebens einfach heraus, das ausgesprochen vielschichtige emotionale Leben, das eben aus vielen Grautönen, aus zum Teil extremer Widersprüchlichkeit, aus dem Auseinanderfallen von Kognition und Emotion, aus Vielfalt und x verschiedenen »Normalitäten« besteht. Das mag dann einfach klingen, griffig, aber es wird den Problemen, die wir Menschenkinder hier auf Erden haben – aus meiner Sicht – oft nicht gerecht.

Ein Beispiel: Sie kommen mit dem Symptom Herzrasen in eine »Praxis«. Dann kann es Ihnen passieren, dass es heißt: »Alles klar! Sie haben eine Panikstörung. Kein Problem, wir wenden das Programm X an, Sie kommen ein paar Wochen in die Gruppe Y und machen zu Hause ein paar Übungen, dann ist das weg.« Klingt super?

Ja, Herzrasen kann ein Ausdruck einer Panikstörung sein, aber eben auch Ausdruck einer Herzrhythmusstörung, einer Hormonstörung, einer Herzinsuffizienz, einer Atemwegserkrankung und so weiter. Und sollte eine physische Ursache ausgeschlossen sein und sollte es sich tatsächlich um Angst- oder Panikanfälle handeln, wäre es dann nicht ganz schön, zu wissen, warum man die hat? Und um es richtig kompliziert zu machen: Herzrasen muss nicht zwingend ein Ausdruck des Gefühls Angst sein: Es kann auch sein, dass sich hinter der sozial eher akzeptierten Angst womöglich heftige Wut verbirgt, die aber so gar nicht in das Selbstbild passen möchte. Sie sehen schon, manchmal geht es nicht einfach nach Schema F.

Aber immer, wenn es vielschichtig wird, widersprüchlich gar, wenn es um nicht aushaltbar erscheinende Emotionen geht, wenn es individuell wird, dann wird es auch kompliziert und anstrengend. Und das wiederum ist mühsam. Denn es heißt nichts anderes, als dass wir uns mit uns, unseren widersprüchlichen Gefühlen, unseren Ängsten und Wünschen und auch unserem unbewussten Leben auseinandersetzen müssen. Aber das kostet Zeit. Und ist es da nicht verlockend, wenn es ein scheinbar leicht verdauliches und einfaches Angebot gibt?

Vielleicht ist es ja so, dass wir in großen Teilen verlernt haben zu speisen. Wir sitzen nur noch selten an einem Tisch, essen verschiedene (vielleicht kleine) »Snacks«, versuchen nicht mehr, dem nachzuschmecken, was wir gerade im Mund haben oder hatten. Stattdessen essen wir überall, im Zug oder in der U-Bahn (»Asia-Hung«-Aroma im ganzen Abteil), im Geschäft, beim Telefonieren, im Auto. Wir stehen auf Fast Food, natürlich am besten auf gesundes »Fast Food«, wir konsumieren. Mit unserem mentalen Leben halten wir es anscheinend ähnlich: Wir wollen auch da nicht »speisen«, was Zeit erfordert, sondern Fast Food, kurze knappe Anleitungen, einfach und verständlich, »schnell umsetzbar«, wir schätzen es meistens nicht sehr, uns anstrengen zu müssen. Lieber appetitgerechte Häppchen, und so greifen wir dann zu einem »Fast-Food-Buch« (die Geschichte der Menschheit auf 500 Seiten oder die Geheimnisse der gesamten Psyche auf 300 Seiten) und glauben das, was wir da lesen. Zu mühsam wäre es, das Gelesene zu überprüfen. Man kauft schließlich so ein Buch dafür, dass man zügig informiert ist und mitreden kann. Wir werden sehen, es kann hochinteressant sein, diese Bücher auf ihren sachlichen Gehalt hin zu überprüfen (das kann selbst bei Büchern von Nobelpreisträgern aufschlussreich sein).

Die Fast-Food-Mentalität scheint auch an den Hochschulen Einzug gehalten zu haben. Man schaue zum Beispiel auf die Massenproduktion wissenschaftlicher Arbeiten. Die

Universitäten und Hochschulen scheinen selbst inzwischen zu einer Art Industrie konvertiert zu sein. »Wer schreibt, der bleibt«, heißt es. Auch da geht es um viel Geld. Um Fördermittel zu bekommen, um überhaupt an einer Hochschule bestehen zu können, braucht man »papers«, Artikel in Fachzeitschriften. Es geht vor allem um Quantität. So findet sich sicher ein »paper«, das behauptet, es gelte A1, aber man kann sicher auch eines finden, das behauptet, es gelte A2. In einem Artikel steht vielleicht: »Es könnte sein, dass die Anwendung von A bei der Krankheit B hilfreich ist.« In den Medien, die »weiterverarbeiten«, heißt es dann aber vielleicht schon: »Großer Erfolg bei der Therapie von A!«, »Der Einsatz von B könnte Tausenden helfen!« Und schon gibt es einen neuen Marktführer. Und so weiter und so weiter.

Wie soll man da als Normalverbraucherin noch den Überblick behalten? Kann man nicht. Daher wäre es schön, solche Bücher und Artikel würden seriös geschrieben. Werden sie aber nicht immer. Auf dem »Markt« führen nicht zwingend die Produkte, die inhaltlich gut sind, sondern die, die sich gut verkaufen lassen. Es kann durchaus beides zusammenkommen, die Regel ist das jedoch wohl eher nicht. Aber was ist »der Markt«? Wir sind es. Deshalb: Solange wir mit wenig zufrieden sind und dafür zahlen, werden wir auch wenig für viel Geld bekommen.

Wir sind also »Snacks« gewöhnt, sowohl bei der Nahrungs- als auch bei der Wissensaufnahme. Und wir schätzen es, unterhalten zu werden. Da wäre es doch eine Superlösung, wenn sich das vereinen ließe: Wissensaneignung und Unterhaltung. Ein Konzept, von dem viele Quizshows leben, und in dem Bereich, der mich hier interessiert, heißt das: »Psychotainment«.

FAZIT: Therapie-Illusionen

Therapieplätze sind rar. Das konnten Sie, falls Sie nach einem gesucht haben, ganz sicher schon feststellen. Wir wissen: Daran ist, wie in anderen medizinischen Bereichen, die Niederlassungsregulierung schuld. Daher suchen wir anderswo weiter und landen, ja, gerade nicht bei Fachtherapeuten, sondern vielleicht bei einem Buch, einer TV- oder Bühnenshow. Da erfährt man zwar dies und das, aber allenfalls bleiben therapeutisch wenig oder nicht wirksame, jedoch teure Trainings- und Coaching-Programme (ganz im Sinne der Unternehmen und der Krankenkassen). Wenn wir uns umsehen auf dem Psycho-Markt, finden wir alle Merkmale industrieller Produktion: Masse (»Wer vieles bringt, wird manchem etwas bringen«), Spezialisierung (Isolieren einzelner Elemente anerkannter Therapieformen), Mechanisierung (Diagnose mit Fragebögen, Therapie mit Manuals), Rationalisierung (Allaussagen über die »Natur« des Menschen und entsprechende Ansätze zur Digitalisierung). Das klingt für den Einzelnen, dem es vielleicht gerade nicht so gut geht, wenig erfreulich. Dennoch kennzeichnet unsere Situation die Frage: Warten Sie lange auf eine wirklich fachliche Kompetenz oder kaufen Sie für teures Geld eher die Illusion einer Therapie?

2 »PSYCHOTAINMENT«

»Psychotainment«. Ein schöner Begriff, oder? Und interessanterweise melden auch gleich mehrere Personen an, Erfinder dieses Begriffs zu sein.

Bei Marjorie-Wiki lesen wir, dass dieser Begriff erstmals im Oktober 1998 durch den Psychiater, Psychotherapeuten und Chefarzt Alexander Holst eingeführt worden sei. Er tat dies im Rahmen seines Vortrags *Trennung zwecklos*, in dem er die Partnerwahl unter tiefenpsychologischen Aspekten offenbar unterhaltend und humorvoll darstellen wollte.[16] In dem Wiki-Artikel heißt es, das Psychotainment-Format diene der Reduktion des Widerstands, dem Zweck, dass Teilnehmer sich möglichst angstfrei, wenn nicht gar freudvoll der Selbsterkenntnis widmen zu können. Freud-voll!

Tatsächlich findet man auch eine Einladung der LMU München zu einem Vortrag von Herrn Holst, in der es heißt, er verstehe es, scheinbar schwierige Zusammenhange humorvoll und verständlich darzustellen.[17]

Es wäre nicht das erste Mal, dass die Begriffsschöpfung eines Tiefenpsychologen von anderen zu kapern versucht wird. Hier ist offenbar ein Mann seines Faches tätig gewesen, der zudem deutlich macht, dass er »humorvoll« verstanden werden will. Aber es gibt eben andere Anwärter auf die Urheberschaft des Begriffes: So lesen wir bei der Referentenagentur Bertelsmann unter dem Namen Volker Kitz gleich in der Überschrift, er sei Erfinder des Begriffs »Psychotainment«.[18]

Er ist übrigens Jurist, aber hält sich offenbar für einen Kenner psychischer Phänomene. So steht auf derselben Seite: »Unser Gehirn folgt klaren Regeln, die bei allen Menschen gleich sind. Wer sie kennt, kann sich und andere besser verstehen. Mit unterhaltsamen Live-Experimenten erkundet Volker Kitz mit seinem Publikum die wichtigsten psychologischen Phänomene: Wie treffe ich die richtige Entscheidung? Wann mögen mich andere Menschen? Womit überzeuge ich sie? Wie durchschaue ich, was jemand von mir will? Wie wehre ich mich gegen Manipulation?«

Und wieder einmal jemand Fachfremdes, der sich auf dem Gebiet der Psyche als Experte geriert. Aber ebenfalls bei der Referentenagentur Bertelsmann finden wir Manuel Tusch. Er ist promovierter Psychologe und firmiert dort ebenfalls als Erfinder des Psychotainments.[19] Man möchte eigentlich fragen: Wer denn nun?

Übrigens spricht Tusch dann auch gleich – passend zum Thema – über die »Gebrauchsanleitung« für Mitmenschen, die sie angeblich zu »wesentlich angenehmere[n] Zeitgenossen« machten.[20] So viel zum eher mechanistischen Menschenbild.

Und dann gibt es da noch den Psychotainment-Club Ganderkesee, das sei ein »gehaltvoller Stammtisch« als »Ideenschmiede«, der vom Persönlichkeitstrainer Rainer Dietrich ins Leben gerufen worden sei.[21] Hier ist nun zu lesen, Rainer Dietrich habe sich den Begriff »Psychotainment« schützen lassen.

Wir werden es wohl nicht herausbekommen und es ist letztlich auch nicht wichtig, aber die Dynamik, die entsteht, ist durchaus interessant. Da gibt es einen guten Begriff, der etwas trifft – und mit dem sich dann vielleicht doch Geld verdienen ließe. Und sofort geht es los, man möchte diesen Begriff besetzen.

Wer auch immer ihn also kreiert hat, das Psychotainment hat eine lange und auch ziemlich dunkle Vorgeschichte, und diese wiederum ist für uns interessant, weil man etwas daraus lernen kann. Wir erheben also nun die Anamnese des Psychotainments.

Charcot – Patron und »Erfinder« der Hysterie

Jean-Martin Charcot, einer der Großen und Bekannten, muss hier an erster Stelle genannt werden, denn er und sein Wirken stellen ein Grundmuster des Psychotainments dar – in beidem: der Inszenierung und dem Umgang mit Diagnosen. Außerdem war er der vielleicht erste Erfinder einer psychischen Erkrankung, die durch ihn »modern« wurde und fortan in aller Munde war. Und nachdem er sich auf diese Erkrankung »spezialisiert« hatte, diagnostizierte er sie hundertfach. Mehr noch: Die Patientinnen lernten mit. Sie produzierten eben die Symptome, die gebraucht wurden, um eine bestimmte Diagnose, in dem Falle die der Hysterie, stellen zu können. In der Medizin sprechen wir von einer »iatrogenen«, also durch den Arzt verursachten oder verstärkten Erkrankung.

Diagnose und »psychische Infektion«

Charcot wurde 1862 Chefarzt an der Salpêtrière, dem »kleinen Arsenal«, dem größten Hospiz Frankreichs. Sie galt als »die Stadt der unheilbaren Frauen«: Ein Arzt für circa 500 (!) kranke Frauen, zwei, eine oder keine Mahlzeit für »Geistesgestörte«, geschätzte Genesungsquote 9,72 Prozent, 254 Todesfälle im Jahr 1862.[22] Charcot sei, so hieß es immer wieder, mit »Höllenfrauen« konfrontiert gewesen, 4.000 oder 5.000 (!) »Höllenfrauen«, die Charcot als »Material« dienten, mit deren Hilfe er, wie Didi-Huberman schreibt, die Hysterie erfand.[23]

Hier ein kurzes Innehalten. Denn wir können an dieser Stelle vielleicht zum ersten Mal mitverfolgen, wie eine Krankheit ausgerufen und »populär«, ja fast zu einer Art »Modeerscheinung« wurde und infolgedessen massenhaft diagnostiziert werden konnte. Wie entsteht eine Modediagnose? Wohl nicht nur deshalb, weil ein offenbar charismatischer Mann diese Erkrankung, die Hysterie, durchsetzte, sondern auch weil Umstände und »Untersuchungstechnik« dafür sorgten, dass man vorfand, was man vorzufinden beabsichtigt hatte. Man interessierte sich für diese Erkrankung, also wurde sie auch häufig diagnostiziert. Zugleich wurden die Frauen – wenn man so will – in diese Erkrankung »hineinerzogen«.[24] Man stelle sich vor, Tausende von Frauen, eingepfercht, einige von ihnen werden mit besonderer Aufmerksamkeit bedacht. Es ist mehr als wahrscheinlich, dass die Symptome, die produziert werden mussten, um »interessant« zu sein, mehr und mehr bekannt wurden und die Frauen sich mit der »Hysterie« gewissermaßen ansteckten.

Dieses Phänomen sehen wir auch heute bei »in Mode« gekommenen Symptomen: zum Beispiel Selbstverletzungen, unruhigen Beinbewegungen, Dissoziationen (damit ist die Desintegration psychischer Funktionen gemeint; die neue »Ohnmacht«). Folglich gibt es immer wieder Fälle, in denen eine »echte« Symptomatik nachgeahmt wird, weil man sich beispielsweise erhofft oder fantasiert, auf diese Weise mehr Zuwendung zu bekommen, und diesen Wunsch nicht anders ausdrücken, ja, manchmal nicht einmal bewusst fühlen darf. Auf psychotherapeutischen Stationen werden manchmal »Anti-Stress-Bälle« verteilt, die die Patienten kneten können, wenn sie angespannt sind. Hat damit mal einer begonnen, dann hat man in der Gruppentherapie recht schnell mehrere Patientinnen, die währender der Gruppensitzung ihre Bälle kneten. Hier wird dann das Kneten gewissermaßen selbst zum Symptom. Die Schwelle, Spannungszustände auch nach außen hin zu zeigen, zu demonstrieren, sinkt. Man möchte nicht hinter denen zurückstehen, die ihre Spannungszustände anzeigen, und womöglich weniger Anteilnahme bekommen. Es soll den Therapeuten zeigen, dass man auch Aufmerksamkeit und Zuwendung möchte.

Eine solche »psychische Infektion« wird schon von Freud in einem eindrucksvollen Beispiel beschrieben: Ein Mädchen in einem Pensionat bekommt einen Brief von ihrem geheimen Geliebten und reagiert darauf mit einem hysterischen Anfall. Daraufhin kann es passieren, dass ihre Mitschülerinnen, die davon wissen, mit Eifersucht reagieren und daher den Anfall übernehmen. Auf diese Weise können sie so erscheinen, als hätten sie auch einen Geliebten.[25]

Ohnmachtsanfälle können aufgrund überschäumender Gefühle entstehen und vom unbewussten Wunsch getragen sein, Aufmerksamkeit zu erzeugen und gerettet zu werden. Diese Form der Ohnmachtsanfälle ist hochaktuell, wenn man beispielsweise an Konzerte der koreanischen Boyband BTS oder anderer denkt. Es sind in der Regel junge Frauen und Mädchen, die sich in dieser Weise »anstecken« lassen. Aber wir wollen uns im folgenden Kapitel noch einmal Charcot und seinen Hysterikerinnen zuwenden.

Inszenierung

Charcot brauchte mehr Platz für mehr Publikum, also ließ er einen 500 Hörer fassenden Vorlesungssaal bauen, in dem er seine berühmten Dienstagsvorlesungen hielt. Dies tat er offenbar unter dem Gemälde, auf dem der Psychiater Pinel dargestellt ist, wie er die Frauen in der Psychiatrie aus Ketten, in die sie damals gelegt wurden (!), befreit. Charcot wollte sich womöglich auch selbst gerne als humanistischen Befreier sehen. Zu seiner Show gehörten offenbar Bühnenlicht, vergrößerte Fotografien und auch erste Diaprojektionen.[26] Die Patientinnen wurden ihm – man möchte fast sagen – zugeführt, um durch ihn hypnotisiert zu werden.

Dies geschah unter Nutzung eines Gongs, einer Stimmgabel, aber auch durch Elektroschocks oder durch Druck auf die Ovarien (!). (Man muss sich das einmal vorstellen: Charcot hatte offenbar dafür extra eine Ovarial- oder Ovarienpresse erfunden, in welche die Frauen eingezwängt wurden, um sie zu »heilen«. Wie mag sich eine Frau gefühlt haben, der von einem männlichen Arzt eine solche Ovarienpresse angelegt wurde? Und welche, vielleicht auch unbewussten Motive könnten die Ärzte hier gehabt haben?) Unter »Hypnose« zeigten die Frauen dann ihre Körper in verschiedenen Positionen, am berühmtesten der »arc-en-cercle«.[27] Dabei überstreckten die Frauen im Rahmen eines »hysterischen Anfalls« den gesamten Körper und bildeten einen Kreisbogen, bei dem das Becken nach oben gerichtet wird. Diese Haltung wurde von den männlichen Ärzten selbstredend als ein sexueller Wunsch, ein sexuelles Angebot verstanden. Nicht verstanden wurde, dass die Frauen das anboten, was ihrer Meinung nach von ihnen erwartet wurde. Nicht verstanden wurde auch der Voyeurismus der Zuschauer.

Die »Vorlesung« geriet endgültig zum Theater, weil unter den Zuschauern beileibe nicht nur Studenten oder Kollegen saßen (wir können hier auf die weibliche Form getrost verzichten), sondern bekannte und berühmte Größen wie der französische Philosoph und Autor Henri Bergson, der Soziologe Émile Durkheim, die Schauspielerin Sarah Bernhardt und der Schriftsteller Edmond de Goncourt. Auch Maler, Bildhauer, Architekten und Kunstsammler sollen mit dabei gewesen sein.[28] Und noch schlimmer: Charcot animierte die Zuschauer gar, den hypnotisierten Frauen irgendwelche Befehle zu geben, um gewissermaßen selbst die Macht des Hypnotiseurs und die Ohnmacht und Willfährigkeit der Hypnotisierten zu spüren.[29]

Liegt es nicht nahe, dass bei einem derartigen Machtmissbrauch und der Einladung eines nicht medizinischen Publikums, das auch noch selbst zum Machtmissbrauch animiert wird, der Selbstdarstellung des Arztes eine nicht unerhebliche Rolle zukommt? Und liegt es nicht auch nahe, hier von einem »Theater« zu sprechen, einem Theater, das seine Zuschauer faszinieren und unterhalten will? Einem Theater, bei dem es nicht um das Wohl der Patientinnen geht, sondern um die Inszenierung der ärztlichen Hybris?

Charcot hatte durch seine Vorführungen enormen medialen Erfolg. Hypnosevorführungen wurden noch populärer, Operndiven und Schauspielerinnen ließen sich durch die Darstellungen beeinflussen, es gab sozusagen einen medialen Hype.[30]

Auch Sigmund Freud saß im Publikum, aber er war immerhin Arzt. Bei ihm klingt die Begeisterung nach, wenn er schreibt: »Als Lehrer war Charcot geradezu fesselnd, jeder seiner Vorträge war ein kleines Kunstwerk an Aufbau und Gliederung, formvollendet und in einer Weise eindringlich, daß man den ganzen Tag über das gehörte Wort nicht aus dem Sinne bringen konnte.«[31] Hier hört man den doch ziemlich unkritischen Freud und man kann zwischen den Zeilen lesen, dass Charcot seine Vorträge zu gestalten wusste, dass sie überzeugend waren und wenig andere Sicht zuließen. Charcot war offenbar ein geborener Schauspieler und, mehr als das, auch eine »medizinische Leuchte« und ein »Salonlöwe«.[32]

Im Anschluss an die Dienstagsvorlesungen lud er gerne die Pariser Elite zur anschließenden Diskussion ein. Nach Ansicht von Didi-Huberman hat sich mit Charcot die medizinische Figur des »Patrons« hartnäckig verherrlicht.[33] Man stelle sich das vor: Viele, auch sehr junge Frauen, die in diesem Psychiatrie-Moloch festsaßen, fernab von Familien oder Bezugspersonen, und dann erscheint ein feiner, gut gekleideter Herr Professor, der sich ihnen zuwendet. Man kannte damals das Phänomen der Übertragung noch nicht, aber man kann hier schon einmal festhalten, wie unschwer verständlich wird, dass diese Frauen ihre Wünsche und Sehnsüchte auf eine väterliche Figur, auf einen Mann wie Charcot, übertragen haben (siehe auch Exkurs: Übertragung, Kapitel 3, Verramschung).

Per Hypnose und, wir würden heute sagen, auch per Suggestion und Übertragung gelang es ihm, die Frauen dazu zu bringen, die körperlichen Symptome zu produzieren, die er sehen wollte. Die Frauen versprachen sich davon zu Recht Vorteile: Aufmerksamkeit des »Patrons«, bessere Aufenthalts- und damit Lebensbedingungen, Zuschauer und damit eine gewisse »Berühmtheit«. Wenigstens einige Momente lang durften sie sich in ihrem Leben wichtig und »angesehen« fühlen, wenn auch auf ziemlich schreckliche Weise. Die überwiegend männlichen Zuschauer wollten die Zurschaustellung des weiblichen Körpers sehen und sie bekamen sie geliefert. Der Fotograf Paul Regnard bekam zudem offenbar freie Hand und durfte die Patientinnen in allen möglichen und unmöglichen Körperpositionen aufnehmen. Diese Fotos erschienen in der 1876 und 1877 veröffentlichten *Iconographie photographique de la Salpêtrière.*[34] Die Frauen und die von ihnen produzierten Symptome wurden ausgestellt, einem Publikum vorgeführt, fotografiert, kartografiert, all das, um den Anschein höchster Wissenschaftlichkeit zu wahren.

Finden Sie schrecklich? Oder unmöglich? Ja, aber gibt es leider heute auch noch – nur in einem leicht veränderten Gewand. Die Bühne ist heute nicht mehr nur ein großer Vorlesungssaal, sondern das Fernsehen zum Beispiel. Und auch hier werden unter dem Deckmantel der »Wissenschaftlichkeit« Menschen verführt, sich völlig ungeschützt zu exponieren. Sie werden sehen.

Unter den damalig Ausgestellten war auch die Starpatientin Augustine. Didi-Huberman spricht von ihr als einem »Meisterwerk«, sie sei das Starmodel der ganzen Hysteriekonzeption gewesen, in gewisser Weise auch Charcots Kreation. Charcot nennt sie ein »sehr regelmäßiges, sehr klassisches Beispiel«.[35] Die Bilder von ihr in der *Iconographie* sind erschütternd. 15 Jahre alt war sie, als sie in die Welt der »Höllenfrauen« eintreten musste, offenbar von großer Schönheit. Die Protokollanten in der Klinik konnten sich nicht einmal auf einen festen Namen für sie einigen. »Augustine« war offenbar nicht ihr richtiger Name. Und sie begeisterte die Mediziner und offenbar besonders Charcot durch die schöne Regelmäßigkeit und einen zuschauerfreundlichen Ablauf ihrer »Attacken«.

Das »Höllenhafte« an Augustine und den anderen Frauen war, dass sie ihre Sexualität mehr oder weniger symbolisiert »zur Schau« stellten und die »armen« Ärzte damit herausforderten, die selbstredend aus einer rein naturwissenschaftlichen Distanz dabei zusahen. Es ging also, wenn man so will, dauernd um Sexualität und in der Folge um heftigste Gefühle. Auch und vielleicht sogar besonders für eine 15-jahrige Pubertierende, die merkt, dass sich eine Koryphäe für sie interessiert, für sie, die in dieser Zeit und in dieser Stadt sonst nur sozialer »Abschaum« war. So reproduzierte sie ein ums andere Mal – vor Zuschauern – die Inszenierung einer Vergewaltigung.[36]

Schrecklich. Aber Augustine war offenbar sehr klug. Sie »lieferte«, wie vermutlich viele andere Frauen auch. Sie gaben sich, sie gaben ihre Körper den Augen der Ärzte und der anderen Voyeure preis, um … ja, um weiterhin die Vorzüge der Vorzeige-Hysterikerinnen genießen zu können und nicht auf die noch grauenhafteren Stationen der anderen unheilbar »Verrückten« verlegt zu werden.[37] Für sie galt es, Charcot und seine Idee der Erkrankung zu bestätigen, Symptome zu produzieren, um zu überleben. Augustine »stieg« in der Salpêtrière auf, zur Hilfspflegerin, genoss also offenkundig Privilegien, wurde später aber »rückfällig«, indem sie aggressiv wurde, Fensterscheiben zerschlug und schlussendlich in Zwangsjacke und Zelle gesperrt wurde.[38] Wer, bitte, würde unter solchen Umständen nicht aggressiv werden? Eher eine gesunde Reaktion.

Damit hätte die Geschichte von Augustine schaurig enden können. Aber offenbar siegte ihre Klugheit, denn später, so heißt es, verkleidete sie sich als Mann und entfloh auf diese Weise der Stadt der »Höllenfrauen«.[39] Man kann es sich doch wunderbar vorstellen, wie sie – vielleicht in einem Männeranzug steckend, einen Hut auf dem Kopf – mit festem Schritt und lässigem Gruß durch den Ausgang der Klinik strebte. Männer gehörten da nicht als Patienten hin, insofern: freies Geleit. Was für eine herrliche Pointe!

Und was für eine gewaltige Leistung und indirekt zugleich Entlarvung, Vorführung der dortigen männlichen Ignoranz und Selbstherrlichkeit.

Wir müssen diese zwar interessante, aber auch sehr schlimme Geschichte der Erfindung der Hysterie hier verlassen, da dieses Buch sonst zu umfangreich würde. Aber wir verlassen sie nicht, ohne etwas mitzunehmen:

Mit Charcot betrat ein charismatischer Mediziner die Bühne, der offenbar über die gesellschaftlichen, finanziellen und auch intellektuellen Mittel verfügte, um seine Idee einer Erkrankung zu verbreiten und sowohl sich als auch seine Patientinnen zu inszenieren. Er brachte die Psychiatrie auf die Bühne und wusste seine Zuschauer und Zuschauerinnen von der von ihm kreierten Diagnose zu überzeugen. Er inszenierte sich selbst als eine nicht hinterfragbare wissenschaftliche Autorität, lud sich Publikum ein, um »im Gespräch« zu bleiben und berühmt(er) zu werden. Dazu nutzte er für damalige Zeiten modernste Technik. Es war ein Multimedia-Event und eine Liveshow. Eine Erkrankung wurde erfunden. Um sie zu zementieren, wurde sie kartografiert: Es gab Fototabellen, gezeichnete Tableaus und Symptomlisten, eine Art Diagnose-Manual. Nachdem diese Erkrankung so interessant geworden war, wurde sie vermehrt diagnostiziert. Wir werden nun sehen, dass Show und Erfindung von Diagnosen auch in heutiger Zeit zur Anwendung kommen.

Psychotainment heute

Nun war Charcot tatsächlich Mediziner und eine medizinische Berühmtheit. Auch wenn vieles von dem, was in der Salpêtrière geschah, für uns schlicht gruselig ist – so verfügte er für die damalige Zeit über Fachwissen und war Experte. Das wiederum lässt sich von den heutigen Expertinnen und Experten im Bereich des Psychotainments nicht immer behaupten.

Klinische Vorlesungen gibt es auch heute noch, selbstredend haben sie heute strengen ethischen Vorschriften zu folgen, zu denen ohne Frage gehört, dass Patientinnen und Patienten ihrer »Vorführung« im Hörsaal zustimmen müssen. In den Zeiten meines Medizinstudiums war diese sogenannte klinische Vorlesung die bestbesuchte und lehrreichste Vorlesung im Semester. Um an ihr teilnehmen zu dürfen, musste man eingeschrieben, Studentin an der Universität sein. Es war keine der Öffentlichkeit zugängliche Veranstaltung. Heutzutage würde man wohl eher so weit gehen können, dass, wer die Behandlung von Patienten oder überhaupt von Menschen mit Leiden und Symptomen auf einer Bühne ausübt, sich hochgradig verdächtig macht, nicht professionell und ethisch korrekt zu arbeiten. Eine solche Bühnenshow zeugt nicht von der Sorge um Menschen mit Leiden, sondern – wie bei Charcot auch – von medialem Interesse und Selbstdarstellung.

Nichtsdestotrotz: Es gibt sie, diese Veranstaltungen.

Zunächst einmal ist es nicht anstößig, wenn interessierten Menschen wissenschaftliche Inhalte gut verständlich und womöglich sogar humorvoll nähergebracht werden. Im Gegenteil. Bastian Sick ist ein gutes Beispiel, wie man etwas Elementares, nämlich die eigene Muttersprache, unterhaltend an Mann und Frau bringt.

Allerdings taucht bei den Psycho-, Bühnen-, Talk- und Radioshows zunehmend ein Problem auf: Die Simplifizierungen, die unzulässigen Verallgemeinerungen und die zum Teil als wissenschaftlich getarnten Privatmeinungen führen in dieser übersteigerten Form oft auch zu Verfälschungen, bis hin zu mindestens strittigen, wenn nicht falschen Behauptungen.

Die Bühnenshow

Wenn man heute *Psychotainment* googelt, dann erscheint unter den ersten Treffern erst einmal die fast allgegenwärtige Stefanie Stahl, die 2023 eine »Wer wir sind«-Tour absolviert hat. *Wer wir sind* ist der Titel ihres neuesten Buches, von ihr als einzigartig angepriesen (»So etwas gab es vorher nicht«[40]). Ich werde darauf noch zu sprechen kommen. Stefanie Stahl bespielt die gesamte Psychotainment-Klaviatur: Bühnenshows, »Matching-Partys«, Talkshows.

Einen kleinen Eindruck, was auf diesen Shows passiert, gewährt uns die Journalistin Rebecca Wyss, die für das SonntagsBlick-Magazin eine solche Bühnenshow in Bern besucht hat. (Rebecca Wyss ist 2022 für einen Beitrag mit dem Zürcher Journalistenpreis ausgezeichnet worden.) 220 Schweizer Franken kostete der Eintritt für die Bühnenshow von Stefanie Stahl, die von einem Esoterikverein organisiert worden war. Die Kassiererinnen am Eingang tragen T-Shirts mit dem Aufdruck »Alles ist möglich«.[41]

Stahl betritt die Bühne und erneuert ihr Credo, dass das Hirn eine Software sei, wir durch Erfahrungen in der Kindheit programmiert würden und so weiter. Dann werden mit Buntstiften die »inneren Kinder« aufgemalt und anschließend »Freiwillige« gesucht. Eine Frau findet sich. Was dann passiert, beschreibt Wyss wie folgt: »Stahl wendet sich an das Publikum: ›Ihr öffnet nun alle eure Herzen und hört zu.‹

Dann legt sie ihre Hand auf die Schulter der Frau, sagt: ›Oje, mein armes Mäuschen. Mama war immer gestresst. War so unnahbar. Und du hast dich immer abgelehnt gefühlt.‹ Die Frau blickt zu Boden, schweigt. Stahl streichelt über ihre Schulter, fährt fort: ›Da war sehr wenig Liebe. Das war nicht deine Schuld.‹«[42]

Dieser kurze Bericht und Einblick von Wyss ist aus zweierlei Gründen wertvoll. In den deutschen Medien sind kritische Beiträge zu Stahls Ansichten und ihren Shows äußerst rar, was vermutlich damit zu tun hat, dass viele Medien sie als Zugpferd nutzen möchten: Stern, Welt, Die Zeit, alle hofieren sie. Man möchte mit ihr verdienen, also ist Kritik unerwünscht. Der zweite Grund: Mit der Journalistin sitzt jemand mit kritischer Distanz im Publikum. Und so erfahren wir etwas aus der Praxis einer solchen Show. Um das vorwegzunehmen: Ein solches Vorgehen dürften die allermeisten seriösen Psychotherapeutinnen ablehnen. Nun könnte Stahl sagen, ja, das ist ja keine Therapie. Stimmt. Ist es nicht, in keiner Weise. Es ist eine Show. Es tut sich allerdings die Frage auf, ob man das nicht auch deutlich sagen müsste und ob die Frau, bei der gerade die Hand aufgelegt wird, das auch weiß. Aber daneben ist ein solches Verhalten mehr als kritikwürdig. Denn woher will Stahl wissen, dass »da sehr wenig Liebe war« und dass »Mama immer gestresst war«? Man muss sich das einmal vorstellen: Stefanie Stahl kennt diese Frau überhaupt nicht. Es gibt keine Anamnese, keine Analyse der Interaktion, der Beziehung, nichts – und dann solche Statements. Dieser kleine Ausschnitt zeigt aber auch, wie das »System Stahl« funktioniert. Sie sagt den Menschen das, was sie in einem bestimmten psychischen Zustand hören wollen. Diesen Zustand bezeichnet man in der psychodynamischen Theorie als *Regression*.

EX
KU
RS

Regression – sich wie ein Kind fühlen und benehmen

Der Begriff der Regression stammt aus der Psychoanalyse und beschreibt einen sehr wichtigen psychischen Vorgang: Ein einzelner Mensch oder eine Gruppe von Menschen verlässt ein bereits erreichtes psychisches (und manchmal auch körperliches) Entwicklungsniveau und fällt auf ein früheres Niveau des Denkens, Fühlens und Handelns zurück.[43] Häufig geschieht das unter dem Druck von unlösbar scheinenden äußeren und inneren Konflikten, aber auch unter Angst, bei starker Verunsicherung, bei großer Einsamkeit, extremer Bedrohung, auch bei Müdigkeit oder in großen Gruppen (wie zum Beispiel in einem Fußballstadion) oder eben bei physischen und psychischen Erkrankungen. Wir beschreiben Menschen, wenn wir sie in solchen Zuständen erleben, häufig als »kindisch«, womit der »Rückfall« auf das psychische Funktionsniveau, das Verlassen der erwachsenen Position, versuchsweise beschrieben wird. Regressionen haben gute und weniger gute Seiten: Im guten Fall dienen sie uns der Erholung vom Erwachsenenalltag, von den Anforderungen, Ängsten, Sorgen, sie entlasten uns, weil wir uns kindlichen Bedürfnissen hingeben können. Dies ist zum Beispiel der Fall, wenn man als erwachsener Mensch Hörspiele seiner Kindheit hört (zum Beispiel *Die drei ???*). Man taucht in eine Welt der Kindheit oder Jugend ein, es werden die dazugehörigen Gefühle aktualisiert, man kann sich beim Hören für eine gewisse Zeit geschützt und geborgen fühlen. Solche Zustände kann es auch in einem Konzert oder in einem Museum geben oder schlicht dann, wenn man als 40-Jährige in sein Elternhaus fährt und seine Eltern besucht. Viele drücken es so aus: »Wenn ich mit meiner Mutter rede, dann fühle ich mich wieder wie ein Kind!« Eine bekannte kollektive Regression ist das Weihnachtsfest, wenn wir alle – sozial anerkannt – wieder in die Wünsche und Sehnsüchte unserer Kindheit eintauchen. (Dieses Jahr hat t-online die »Reiseroute« des Weihnachtsmannes »live« als Satellitenbild gebracht. In

Thüringen wurden »Verkehrsschilder« aufgestellt, die die Silhouette des Weihnachtsmannes nebst Rentieren zeigte, mit dem Vermerk »darf überholt werden«. Beides galt offensichtlich den »Kindern« in den Erwachsenen.) Man könnte all dies auch »Einladungen zum Spielen« nennen. Das Spielen im wahrsten Sinne des Wortes ist vermutlich nicht möglich ohne die Fähigkeit zur Regression, ohne die Fähigkeit, die rationale, leistungsbezogene, wertende und sortierte, nach festen Prinzipien eingeteilte Welt des Erwachsenen zu verlassen. Aber im Spiel, vor allem im selbstvergessenen Spiel, erholen wir uns. Der Psychoanalytiker Ernst Kris sprach daher von der »Regression im Dienst des Ichs«[44]. In diesen Fällen ermöglicht uns die Regression auch den Zugang zur Kreativität, den Zugang zu einem Intermediärraum zwischen Fantasie und Realität. Der Zugang zu jeder Form von Kunst ist womöglich ohne ein gewisses Maß an Regression, innerhalb derer wir die Regeln der Realität zum Teil suspendieren, kaum möglich. Auch beim Genießen von Humor oder dem Lesen von Comics bewegen wir uns in Teilen der kindlichen Welt, ohne allerdings – und das ist entscheidend – die Kontrolle über unsere erwachsenen Ich-Funktionen zu verlieren.

Die andere, prekäre Form der Regression, vom Psychoanalytiker Balint als die »maligne« Form beschrieben,[45] führt eben eher dazu, dass die Regression uns im Griff hat und nicht mehr der psychischen Erholung dient. Dies kann sich zum Beispiel so äußern, dass erwachsene Menschen an kindlichen Ansprüchen festhalten, insbesondere auch in Beziehungen. Dies kann unterschiedliche Gründe haben: So können Menschen, die in der Kindheit unzureichend versorgt und/oder misshandelt worden sind, also ein Beziehungstrauma erlitten haben, mit einer großen ungestillten Bedürftigkeit durch das Leben gehen. Diese wird gewissermaßen sofort aktualisiert, wenn sie auf einen Menschen treffen, der auf die Bedürftigkeit und die damit verbundenen Beziehungswünsche anzusprechen scheint. Ein berühmtes literarisches Beispiel für solch eine Form der Dauerregression ist Linus von den Peanuts, der immer mit seiner Schmusedecke und dem Daumen im Mund zu sehen ist. Beides sind sogenannte Übergangsobjekte. Der Begriff des »Übergangsobjektes« stammt vom Kinderarzt und Psychoanalytiker Donald W. Winnicott und bezeichnet ein Objekt in der Kindheit, das zwischen Realität und Fantasie angesiedelt ist. Es hilft Kleinkindern, die Trennung von Eltern oder anderen vertrauten Dingen oder Umgebungen zu überstehen. Das Besondere daran ist, dass die Realität oder Nichtrealität dieser Objekte auch von den Eltern nicht infrage gestellt wird. Bekanntestes Beispiel: der Teddybär oder ein anderes Kuscheltier.[46]

In der psychoanalytischen Therapie richten sich solche Sehnsüchte und Wünsche dann an die Therapeutin und können auf diese Weise in einem längeren Prozess behutsam bearbeitet werden. Wenn eine solche Bearbeitung ausbleibt und die regressiven Wünsche, die sich mitunter zu handfesten Ansprüchen entwickeln können, unbewusst und bestehen bleiben, kann dies zu sehr schweren Lebensbeeinträchtigungen führen. Menschen in einem solchen Zustand delegieren die Verantwortung für ihr Leben – in der Regel häufig unbewusst – weiterhin an äußere Objekte, wie wir in der Psychotherapie sagen, also an andere Menschen, Bezugspersonen, aber auch an »das Schicksal« oder »die Politik«. Zugleich sind sie anhaltend auf der Suche nach Menschen, die ihre aus der Kindheit offengebliebenen (und damals absolut berechtigten) Wünsche erfüllen. Im Grunde bleiben sie (mitunter lebenslang) auf der Suche nach den liebevollen, versorgenden Eltern, die sie unter Umständen in der nötigen Form nie hatten. Auf diese Weise versuchen sie, die notwendige Trauer zu vermeiden, die Trauer darüber, etwas, das einem zusteht, nicht bekommen zu haben. Wenn Menschen in dieser Form der Regression »stecken bleiben«, sind sie sehr empfänglich für vermeintliche Versprechen, die erhoffte Erfüllung durch Elternfiguren doch noch zu bekommen. Dies ist dann das »Einfallstor« für vermeintliche »psychotherapeutische« Angebote, die suggerieren, es gehe allein darum, die vermeintlichen Wünsche des »inneren Kindes« zu erfüllen.

Mit diesem Hintergrundwissen lässt sich das Geschehen bei Stahls Bühnenshow womöglich besser einordnen: Zunächst einmal verführen solche Veranstaltungen für sich genommen bereits zu einem gewissen regressiven Sog: Eine große Gruppe mit vielen unbekannten Teilnehmern verstärkt Unsicherheits- und Verlorenheits-, auch Spannungsgefühle, sodass die Regressionsneigung wächst. Und dann tritt Stahl auf, die in ihren Büchern suggeriert, viele Menschen würden ein »Schattenkind-Dasein« fristen. Sie wird also mit großen Erwartungen, sie möge nun das jeweilige innere Kind heilen, empfangen. Anschließend malen alle mit Buntstiften, wie in der Schule – ein erneuter regressiver Reiz (wenn man dafür empfänglich ist). Dann scheint sie einen lang gehegten Beziehungswunsch einer Frau zu erfüllen, indem sie sich als verständnisvolles, liebevolles Mutter-Objekt präsentiert. Dieses Mutter-Objekt »weiß«, wie schlecht die frühere Mutter der Frau war, es bietet sich als die viel bessere Ausgabe an und drückt vermeintlich mütterliche Gesten des Trostes aus – das tut Stahl gegenüber einer ihr vollkommen unbekannten Person. Diese Gesten finden ohne jegliche vorher aufgebaute Beziehung statt, außer einer ganz flüchtigen im Rahmen einer Bühnenshow. Diese wenige Sekunden andauernde Zuwendungssequenz kann dann von den Betroffenen als Blaupause für einen Beziehungswunsch oder auch einen Anspruch an andere genommen werden. Stahl bietet sich hier als die vermeintlich bessere Mutter an, die sich dem verlassenen und verzweifelten Kind zuwendet. Die jeweilige Besucherin mag sich daher in ihren Wünschen nicht nur gesehen, sondern auch in einer Weise bestätigt fühlen, dass sie tatsächlich auch heute noch so klein ist wie damals.

Der Haken an der Sache ist folgender: Stahl sieht diese Frau höchstwahrscheinlich nicht wieder und wenn, dann nicht für lange. Sie sagt selbst, sie sehe Patienten nur ein einziges Mal, weil diese dann einen »roten Faden« hätten und allein weiterarbeiten könnten.[47] Inzwischen sieht sie die Menschen gar nicht mehr in Einzelterminen, wie sie auf ihrer Website schreibt.[48] All das, was Psychotherapie ausmacht, insbesondere die psychodynamischen Verfahren wie die tiefenpsychologisch fundierte Psychotherapie und die Psychoanalyse, nämlich das Arbeiten an und in einer langfristigen, Halt gebenden Beziehung, entfällt hier.

Dementsprechend interessant ist vielleicht die Sicht eines Betroffenen: Martin Gommel, der sich Reporter für psychische Gesundheit nennt, nach eigenen Angaben selbst an einer Depression litt (und sich von Frau Stahl nicht ernst genommen fühlt), hat offenbar eine Show von Stefanie Stahl besucht. Wir erfahren auf Krautreporter.de, Stefanie Stahl habe während der Show bekannt gegeben, dass eine Stunde bei ihr 500 Euro koste.[49] Nicht schlecht, oder? Insbesondere wenn man bedenkt, dass für eine Stunde Psychotherapie von den Krankenkassen circa 110 Euro bezahlt werden.

Was den Menschen also bleibt, ist das Kaufen eines Buches, in der Hoffnung, damit würde ihr »inneres Kind« geheilt. Ich werde auf diesen Irrtum, das heißt auf das von Stahl vollkommen verkürzte und damit aus meiner Sicht auch verfälschte Konzept des »inneren Kindes«, im Kapitel über die Verramschung psychotherapeutischer Konzepte noch ausführlich eingehen.

Eine »Gute Gefühle«-Tour

Ebenfalls auf der Bühne unterwegs ist der Psychologe Leon Windscheid mit seiner »Gute Gefühle«-Tour. Beide, Stahl wie Windscheid, beherrschen das Psychotainment, beide sind gute Beispiele für eine hervorragende Vermarktung psychologischer Simplifizierungen.

Zum Psychotainment gehören heute selbstredend nicht mehr nur Bühnenshows, sondern Talkshow-Auftritte, Podcasts, Lesungen, Onlineseminare, Bücher und vor allem auch Fernsehsendungen, die eher ein Betroffenheitsformat abbilden, als ernsthaft wissenschaftlich aufzuklären.

Es scheint, als könnten sich die Protagonisten dieser Shows nicht entscheiden, was sie sein möchten: Wissenschaftlerinnen, »Heiler«, Entertainerinnen, Komiker oder Popstars. Die Zuschauer dürfen mit Recht erwarten, wenn es denn so behauptet wird, dass das, was ihnen da unterhaltend und humorvoll nahegebracht wird, wirklich auf wissenschaftlichen Grundlagen beruht. Oder aber sie sollten vorher darüber in Kenntnis gesetzt werden, dass die Darstellungen vielleicht gar witzig und unterhaltend sind, aber bitte inhaltlich nicht so ernst genommen werden sollten.

Stattdessen hat man eher den Eindruck, dass mit dem Erfolg, das heißt mit dem Bekanntheitsgrad, der eigene Anspruch, wissenschaftlich zu sein, zwar wächst, aber nicht eingelöst werden kann. Und mit dem Bekanntheitsgrad scheinen wiederum auch einige Medien, die »ihre« Psychotainer letztlich ja auch als Quotengaranten nutzen, ihrerseits ganz unkritisch und tendenziös zu werden. Das zeigt sich darin, dass die von den Medien zu Erfolgspsychologinnen Auserkorenen ihre Ansichten vollkommen geschützt und nicht hinterfragt vertreten können und beispielsweise keine Gegenposition durch einen echten Experten seines Fachgebietes daneben gestellt wird.

Betrachten wir einmal die Show(s) von Leon Windscheid: In einem Interview mit Sven Kroll im WDR-Format *Hier und Heute* vom 28. September 2023 beteuert Windscheid, dass er seine Aufgabe in der »Wissenschaftskommunikation« sehe und seine Shows keinen therapeutischen Anspruch hätten. Überdies sei er »wie die Jungfrau zum Kind« in die Fernsehshows gestolpert (das lässt ja hoffen!). In diesem Interview wartet Windscheid mit einer Studie zur Langeweile auf, die er entsprechend zugespitzt wiedergibt: »Ein Professor im weißen Kittel holt sich Studis in sein Labor und dann kommt er mit so ’nem Stromschockgerät und gibt denen ssst-sssst so Elektroschocks und die sind so unangenehm, dass die sagen, ich zahl lieber Geld, als noch so 'n Schock zu kriegen. Teil 1. Teil 2: Die Studenten sollen sich in einem komplett leeren Raum an einen komplett leeren Tisch setzen, nur sie und ihre Gedanken. Und jetzt geht der erste Student in diesen Raum und setzt sich an den Tisch und was liegt da? Das Stromschockgerät! Also der Professor hat gelogen! Und jetzt wird es krass: 25 % der Frauen und 67 % der Männer sitzen jetzt alleine da und greifen zu und schocken sich sst-sst selber. [...] Die Botschaft ist ja klar! Wir machen heute alles lieber, als Langeweile zu ertragen, einfach mal nichts tun.«[50]

Das klingt wunderbar reißerisch und auf den ersten Blick womöglich sogar überzeugend. »Wir machen heute alles lieber, als Langeweile zu ertragen.« Das ist eine Art »All-Aussage«, als würde das auf uns alle zutreffen und als hätte die Studie das bewiesen. Allerdings, wenn man die Studie liest (und nicht nur auf die Wiedergabe von Windscheid hört), dann liest man, dass es sich bei den 25 Prozent der Frauen um sechs (!) von 24 und bei den so »krass« klingenden 67 Prozent der Männer um zwölf (!) von 18 handelt.[51]

Da wir ja schon gelernt haben, dass wir acht Milliarden Menschen sind, sind 24 untersuchte Frauen und 18 untersuchte Männer, von denen insgesamt 18 (!) Menschen so reagiert haben, denn – nun ja – ein sehr bescheidener Ausschnitt. Eine Ministudie, aber nicht nur das: Hier wird nicht etwa ein Querschnitt der Bevölkerung untersucht, sondern eine sehr eingeschränkte Klientel, nämlich Studierende mit einem sehr engen Altersdurchschnitt. Außerdem: Sie sollten sich doch mit ihren Gedanken beschäftigen. Wer sagt, dass sie sich gelangweilt haben? Vielleicht waren die Gedanken ja auch unangenehm und sie wollten sich davon ablenken? Oder von ihrer Verunsicherung? Und wer weiß ferner, ob die Betreffenden das Schockgerät aus Langeweile oder aus Neugier ausgelöst haben? Man muss sich immer klarmachen, dass es sich bei der Studie um eine komplett experimentelle Situation gehandelt hat. So viel erst einmal zu der Art der »Wissenschaftskommunikation«, die hier aus meiner Sicht eher dafür genutzt wird, etwas reißerisch und damit fesselnd darzustellen, nur leider ohne die wirklich wissenschaftliche Einordnung.

Dann doch »Therapie«!

In demselben Interview kommt der Psychologe, der in Wirtschaftswissenschaften promoviert hat, dann auf einen ganz anderen Anspruch seiner Shows: »[…] Welche emotionalen Wunden haben wir zum Beispiel von unseren Eltern mitbekommen? Und dann erzähle ich einfach mal davon, dass ich mit meinem Vater mal so ein tolles Gespräch hatte, wo es um Leistungsdruck ging, dass man vielleicht als Kind gelernt hat, 2– ist nicht gut genug, und was macht so was mit einem, wenn man so 'n Muster als Kind beigebracht bekommt? […] Und wenn ich dann den Menschen erzähle, es gibt aber Wissenschaft, die uns erklären kann, wie ich mit so 'nem Ballast vielleicht, mit so 'nem emotionalen Thema anders umgehen kann, als ich das bisher mache, dann holt's die Leute ab. Und das ist eigentlich das, was am besten funktioniert!«[52]

Plötzlich geht es dann doch um Therapie. Ich möchte hier noch einmal festhalten: Windscheid ist kein Psychotherapeut. Und – dieser Punkt ist aus meiner Sicht besonders interessant – es geht um eine Art Therapiemix. Denn die Wissenschaft, die uns erklären kann, welche Auswirkungen unsere Kindheit, unsere Eltern und unsere Biografie auf unser Leben haben, ist über 100 Jahre alt und heißt Psychoanalyse. Diese wird aber – bezeichnenderweise – überhaupt nicht erwähnt. Stattdessen spricht Windscheid eher im kognitiv-behavioralen Jargon von »Mustern«, die man beigebracht bekommen hat, und wie man mit »so einem emotionalen

Thema anders umgehen kann«.[53] Auch hier findet eine Reduktion (Windscheid spricht bezeichnenderweise selbst von »Rotweinreduktionen«[54]) eines hochkomplexen Entwicklungsvorganges statt.

Es handelt sich eben nicht einfach um ein »Muster«, das man beigebracht bekommen hat (»2– ist zu wenig«), sondern all das findet innerhalb von sehr emotionalen, intensiven Abhängigkeitsbeziehungen statt. Der Vater dürfte seinerseits Motive haben, warum ihm eine 2– seines Sohnes zu wenig ist, möglicherweise ist ihm seine Einstellung zu Leistung auch gar nicht bewusst. Aber auch die Tatsache, dass ein Großteil unseres psychischen Lebens unbewusst verläuft, ist ein wesentlicher Bestandteil der Psychoanalyse, mit dem diese sich seit Jahrzehnten befasst. Der Vater bringt seinem Sohn auch nicht einfach ein »Muster« bei, sondern er verhält sich in einer Weise seinem Kind gegenüber, bewusst oder unbewusst, und das Kind versteht sein Verhalten in der einen oder anderen Weise. Wir sprechen in der Psychoanalyse von implizitem Beziehungswissen, das zum Beispiel so aussehen kann, dass der Sohn spürt, der Vater freut sich und ist stolz, wenn der Sohn eine Eins nach Hause bringt. Dann wird er sich vielleicht anstrengen (und sich über seine Eins auch freuen), aber im Laufe der Zeit fragt er sich vielleicht – irgendwann –, ob womöglich die Zuwendung und Liebe seines Vaters von so einer Eins abhängig ist. Und jetzt wird es richtig kompliziert: Diese Frage ist in dem Kind womöglich vorhanden, aber eben nur implizit, nicht explizit in einer Weise, sodass das Kind sie sich selbst gegenüber laut aussprechen könnte. Genau das geschieht dann aber häufig im Rahmen einer Psychotherapie: Wenn ich mit einem Patienten zu tun habe, von dem ich das Gefühl habe, er steht unter einem großen Leistungsdruck, dann würde ich ihm womöglich irgendwann einmal die Hypothese anbieten, ob es sein könne, dass er sich so anstrengen müsse, um sich der Liebe seiner Eltern oder anderer wichtiger Menschen sicher zu sein. Das ist dann häufig der Moment, in dem eine solche, bis dahin unbewusste Lebenseinstellung bewusst wird und der Patient sagen kann: »Ich dachte damals, wenn ich gute Noten schreibe, dann lieben meine Eltern mich mehr.«

Die Frage, die sich mir stellt, ist: Warum versuchen sich ausgerechnet diejenigen, die über *keine* psychotherapeutische Ausbildung verfügen, in psychotherapeutischen Ansätzen? Es gibt einen Grund, warum die Ausbildung zur Psychotherapeutin komplex, langwierig und umfassend ist und die Entwicklung und Reflexion der eigenen Person miteinschließt. Ich werde auf diese Ausbildung noch zu sprechen kommen. Windscheid behauptet ja auch, keinen therapeutischen Anspruch zu haben. Aber dann macht er in dem Interview Werbung für seine Sendung in der ARD, TERRA Xplore, ein weiteres Psychotainment-Format, das sich durch Betroffenheitsjournalismus, durch die Inszenierung von Leid vor laufender Kamera auszeichnet. Bei dem außerdem – aus meiner persönlich-fachlichen Sicht – die Grenzen des ethisch Vertretbaren überschritten werden, wenn beispielsweise eine junge Frau vor laufender Kamera berichtet, sie sei missbraucht worden. Schauen wir kurz rein in die von Windscheid beworbene Sendung.[55]

Zunächst stellt Windscheid fest, dass er und sein Bruder »toll behütet« aufgewachsen sind und die »besten Eltern der Welt« hatten. Er hat also offenbar Glück gehabt, anders als die Menschen, denen er dann begegnet. Er stellt in der Folge Elias und Noah vor, die Opfer des Münchhausen-by-Proxy-Syndroms geworden sind, das die meisten Zuschauer bis dahin vielleicht einmal im Film *The Sixth Sense* sehen konnten. Es ist eine schreckliche Form der Kindesmisshandlung, bei der die Bezugspersonen die Kinder absichtlich krank machen, zum Teil sogar lebensbedrohlich krank, um auf diese Weise selbst Zuwendung durch Ärztinnen zu bekommen, zu denen sie ihre kranken Kinder bringen, um sich dort als aufopferungsvolle Mütter und Väter zu präsentieren. Es ist –

hoffentlich und Gott sei Dank – eine eher seltene Erkrankung, die im ersten Lebensjahr durchschnittlich 2,5 unter 100.000 Kindern betrifft, die vermutlich aber auch eine hohe Dunkelziffer aufweist.[56]

Überdies ist sie schwer zu diagnostizieren, weil das Hauptproblem darin besteht, überhaupt daran zu denken. Aber sie ist natürlich in gewisser Weise spektakulär und extrem traumatisierend. Die beiden jungen Männer werden dazu befragt, sind dabei – verständlicherweise – zum Teil sehr mitgenommen, und es mag für Zuschauer faszinierend sein, von einem solchen Schicksal zu erfahren. Nur: Worin liegt der Gewinn? Was sollen wir daraus lernen? Windscheid fragt die beiden, was man denn tun könne, wenn man Wunden, »Muster« von den Eltern mitbekommen habe. Da sind sie wieder, die »Muster«. Aber hier sind nicht einfach Muster weitergegeben worden, sondern die gesamte Entwicklung der Kinder ist von der schweren psychischen Erkrankung ihrer Mutter behindert worden. Die Kinder sind auf das Schwerste misshandelt worden, und zwar von der Person, von der die höchste emotionale Abhängigkeit besteht und der sie vertrauen (müssen).

So kann sich Windscheid auch keinen Reim darauf machen, warum es Kinder selbst zu solchen misshandelnden Eltern wieder zurückzieht. Als Psychotherapeutin weiß man: Dies ist aber eher die Regel als die Ausnahme, weil sehr komplexe unbewusste psychische Mechanismen, die auch von Beziehung zu Beziehung unterschiedlich sind, die innere Trennung gerade von solchen Eltern erschweren.

The show must go on

Nach der Vorstellung dieses erschütternden Berichts der beiden jungen Männer folgt eine Psycho-Show par excellence, die von Windscheid damit eingeleitet wird, dass es ihm

»als Psychologen« wichtig sei, begreiflich zu machen, dass, wenn auf den ersten Blick zwischen Eltern und Kindern alles »super laufe«, es da trotzdem Wunden geben könne.[57] Nun werden alle Zuschauer angesprochen, die sich nicht an eine solche extreme Kindheit erinnern können. Solche Wunden könnten unbewusst sein, lässt man uns wissen. Wow! Das ist in den psychodynamischen Therapien hinreichend bekannt, genau damit befassen sie sich nämlich.

Windscheid inszeniert jetzt eine Art amateurhaftes Psycho-Drama. Sechs Gäste, von denen jeweils drei ein Schild »Eltern« und drei ein Schild »Kind« um den Hals gehängt bekommen, sollen auf einer verdunkelten Bühne jeweils ein gespieltes »Eltern-Kind-Paar« bilden. Sie sitzen an einem Tisch, Windscheid mit einem Schreibblock dazwischen, und dann lesen sie Fragen vor, die auf der Tafel stehen, die der jeweils andere am Tisch aus seiner Biografie heraus beantworten soll. Die erste Frage, die an einen jungen Mann gerichtet wird, lautet: »Wie ist die Beziehung zu deinen Eltern?« Der junge Mann weint und antwortet: »Kein Kontakt. Seitdem ich 18 bin, ist da gar nichts mehr.« Wir erfahren später, dass die Eltern offenbar nicht damit umgehen können, dass ihr Sohn homosexuell ist. Und so geht es dann weiter.

Eine junge Frau sagt: »Es gab einen Auslöser, dass ich eine relativ traumatische Gewalterfahrung gemacht habe, nach dem Abi.« Der Psychologe Windscheid fragt am Tisch (vor laufender Kamera): »Was heißt das?« Die junge Frau antwortet: »Das heißt, dass ich während meines Auslandsjahres einen Missbrauch erfahren habe.« (Während sie das sagt, schüttelt sie die ganze Zeit leicht den Kopf; für mich sieht es so aus, als gehe ihr diese Frage eigentlich zu nahe.) Windscheid schlägt die Augen nieder, nickt und schweigt. Die junge Frau teilt mit, dass sie eine langjährige Therapie gemacht hat, innerhalb derer sie versucht hat zu verstehen, inwieweit die Erziehung ihrer Eltern sie anfällig für den Missbrauch gemacht hat. Sie habe beispielsweise Respekt vor der »älteren Person« gehabt. Dies ist eine interessante Mitteilung, aber auf eine solche substanzielle Bemerkung geht man in diesem Format nicht ein.

Es folgen weitere intime Fragen und emotionale Reaktionen, es wird viel geweint und dann ... plötzlich Szenenwechsel. Interview mit Eva Asselmann, Psychologin und Professorin für Differentielle Psychologie und Persönlichkeitspsychologie. Ob sie eine psychotherapeutische Ausbildung hat, geht aus ihrem Lebenslauf nicht hervor. Sie wird von Windscheid gefragt, warum Sprechen so entlastend sei. Ich würde annehmen, darauf könnten viele psychodynamisch arbeitenden Psychotherapeutinnen und ihre Patienten viele Antworten geben. Die Antwort von Asselmann: Wenn man über Themen spreche, könne es sein, dass man plötzlich zu weinen anfange, weil man plötzlich realisiere, wie sehr einen dieses Thema noch beschäftige. Und daran sehe man ganz gut, dass es doch noch mal etwas anderes sei, etwas auszusprechen, als es die ganze Zeit nur gedacht zu haben.

Das ist – mit Verlaub – eine Binsenweisheit. Aber die wichtigere Frage für mich ist hier, ob ein solches Gespräch wie das zwischen Windscheid und einer sexuell missbrauchten jungen Frau vor eine laufende Kamera und ein Millionenpublikum gehört. Genau genommen ist es für mich eher keine Frage. Vielmehr sehe ich die Gefahr darin, dass sich hier das Missbräuchliche – vermutlich unbewusst – wiederholt.

Nebenbei finde ich es hochinteressant, dass nach Jahren oder Jahrzehnten des Psychoanalyse-Bashings nun die Kognitive Psychologie entdeckt, dass es hilft, jemandem von seinem Leid erzählen zu können. Es war die 21-jährige Anna O., Bertha Pappenheim mit richtigem Namen, die den Begriff »talking cure« (oder auch »chimney sweeping«) prägte. Sie wurde jeden Abend von ihrem Arzt Josef Breuer aufgesucht und erzählte ihm von sich. Arzt und Patientin stellten fest, dass die allabendliche Aussprache die zahlreichen Symptome zeitweilig linderte.[58] Das war 1881. Veröffentlicht wurde der »Fall« 1895 in den Studien über Hysterie von Freud und Breuer.

Es geht eben nicht um das Sprechen überhaupt, irgendwo oder im Fernsehen, sondern um das Sprechen mit jemandem, das Sprechen im Rahmen einer Beziehung, in einem geschützten Rahmen.

Es ist eine schematische, dekontextualisierte Sicht, die sich durch diese Psycho-Formate zieht. Es geht in Wirklichkeit darum, dass jemand zuhört und versucht zu verstehen, es geht auch, wie Hartmut Rosa so schön herausgearbeitet hat, um Resonanz.[59] Man fängt eben nicht allein deshalb an zu weinen, weil einen »das Thema noch beschäftigt«, sondern weil es ein bezogenes, zuhörendes, aufnehmendes, verstehendes, empathisches und emotional antwortendes Gegenüber gibt. Wie oft erlebe ich das in meiner Praxis: Die Menschen erzählen mir von einem belastenden Ereignis und fangen an zu weinen. Oftmals sind sie dann ganz erstaunt darüber und sagen, sie hätten das doch schon lange gewusst und auch schon manchmal erzählt, hätten aber noch nie weinen müssen.

Man weint, weil man das Gefühl bekommt, der andere begleitet einen mitfühlend, das eigene Leid wird gesehen und anerkannt. Gerade diese Anerkennung ist es ja, die den meisten Gewaltopfern fehlt. Häufig braucht man die Betroffenheit im Gesicht des anderen, um seine eigene Betroffenheit spüren zu können. Man braucht zugleich die Anwesenheit und Sicherheit gebende Präsenz des anderen, um sich auf das Wagnis des Fühlens überhaupt einlassen zu können.

Es geht eben gerade nicht darum, vor laufender Kamera zu erzählen, was einem geschehen ist. Selbstverständlich werden alle Beteiligen diesem Format zugestimmt haben, aber darum geht es mir an dieser Stelle nicht. Es geht darum, dass sich Windscheid hier als zuhörender Psychotherapeut inszeniert, der er nicht ist. Und der Plattitüden verbreitet wie diese: Er habe von einer ganz erfahrenen Psychotherapeutin etwas »total Schönes« gehört: Wenn man so eine Wunde bei sich gefunden habe, dann solle man versuchen, seinen Eltern zu vergeben. Auch das ist eine rein schematisch orientierte, vom emotionalen Leben losgelöste Aussage. Es kann am Ende eines in der Regel dann schmerzvollen therapeutischen Prozesses stehen, dass es einem gelingt, Eltern, die einen misshandelt haben, zu vergeben. Am Ende eines solchen Prozesses kann sich aber auch herausstellen, dass das nicht möglich ist. Was sollen Menschen von solchen Sätzen halten, die von den Eltern missbraucht wurden und denen es nicht gelingt, ihnen zu vergeben? Manchmal kann auch gerade dieser Schritt, die Feststellung »Das, was ihr mir angetan habt, das kann ich nicht verzeihen« ein heilsamer Schritt und Schnitt sein. Es ist – zugegeben – nicht die Hollywood-Version.

Entscheidend ist am Ende nicht die Vergebung, sondern ob es einem gelingt, sich von seinen Eltern emotional zu lösen, zu trennen, und das heißt: Die Welt, die eigenen Eltern und sich selbst *mit den eignen Augen zu sehen* und nicht mehr mit denen der Eltern.

Ich möchte dieses Psychotainment-Format hier verlassen: Wir haben ein schwerstmisshandeltes Brüderpaar vorgestellt bekommen. Der Erkenntnisgewinn mag der sein, dass man von einer solchen Erkrankung nun einmal gehört hat. Windscheid möchte uns eher wissen lassen, dass die beiden Hoffnung machen, weil sie es überstanden hätten. Was sie aber im Einzelnen auf diesem Weg durchleiden müssen, das erfahren wir nicht. Und was heißt »überstanden«? Heißt das »überleben«? Ja, man kann durch solche Misshandlungen auch sterben. »Überstehen« kann heißen, dass man sein Leben irgendwie bewältigt, mit großer Kraft und Anstrengung allerdings, dass es noch offene Wunden und Narben gibt, und leider auch, dass man wirklichen und großen Schaden genommen hat. Aber hier soll gewissermaßen fernsehtauglich erzählt werden.

Ich finde es richtig, dass wir nicht mehr über das Leben der Brüder erfahren, aber ich finde es nicht richtig, eine solch komplexe Leidensgeschichte in dieser Weise vor der Kamera zu schematisieren und zu simplifizieren. Es folgt eine Art Pseudo-Therapie-Event auf einer dunklen leeren Bühne, mit Windscheid als Lichtfleck, bei dem Menschen höchst Intimes preisgeben, viel weinen, aber mir völlig ungeschützt erscheinen, das Ganze vollkommen fragmentiert, nicht eingebettet, sodass ich mir die Frage stelle, was – über eine Effekthascherei und Selbstinszenierung des Moderators hinausgehend – hier mitgeteilt werden sollte. Zur Erinnerung: Windscheid ist Psychologe, aber kein Psychotherapeut. Warum – so könnte man doch fragen – werden solche Sendungen, die ja vermutlich einen seriösen Anspruch haben und hilfreich sein wollen, nicht von jenen gemacht, die sich damit auskennen und die entsprechende Ausbildung haben? Warum eine solche Effekthascherei? Leider scheint das eher die Regel als die Ausnahme zu sein, wenn über psychische Erkrankungen gesprochen wird.

Die ADHS-Show

Ein schwer erträgliches Beispiel in dieser Hinsicht ist die Folge *Hirschhausen und ADHS* in der ARD vom 30. Oktober 2023, aus einer Reihe, die sich »Hirschhausens Check-up« nennt und in der er sich »den Kernfragen des Lebens« zu stellen gedenkt. »Check-up« ist ein gängiger medizinischer Begriff. Er bezeichnet eine Untersuchung, die in einer Klinik oder Praxis, jedenfalls von einer Fachärztin, einem Facharzt durchgeführt werden kann.

Eckart von Hirschhausen ist ein weiterer Psychotainer, der aber die Orientierung verloren zu haben scheint, ob er Comedy und Entertainment machen möchte oder ob er sich als Wissenschaftler versteht. Von Hirschhausen ist Arzt, wie er gerne und oft zu Protokoll gibt, er ist auch promovierter Arzt. Aber ist er auch Facharzt? Also hat er jene Ausbildung, die ihn für selbstständige Arbeit in einer Praxis oder im Krankenhaus ausweisen würde? Die Facharztausbildung dauert mindestens fünf Jahre in einem Spezialgebiet und ist heute die Voraussetzung, um allein in eigener Praxis tätig sein zu dürfen.

Da von Hirschhausen sonst wenig hinterm Berg hält mit seinen Abschlüssen, Kompetenzen und Positionen, aber von einem Facharzt nichts zu lesen ist, darf man wohl annehmen, dass er diesen nicht erworben hat. Er achtet offenbar sehr darauf, dass dieses Thema nicht zu deutlich wird. In einem Interview erfahren wir jedenfalls, dass er keine Praxis für Allgemeinmedizin übernehmen könnte.[60]

Aber es wird nicht gesagt, warum er das nicht könnte. Auf jeden Fall ist es so, dass man für die Übernahme einer Praxis eine Facharztweiterbildung braucht. Von Hirschhausen geht sehr geschickt vor: So spricht er in einem Interview über das Impfen, in welchem er mit einem lässig über das Sakko geworfenen Stethoskop auftritt, davon, »Arzt in der Kinderheilkunde« zu sein![61]

Wie überaus diffizil und geschickt! Es soll so aussehen, als spreche da ein Kinderarzt! Ein »*Arzt in* [kursiv durch D. P.] der Kinderheilkunde« heißt, ein Arzt zu sein, der dort arbeitet. Das können Ärzte im Praktikum sein (als es die noch gab) oder eben Assistenzärzte. Aber ein »Arzt in der Kinderheilkunde« ist eben kein Facharzt, hat also keine abgeschlossene Ausbildung in diesem Bereich und darf daher auch nicht selbstständig (ohne fachärztliche Aufsicht) tätig sein.

Nichtsdestotrotz hat Hirschhausen im Januar 2022 eine Honorarprofessur an der Universität Marburg angetreten. Gerne spricht er auch zu psychologischen Themen, hat aber in diesem Bereich, soweit erkennbar, gar keine Ausbildung.

Oder wie drückt Uwe Köhler es im Ärzteblatt Sachsen so treffend aus: »In unserer von Medien geprägten Welt wird Prominenz häufig mit Kompetenz verwechselt.«[62]

Uwe Köhler ist Facharzt für Gynäkologie und Geburtshilfe, Chefarzt einer Frauenklinik und war offenbar irritiert, dass von Hirschhausen inzwischen auch als »Pandemie-Experte« in Erscheinung trat.

Nun also eine ADHS-Show. Von Hirschhausen beginnt sie ein bisschen wie ein Zirkusdirektor in der Manege: »Willkommen in einer Welt der Ablenkungen«, begrüßt er uns als Zuschauerinnen, offenbar in einem jahrmarktsähnlichen Vergnügungspark, es fließt viel Farbe. Das ist alles hübsch bebildert, es kommen auch Wissenschaftler zu Wort, aber eben nur jene, die eine bestimmte Meinung – und das ist hier das Statement für die Pharmakotherapie – vertreten.

Und von Hirschhausen lässt uns lächelnd wissen, dass auch er so seine Schwierigkeiten mit vielen gleichzeitigen Ideen habe und daher den Verdacht hege, selbst ADHS zu haben. Nein! Kann das wahr sein?

Er besucht Familie Franke. Zwei Kinder in dieser Familie hätten ADHS: ein Junge, neun Jahre, Matthis genannt, und ein Mädchen, Finja, 13 Jahre. Die Mutter spricht vor der Kamera davon, dass die Probleme mit dem Sohn die Ehe gefährdet hätten, sie nicht glaube, dass sie noch mit ihrem Mann zusammen wäre, wenn es so geblieben wäre, wie es war. Gemeint ist, die Probleme mit den Kindern, der Stress, den die Symptome der Kinder den Eltern bereitet haben, hätten diese an die Belastungsgrenze gebracht.

Von Hirschhausen interviewt Samira El Ouassil, Autorin, Journalistin, Schauspielerin, die sich selbst als »neurodivergent« beschreibt. Sie »merke« Fahrgeschäfte »biochemisch und körperlich«, sie bekomme dabei einen »Dopamin-Kick« und sei danach aufgekratzt. Denn, so von Hirschhausen, nicht nur Kinder, auch 1,8 Millionen Erwachsene in Deutschland seien von ADHS betroffen, oft ohne es zu wissen. Neurodiverse Menschen »suchen ständig nach neuen Reizen, um ihre innere biochemische Balance zu finden und um wieder selbst das Kommando im Kopf zu übernehmen«.

El Ouassil soll auch Mitglied im Verein *Mensa*, einer Hochbegabtenvereinigung sein. Sie hat offenbar schon jetzt ein buntes, bewegtes Leben hinter sich, ist eine sehr intelligente und sehr erfolgreiche Frau. Da fragt man sich natürlich, warum sie in einer Sendung für ADHS interviewt wird.

Die ständige Suche nach neuen Reizen muss nun aber nicht zwingend zu einem ADHS gehören. Und auch wenn »biochemische Balance« so schön wissenschaftlich klingt, diese suchen und brauchen wir alle. Aber zurück zu Familie Franke: Die 13-jährige Finja, so lässt man uns wissen, erlebe innere Unruhe und Flucht in die Gedankenwelt, leide an ADS, dem Aufmerksamkeits-Defizit-Syndrom.

Sie ist ein gutes Beispiel dafür, wie unter dem Deckmantel des Explorierens von Hirschhausens Meinung wiedergegeben und für Medikamente subtil Werbung gemacht wird. Ich werde dieses gleich genauer ausführen. Es ist erstaunlich, wie unkritisch hier – immerhin öffentlich-rechtliche – Medien die Meinung von Hirschhausens (und sicher auch von vielen anderen) wiedergeben – in diesem Falle den Einsatz von Medikamenten bei ADHS propagieren, ohne eine einzige wissenschaftliche Gegenstimme zu Wort kommen zu lassen. Allerdings: Eine kleine Gegenstimme gibt es, die des betroffenen Kindes, in der ADHS-Show eben Finja genannt. Die Mutter beschreibt ihre ursprünglichen Ängste vor Medikamenten, Ritalin® wird genannt (da es sich um ein bestimmtes Präparat handelt, wird dieses mit der Nennung durchaus beworben, so, als würde man in einer Fernsehsendung von Tempo-Taschentüchern oder Becks-Bier sprechen, das ist schon erstaunlich), die Kinder in der Nachbarschaft seien deswegen »rumgelaufen wie Zombies«. Entsprechend habe sie Angst gehabt, dass sich der Charakter ihres Kindes ändern würde. Man habe bei dem Sohn ein bisschen »herumprobieren« müssen, bis man das Richtige gefunden habe, nun komme er gut damit zurecht, heißt es.

Die Verschreibungen von Methylphenidat, dem Hauptwirkstoff von Ritalin® (ein Psychostimulans, das unter das Betäubungsmittelgesetz fällt)[63] oder Medikinet® (beide werden sicherheitshalber in der Sendung noch einmal genannt), hätten sich in den letzten 20 Jahren verdoppelt, lässt man uns wissen. Und das rufe Skepsis hervor. Aber statt dieser Skepsis Raum zu geben, wartet von Hirschhausen mit einem Experten auf, Prof. Andreas Reif, Direktor der Klinik für Psychiatrie am Universitätsklinikum Frankfurt am Main. Dieser bezieht sich, leicht gekränkt wirkend, auf den Vorwurf, man stelle die Kinder ruhig. Offenbar hört man das nicht gerne, aber gerade war bei Familie Franke vom Vater beschrieben worden, dass genau das Sinn und Zweck dieser Therapie ist, dass das Kind ruhiger wird, und zwar deutlich ruhiger. Reif spricht von »Vorurteilen« und gar von »Desinformationskampagnen«, lässt uns aber nicht wissen, welche er da meint. Es gebe kein Medikament in der Psychiatrie, das wirksamer sei. Den Beleg bleibt er schuldig, aber die Gelbe Liste lässt uns wissen, dass der genaue Wirkmechanismus bei ADHS noch nicht vollständig geklärt ist. Auch interessant.

Nun, hier spricht ein Experte, noch dazu Chefarzt einer universitären Klinikabteilung. Dann muss das doch stimmen, oder? Von Hirschhausen weist darauf hin, dass Andreas Reif schon lange die Behandlung von ADS und ADHS erforsche. Das läuft alles über den Sender, und zwar ohne – wie es bei wissenschaftlichen Artikeln beispielsweise in Fachzeitschriften üblich ist – auf die Interessenkonflikte hinzuweisen. Nun kann man aber ganz leicht zum Beispiel eine Präsentation von Reif aufsuchen, die denn auch gleich von Takeda, einer Pharmafirma, die das ADHS-Medikament für Erwachsene Elvanse Adult® herstellt, zur Verfügung gestellt wird.[64]

Bei solchen Präsentationen ist es vorgeschrieben, Interessenkonflikte anzugeben. So erfahren wir da, dass Andreas Reif in den letzten fünf Jahren unter anderem von den Pharmaunternehmen Shire/Takeda, MEDICE, Janssen und Neuraxpharm Honorare für wissenschaftliche Beratung, Vorträge und die Teilnahme an Advisory Boards bekommen hat. Ein *Advisory Board* ist ein Treffen von Vertretern der Pharmaindustrie mit Expertinnen, um so Informationen darüber zu gewinnen, wie die Marktstrategie verbessert werden kann.

Wieder zurück zu den Frankes. Jetzt geht es um Finja. Die Mutter beschreibt, wie vor der Diagnose das Selbstwertgefühl ihrer Tochter gelitten habe, diese habe damals gesagt, sie wisse doch alles, aber könne es nicht zeigen, nicht aufschreiben. Man habe nicht gewollt, dass das Kind depressiv werde. Finja sei – trotz ihrer hohen Intelligenz – in der Schule und in der Familie nicht mehr gut zurechtgekommen. Dann kommt Finja zu Wort: Sie wünsche sich, dass das ADS verschwinde und sie keine Tabletten mehr nehmen müsse. Sie wirkt auf mich sehr traurig, als sie das sagt. Wir erfahren, dass sie ihre Tabletten seit fünf Jahren jeden Morgen nimmt.

Die Mutter sagt: »Wir haben das ausprobiert und wir haben das keinen Tag bereut!« Sie schaut ihre Tochter an: »Ne? Das war wirklich ... auch du ...«

Aber dann sagt Finja: »Ich schon!«

Die Mutter scheint überrascht zu sein, fragt nach: »Ja?«

»Ja!«, antwortet Finja.

»Wann denn?«, fragt die Mutter.

Der Vater versucht zu retten: »Finja mag keine Tabletten!«, als ginge es um ein allgemeines Tablettenproblem.

Finja sagt: »Ich hasse das! Ich hatte immer so ein Gefühl, dass ich ... keine Ahnung, so äh ... keine Ahnung!« Ihr fehlen die Worte, ihren Zustand zu beschreiben.

Die Mutter übernimmt: »Du bist halt schon ... klar, natürlich, du bist einfach nicht mehr so hippelig (lacht dabei verlegen).«

Finja: »Ja, ich habe halt nicht mehr so dieses, dieses ... zum Beispiel auch das mit dem Hungergefühl, also ich hab schon sehr Hunger, aber ich habe keinen Appetit. Heißt, wenn ich nach Hause komme, von der Schule, hab ich dann meistens so 'nen Hunger, aber ich esse nichts, so ...«

Mutter: »Ja, das ist halt, klar 'ne Nebenwirkung.«

Finja: »Aber das ist Kacke!«

Eine mich fast erschütternde Szene. Aus dem Off sagt von Hirschhausen: »Appetitlosigkeit ist eine typische Nebenwirkung der Medikamente, die vielen Kindern und Jugendlichen zu schaffen macht. Doch in der Abwägung immer noch der beste Weg, sagen die Eltern und Fachleute ...«. Aha!

Es ist erstaunlich, dass diese Szene überhaupt im Film geblieben ist, denn sie zeigt die einzige kritische Stimme und sie kommt von dem schwächsten Glied in der Kette, einem betroffenen 13-jährigen Mädchen. Von Hirschhausen findet, Finja habe Glück, dass bei ihr das ADS erkannt worden sei. Das war's.

Und dann? Ja, dann beschleicht von Hirschhausen der Verdacht, er könne doch selbst ADHS haben, und so wendet er sich an eine weitere Expertin, Alexandra Philipsen, Professorin an der Universitätsklinik in Bonn. Er lässt uns seine Symptome wissen:

»Ich habe schon Mühe, Aufgaben zu priorisieren. Ich habe Mühe, Ordnung zu halten, Zeiten einzuhalten, und es klingt für mich schon so, als seien das Anteile von ADHS.«

Erfreulicherweise sagt die Expertin an dieser Stelle, dass schon noch ein bisschen mehr dazugehöre. Das ist für uns alle gut, weil wir sonst, vermutlich die Hälfte von uns – mindestens phasenweise – den Verdacht haben müssten, an ADHS erkrankt zu sein, denn die drei beschriebenen Probleme dürften viele von uns kennen.

Dann durchläuft von Hirschhausen verschiedene Tests, die ich uns jetzt erspare. Es kommt zu einem Abschlussgespräch mit Philipsen. Und jetzt wird es wirklich bizarr:

Sie sagt salomonisch: »Insgesamt habe ich schon den Eindruck, dass ADHS etwas mit Ihnen zu tun hat!«

ADHS hat was mit ihm zu tun?

Stellen Sie sich vor, Sie gehen zu Ihrer Hausärztin und fragen, ob Sie hohen Blutdruck haben, und die antwortet: »Insgesamt habe ich schon den Eindruck, dass hoher Blutdruck etwas mit Ihnen zu tun hat«, oder sie sagt auf Ihre angstvolle Frage, ob Sie womöglich Krebs haben: »Ich habe schon den Eindruck, dass Krebs etwas mit Ihnen zu tun hat.« Ja, und was jetzt?

Philipsen entschärft weiter: »Es gibt sicherlich Menschen, die noch stärker betroffen sind und Sie waren ja auch in der Lage, viel zu kompensieren [...], [...] sodass ich sagen würde, das ist so moderat ausgeprägt.«

Du liebe Zeit! Man kommt nicht umhin, das Gefühl zu bekommen, dass sich hier eine Kollegin sehr unwohl fühlt, weil sie dem Patienten nicht die Diagnose eröffnet, die er hören will. Dann doch wenigstens »moderat«. Jemand, der nach eigenem Bekunden Medizin studiert hat, vermutlich Millionen mit dem Schreiben von Büchern und dem Moderieren von Fernsehsendungen verdient, will sich jetzt einreihen in die Reihe von Menschen, die Konzentrationsstörungen haben, deren Leistungen in der Schule schlecht sind und so weiter?

Dies ist genau die Stelle, die ich kritisch finde, denn hier werden Diagnosen in einer Weise ausgedehnt, derart inflationär angewendet, dass man eigentlich auch wieder auf sie verzichten kann. Und warum liegt von Hirschhausen unbedingt daran, eine Diagnose, diese Diagnose, gestellt zu bekommen? Ach ja, er könnte dann doch Medikamente ausprobieren, das wäre doch vielleicht wirkungsvoll. Ging es darum nicht hauptsächlich in dieser Sendung? Ja, ging es, denn es wird kein einziges anderes, etwa auch in den ADHS-Leitlinien[65] empfohlenes Therapieverfahren ebenso ausführlich beschrieben, geschweige denn so warm empfohlen wie die Einnahme von Medikamenten. Wenig bis nichts zu psychosozialen Interventionen, zur Psychoedukation und Psychotherapie. Von Hirschhausen erhält lediglich noch einen verhaltenstherapeutischen »Tipp«: Ein aufgeräumter Schreibtisch würde helfen, heißt es. Sicher, für einen Arzt und Moderator eine sehr relevante Information.

So nimmt denn auch von Hirschhausen mit seiner »moderaten« Form direkt Kurs auf die medikamentöse Therapie. Und wie? Er fragt noch einmal nach bei Philipsen, was denn dran sei an dem Vorwurf, ADHS sei eine Erfindung der Pharmaindustrie und wer denn daran verdiene. Sie beantwortet die Frage mit einer Gegenfrage, nämlich was ADHS uns kosten würde (sie meint, wenn man es nicht mit Medikamenten behandeln würde). Dennoch lohnt vielleicht ein Blick in die Verkaufszahlen: Im Jahr 2021 wurden 57,7 Millionen Tagesdosen Methylphenidat verordnet, mehr als doppelt so viele wie 2004 (26 Millionen). Und die Verordnung von Lisdexamfetamin hat sich seit 2013 (zwei Millionen Tagesdosen) bis zum Jahr 2021 verneunfacht (!) auf 18,5 Millionen Tagesdosen.[66] Eine Tablette kostet, je nach Dosierung, zwischen 40 Cent und einem Euro. Rechnen Sie gerne selbst, aber mir scheint, dass man angesichts solcher Zahlen, mindestens zwischen sieben bis 18 Millionen Euro pro Tag, nicht gerade von unerheblichen Einnahmen für die Pharmaindustrie sprechen kann. Lisdexamfetamin unterliegt übrigens dem Betäubungsmittelgesetz, gilt als zweite Wahl bei der Behandlung von Kindern, wenn Methylphenidat nicht hilft und ist in Deutschland seit 2019 zur Behandlung des ADHS bei Erwachsenen zugelassen.[67] Wir erinnern uns: Von Hirschhausen lässt uns ja wissen, dass doch viele Erwachsene ADHS hätten, ohne es zu wissen. Was für ein Potenzial für ein Medikament!

Wie ist es denn nun bei Philipsen mit den Interessenkonflikten, die – wie gesagt – bei einer solchen Sendung nicht eingeblendet werden. Das wäre möglich, denn akademische Titel und Arbeitsplätze erscheinen ja auch auf dem Bildschirm. Nun, man kann auch hier nachforschen. So lesen wir unter einem Fachbeitrag im Deutschen Ärzteblatt unter der entsprechenden Rubrik: »Dr. Philipsen erhielt Honorare für Vorträge und Beratungstätigkeiten sowie Reisekostenübernahmen von den Firmen Medice, Janssen-Cilag, Novartis, Lilly. Zudem bekam sie Forschungsförderung von den Firmen Medice und Janssen-Cilag.«[68]

Wie ihre Aussagen wohl wirken würden, wenn man das auch auf dem Bildschirm lesen könnte? Vielleicht dürfte man sie dann etwas anders einordnen und nicht ganz so eindimensional hören. Philipsen bezieht also offenbar explizit Forschungsgelder von eben jenen Pharmafirmen, die ADHS-Medikamente herstellen. Ich hätte es sehr spannend gefunden, wenn es bei der ARD doch die Rubrik »Interessenskonflikte« gäbe. Wie würde die Sendung dann auf die Zuschauer wirken?

Zum Ende der Sendung hin sitzt von Hirschhausen an einem – sehr aufgeräumten – Tisch: nur er, die Medikamentendose, der Beipackzettel und ein (zunächst leeres) Glas, das dann im späteren Schnitt doch Wasser enthält. Offenbar hat die Psychoedukation hier schon gefruchtet. Keine Ablenkung! Ordnung auf dem Tisch! Sinnierend durchstößt er die Folie der Medikamentendose und fragt laut in die Kamera: »Mache ich jetzt Pharmawerbung?«, was er sich selbst sofort mit Nein beantwortet. Wer könnte so etwas auch denken! Auf dem Tisch steht doch nur die Verpackung, die sich auch in der leichten Unschärfe erkennen lässt und just von einer Pharmafirma stammt, die wir schon als Sponsor kennengelernt haben. Er hält noch einmal die Pille in die Kamera, er öffnet die Kapsel und lässt die Mikropellets in das nun volle Wasserglas fallen. Anhand der Farbe der Kapsel kann man sogar die Dosierung erkennen. Wie schön! Ist das wirklich erlaubt und nicht eine Form von »Product-Placement«? Das wäre eine Frage. Ist das seriös? Eine andere.

Aus psychodynamischer Sicht haben wir hier eine klassische Verneinung vorliegen (»Niemand hat die Absicht, eine Mauer zu bauen.«) »Das ist doch keine Werbung!«, heißt es hier. Die Verneinung ist ein Abwehrmechanismus, bei dem man einen Sachverhalt in seinem Kopf hat und ahnt, dass dieser nicht gut ankommt. So präsentiert man ihn dann lieber als den verneinten Sachverhalt.

Von Hirschhausen denkt offenbar selbst daran, dass er Pharmawerbung macht. Wie sollte er auch nicht? Er ist ein kluger Mann. Er merkt also selbst, dass man beim Schauen der Sendung auf den Gedanken kommen könnte und verneint ihn sogleich. Aber gerade diese Verneinung weist darauf hin, er ahnt, dass er hier Werbung macht. (So wie Ulbricht schon wusste, dass er eine Mauer bauen will, weshalb er auf eine Frage geantwortet hat, die gar nicht gestellt worden ist.)

Von Hirschhausen lässt uns dann wissen, er habe drei Wochen lang unterschiedliche Stoffe ausprobiert, wollte wissen, ob sich das Chaos im Kopf mindere und die Konzentration verbessere. Das zweite Medikament sei »erhellend« und »fokussierend« gewesen. Er habe gemerkt, eine innere Ruhe sei gekommen, die schön war. Viel schwammiger geht nicht mehr. Ein Medikament, das dem Betäubungsmittelgesetz unterliegt, bei dem also besondere Vorsicht gilt, wirkt »erhellend« und »fokussierend«? Innere Ruhe ist »schön«?

So lässt er uns auch wissen, dass ihn die Behandlung nicht verändert habe, er auch immer noch ohne Medikament könne und es nehme, wenn er »besonders stressige und anspruchsvolle Tage« habe. Aha – Lisdexamfetamin bei Bedarf! Das hat vermutlich nicht mehr viel mit einer regulären ADHS-Medikation zu tun und schon gar nicht mit Finja, die ihr Medikament seit fünf Jahren täglich einnehmen muss und unter ihrer Appetitlosigkeit leidet.

Als ich Kollegen von dieser Sendung erzählte, haben die nachgefragt, ob das womöglich eine Satire-Sendung gewesen sei. Nein, war es nicht.

ADHS ist derzeit ein Reizthema. Die Fronten scheinen verhärtet: Hier die Befürworter der These einer genetischen Veranlagung und der Pharmakotherapie, dort die

Vertreter einer Richtung, die Gründe sucht für das Verhalten der Kinder. Dieses Suchen nach Gründen hat offenbar in den letzten Jahren zu Schuldzuweisungen an die Eltern geführt, weshalb die Sache jetzt – so scheint es mir – ins Gegenteil umgeschlagen ist und die sogenannten Umweltfaktoren gar nicht mehr so recht berücksichtigt werden dürfen. Aber allzu oft sind Kinder als die schwächsten Glieder in der Gesellschaft Symptomträger, auch in Familien. Sie haben nicht die psychischen Möglichkeiten, die Erwachsene haben, sie können weniger emotionale Spannung aushalten, reagieren schneller mit starken Emotionen und fallen dann »dysfunktional« auf, weil sie das »System«, zum Beispiel die Familie oder in der Schule, stören. Symptome sind auch Überforderungsphänomene.

Persönlich finde ich es sehr bedenklich, dass wir wieder einen Schritt zurück gemacht haben, dass die Wissenschaft sich an vielen Stellen wieder auf ein einfaches biologisches Ursache-Wirkungs-Prinzip zurückzieht. Es scheint, als ob die psychosomatische und damit Körper und Seele einbeziehende Medizin langsam wieder an den Rand gedrängt wird, hin zu einem überwiegend somatischen Konzept, das selbst auf psychische Erkrankungen übertragen und angewendet wird. Da wird bisweilen so getan, als sei alles ein neurobiologisches, neurotransmitterbedingtes und damit biochemisches oder ein genetisches Problem. Warum wollen wir nicht mehr hinschauen, wo wir, das heißt auch die von uns gestalteten Lebensbedingungen, uns und unsere Kinder überfordern oder wo wir uns und unsere Kinder vielleicht auch unterfordern?

Darf man sich aus Angst vor eventuell unberechtigten und schädigenden Schuldzuweisungen die Familiensysteme nicht mehr anschauen? Schuld kann man nur an etwas sein, wofür man auch Verantwortung tragen kann, also für Dinge, die einem bewusst sind. Wenn Eltern ihrerseits unter hohem Druck stehen, Konflikte haben, die ihnen nicht bewusst sind, dann wird sich davon etwas bei den Kindern wiederfinden. Deswegen sind Eltern nicht einfach »schuld«, sondern brauchen ihrerseits Unterstützung. Im Übrigen verläuft die Schuldzuweisung jetzt auf subtil anderem Wege: Wenn die Mutter in der Sendung sagt, ihre Ehe hätte es nicht ausgehalten, wenn nichts passiert wäre, das Kind keine Medikamente bekommen hätte, dann ist das durchaus auch eine unbewusste Schuldzuweisung – dieses Mal an das Kind. Weil das Familienleben mit einem solchen Kind so schwer auszuhalten ist, kommen die Eltern an ihre Grenzen, folglich muss das Kind Medikamente nehmen, auch wenn es die »Kacke« findet.

Aber wer hat denn nun ADHS? Wer legt die Kriterien fest und die Therapien? Leitlinien werden in Deutschland von der Arbeitsgemeinschaft der Wissenschaftlichen Medizinischen Fachgesellschaften (AWMF) festgelegt.[69] Damit es nicht zu heimlichen Einflussnahmen (wie in der Von-Hirschhausen-Sendung) kommt, sollen die Leitlinienautorinnen ihre beratenden Nebentätigkeiten für Medizinunternehmen offenlegen. Eine faire Einrichtung, finde ich. Wie aber Der Spiegel berichtet, sehe die Realität am Beispiel ADHS anders aus.[70] In den Leitlinien heißt es: »Die Interessenkonflikterklärungen aller Mitwirkenden sind im Leitlinien-Sekretariat hinterlegt und können nach schriftlicher Anfrage eingesehen werden.«[71]

Offenbar hat Der Spiegel das versucht, aber der Leitlinienkoordinator Tobias Banaschewski habe zunächst drei Wochen lang die Einsicht verweigert, um dann die neue Bedingung zu stellen, es müsse zuerst die Zustimmung der Beteiligten eingeholt werden. Mit der Transparenz ist man also zurückhaltend. Aber auch Tobias Banaschewski veröffentlicht Aufsätze, und da muss er seine Interessenkonflikte angeben: Es zeigt sich das gleiche Bild wie bei Reif und Philipsen.[72]

Warum ist das so? Es wird so doch noch schwerer, wirklich ins Gespräch darüber zu kommen, bei welchen Kindern womöglich ein Symptomkomplex vorliegt, der eine pharmakologische Behandlung notwendig machen könnte. Wie soll man sich in diesem Teil der Psycho-Industrie orientieren, wenn man nicht weiß, ob man gerade Teil eines großen Geschäftsmodells ist? Oder vielleicht auch Teil einer erbitterten Theoriedebatte darüber, ob ADHS »genetisch« oder »erblich« ist oder ob es sich um eine Ausdrucksform von unbewältigten Konflikten in Gesellschaft und Familie handelt?

Um den Mangel an Orientierung zu beheben, gibt es verschiedene Institutionen. So ist die Cochrane-Organisation ein unabhängiges Netzwerk, das versucht, zu unabhängigen Entscheidungen zu kommen, indem es sich die verschiedenen Studien zu einem Thema genau ansieht, auswertet und sogenannte Metaanalysen erstellt. Das hat man auch für die vorliegenden ADHS-Studien getan und kommt zu folgendem Ergebnis: »Methylphenidat kann möglicherweise Hyperaktivität und Impulsivität verringern und Kindern helfen, sich zu konzentrieren. Methylphenidat kann möglicherweise auch allgemein zur Verbesserung des Verhaltens beitragen, scheint aber keinen Einfluss auf die Lebensqualität zu haben. Methylphenidat scheint das Risiko schwerer (lebensbedrohlicher) unerwünschter Ereignisse nicht zu erhöhen, wenn es über einen Zeitraum von bis zu sechs Monaten eingenommen wird. Es ist jedoch mit einem erhöhten Risiko für nicht schwerwiegende unerwünschte Wirkungen wie Schlafstörungen und Appetitlosigkeit verbunden.«[73]

»Kann möglicherweise« – das ist das, was wir haben. Es gibt also die Möglichkeit, dass die Medikamente helfen, vor allem auch jenen Personen, die um das Kind herum sind, denn das Verhalten verbessere sich, nicht aber die Lebensqualität der Betroffenen, so die Aussage des Cochrane-Reports.

Dazu kommen noch schwerwiegende Bedenken seitens der Untersucher, die 212 Studien mit über 16.000 Kindern unter die Lupe nahmen: Viele der Studien seien über einen zu kurzen Zeitraum gelaufen, um die langfristigen Folgen der Medikamentengabe wirklich beurteilen zu können, viele Studien waren zu klein angelegt und es wurden unterschiedliche Skalen zur Messung der Symptome verwendet. Schwerwiegender ist jedoch, dass die Studienbeteiligten oft hätten wissen können, welche Kinder Medikamente bekamen, womit die Studien nicht »doppelblind« waren, wie es heißt, was zu Ergebnisbeeinflussungen führen kann. Die Berichterstattung sei häufig nicht vollständig gewesen und: 41 Prozent der Studien seien von der pharmazeutischen Industrie finanziert oder teilweise finanziert worden.

Nichts von alledem findet sich in von Hirschhausens ADHS-Show.

Einspruch eines Experten

Wie soll man sich also als Elternteil in diesem Psycho-Dschungel orientieren? Aus meiner Sicht wäre es hilfreich, in eine Diskussion einzutreten, die im Pro und Kontra offen geführt würde. Deshalb möchte ich hier einmal einen Experten aus dem psychodynamischen Bereich zu Wort kommen lassen: Uwe Brandes, Diplompsychologe und Leiter des Winnicott-Instituts in Hannover. Das Winnicott-Institut ist ein Ausbildungsinstitut für Kinder- und Jugendlichenpsychotherapeuten und bietet darüber hinaus Fort- und Weiterbildungen für Beratung und Therapie in verschiedenen Arbeitsfeldern an. Die Psychotherapeutinnen des Instituts behandeln im Jahr circa 500 Patienten und deren Angehörige (Erziehungsberechtigte und so weiter). Davon sind circa 360 Patienten bis 20 Jahre alt. Im Jahr kommt man dort auf 22.000 Therapiestunden und verfügt damit über ein langjähriges und sehr breites Spektrum an Erfahrung. Ich habe Uwe Brandes gebeten, sich die ADHS-Sendung einmal anzusehen, und ihn gefragt, was er als Therapeut sehr vieler Kinder und Jugendlicher davon hält. Hier seine Antwort:

»In meiner Praxis als analytischer Kinder- und Jugendlichenpsychotherapeut und in meinen unterschiedlichen Funktionen im *Winnicott Institut Hannover* begegnen mir viele Kinder und Jugendliche mit der Verdachtsdiagnose ADHS oder ADS. Eine gründliche Diagnostik, Anamnese, Spielbeobachtung und Exploration der Angehörigen bestätigen häufig, dass diese Patienten – häufig Jungen – unruhiger und unsteter als andere Kinder sind, oder bei ADS – häufig Mädchen – ruhiger, eher mit sich beschäftigt, träumerischer. Nur in sehr seltenen Fällen scheint eine organische Ursache vorzuliegen, die möglicherweise medikamentös behandelt werden kann. In den meisten Fällen ist die Hyperaktivität oder der innere Rückzug eine Symptomatik, deren Ursache zum Beispiel im Beziehungsgeschehen innerhalb der Familie liegt. Die Familienverhältnisse sind häufig durch starke Konflikte geprägt, die Trennungsängste auslösen. Das Kind setzt seine Verschmelzungs- und Autonomiewünsche in Bewegung (aggressiv) um. Die Maskierung der Hyperaktivität als hirnorganisches Leiden dient der Unbewusstmachung psychischer Konflikte und lenkt vom eigentlichen Problem ab.[74]

Diese Maskierung findet in dem Filmbericht der ARD von Hirschhausen und ADHS statt. Es fehlt jegliche Auseinandersetzung mit den Instrumenten, die in der Diagnostik von ADHS und ADS genutzt werden. Die Fragebögen, die Eltern, Lehrer ausfüllen sollen, sind suggestiv und führen in der Regel zu hohen Bestätigungsgraden und in der Folge zur Diagnose ADHS und der Gabe von Methylphenidat. Heinemann und Hopf schreiben dazu: ›Das Kind wird behandelt, die Gefahren einer Medikamentenabhängigkeit werden in Kauf genommen oder verharmlost. Dem Kind wird suggeriert, nur mit einer Pille zu funktionieren. Die narzisstische Beschämung, eine hirnorganische Störung zu haben, schwächt weiter das Selbst-Gefühl des Kindes und erhöht die Abhängigkeit von der Mutter.‹[75]

Obwohl die Leitlinien eine begleitende Psychotherapie

der Kinder bei gleichzeitiger medikamentöser Behandlung vorsehen, passiert dieses nur äußert selten. Das, was häufig als Therapie bezeichnet wird, sind Gruppenangebote zur sozialen Kompetenz oder zum Umgang mit Aggressionen, die von Nichttherapeutinnen durchgeführt werden. Die analytische Psychotherapie bietet Patienten mit einer ADH/AD-Symptomatik die Möglichkeit, die frühen Konflikte um Nähe und Distanz, Verschmelzungswünsche und Autonomie innerhalb des Halt gebenden Rahmens zu re-inszenieren, korrigierende Erfahrungen im Kontakt zum Therapeuten zu machen. Dieses gelingt allerdings nur, wenn die Eltern sich auf diese Form der Therapie einlassen können, umstellungsfähig und -bereit sind. Für viele Eltern ist die ›Pille‹ dann doch die einfachere Möglichkeit.«[76]

Dies ist eine sehr anders gelagerte und eben durchaus kritische Stimme zur – mindestens häufig ausufernden – medikamentösen Therapie. Es geht mir nicht darum, medikamentöse Therapien bei Kindern und gegebenenfalls auch bei einem sehr gravierenden Störungsbild, bei dem alle anderen Mittel ausgeschöpft sind, zu verteufeln. Aber eine derart unkritische Sichtweise wirft wirklich viele Fragen auf.

Wer jetzt denkt: »Ja, ja, sie ist eben nur kritisch gegenüber Medikamenten, aber die helfen eben«, der möge an eine weitere schreckliche Episode eines vermeintlichen »Experten« im Kinder- und Jugendbereich denken, die im Folgenden beschrieben wird.

Medikamentenmissbrauch – ein Fall

Michael Winterhoff, Kinder- und Jugendpsychiater, war ebenfalls eine Art Dauergast in Talkshows, ist ebenfalls Autor zahlreicher Bücher, die sich auf der Bestsellerliste wiederfanden. Man hing ähnlich unkritisch an seinen Lippen wie an denen Stahls oder von Hirschhausens. Er galt als die Kapazität in der Kinder- und Jugendpsychiatrie. Bis ..., ja bis die Süddeutsche Zeitung und der WDR über eine so interessante wie erschreckende Recherche berichteten und anschließend zu Recht fragten: Warum ist niemand eingeschritten?[77]

In einem ersten Bericht[78], den die Autoren »die Geschichte einer Ruhigstellung« nennen, wird die erschütternde Geschichte von Jana Stevens gebracht. Heute, Mitte 20, macht sie auf das Erlittene aufmerksam. Mit sechs Jahren ist sie in ein Heim gekommen, mit sieben Jahren von Winterhoff gesehen und offenbar auch zügig mit Pipamperon, einem Neuroleptikum, behandelt worden. Eine Therapeutin beschreibt sie als »Niedliche, freundl., zugewandte, agile 7-Jährige«, Winterhoff dagegen als »erheblich gestörtes Mädchen«, um ihr dann unter anderem die Diagnosen »Fixierung im frühkindlichen Narzissmus« und »Eltern-Kind-Symbiose«, man muss schon sagen, anzuhängen. Offenbar waren das seine Diagnosen »für alle Fälle«, denn laut Bericht der Süddeutschen Zeitung haben WDR und Süddeutsche Zeitung mit 20 ehemaligen Patienten von Winterhoff gesprochen, denen allen diese Diagnose bescheinigt wurde.[79]

Nun ist es förderlich, zu wissen, dass es solche Diagnosen in der Form bei Kindern gar nicht gibt. Sondern hier wird – wieder einmal – wild mit allen möglichen Begriffen aus unterschiedlichen Zusammenhängen herumgeworfen. Es gibt einen frühkindlichen Narzissmus, wie in der psychoanalytischen, psychodynamischen Literatur und Theorie dargelegt. Dabei handelt es sich um ein – überwiegend normales – Übergangs- und Entwicklungsstadium. Daneben gibt es eine sogenannte narzisstische Persönlichkeitsstörung als Diagnose, die keinesfalls bei Kindern und Jugendlichen, die sich in der Entwicklung befinden, gestellt wird, sondern nach ausführlicher Diagnostik bei Erwachsenen. Auch der Begriff »Eltern-Kind-Symbiose« ist keine Diagnose, sondern wiederum ein Begriff aus der psychodynamischen Entwicklungspsychologie. Hier gilt dasselbe: Die Mutter-Kind-Symbiose ist ein entwicklungspsychologischer Begriff, er beschreibt ein – zunächst einmal – normales Entwicklungsstadium, das wir alle – wenn es gut geht – durchlaufen (dürfen). Es kann die Trennung von der Mutter misslingen, die Autonomie und Individuation des Kindes durch symbiotische Beziehungen erschwert oder gestört sein, aber »Symbiose« ist keine Diagnose. Wir werden an späterer Stelle noch einmal ausführlich auf das Problem des methodischen Eklektizismus zurückkommen. Dieser besteht darin, dass man wichtige und wissenschaftlich fundierte psychotherapeutische Konzepte oder – wie hier – Begriffe aus einem Kontext herausreißt, um sich den Anschein von Wissenschaftlichkeit zu geben, diese Begriffe in der Folge aber falsch verwendet.

Winterhoff jedoch verordnete aufgrund der von ihm selbst erfundenen Diagnosen beherzt das stark sedierende und sehr nebenwirkungsreiche Neuroleptikum Pipamperon, auch Vorschulkindern. Sogar mit einem weiteren sehr hochpotenten Neuroleptikum, Risperdal, das man eigentlich bei Psychosen gibt, hat er Kinder behandelt. Auf Nachfrage der Süddeutschen Zeitung, warum er ein solches Medikament angewendet habe, hat Winterhoff offenbar seine Anwälte antworten lassen (auch das ein typisches Phänomen: Wenn etwas »auffliegt«, dann schreiben die Anwälte): »Wenn Kinder für erzieherische Maßnahmen nicht mehr erreichbar sind und ihre Aggressionen nicht kontrollieren können, entsteht für ihre Umwelt eine gefährliche Situation.«[80] Man höre und staune: Eine »gefährliche Situation für die Umwelt«, ausgehend von einer niedlichen, freundlichen und zugewandten

Siebenjährigen, 1,20 m groß, 24 kg schwer. Was es nicht alles gibt.

Zugleich wird mit dieser skurrilen Erklärung aber deutlich gemacht, worum es bei der Behandlung von Kindern mit solchen Medikamenten gegangen ist: Um den »Schutz« der Umwelt, allerdings nicht vor Gefahr, sondern eher vor Anstrengung, der Anstrengung von Beziehungs- und Erziehungsarbeit, der Anstrengung in emotionalen Auseinandersetzungen, vor zusätzlicher Arbeit und Mühe, die man eben mit Kindern, zumal mit solchen, die womöglich traumatisiert sind, haben kann. So sagte denn auch eine Erzieherin frei heraus zur Süddeutschen Zeitung, die Kinder seien nicht mehr so »aufmüpfig«, nicht mehr »so schwierig« (ebd.), wenn sie die von Winterhoff verordneten Medikamente genommen hätten. Ach, wen wundert's?

Offenbar gehörten insbesondere auch Heimkinder zu den Opfern. Eines dieser ehemaligen Heimkinder berichtet, es habe sofort nach seiner Ankunft Medikamente bekommen, ohne eine Voruntersuchung, ohne ein Gespräch.[81] Jana Stevens hat ihre Medikamente gar ohne Einwilligung ihrer Eltern oder eines Vormunds bekommen.[82]

Wenn es unter den Kindern Streit gegeben habe, hätten die Betreuer sofort gefragt, ob sie ihre Medikamente nicht genommen hätten. (Einen ähnlichen Satz haben wir vom Vater von Matthis gehört: Die Schule würde anrufen und fragen, ob Matthis seine Medikamente nicht genommen habe.) Es ist gerade dieser Reflex, der so bedenklich erscheint: Die Kinder werden lebhaft, benehmen sich wie Kinder oder auch auffällig, werden anstrengend und dann schallt der Ruf nach Medikamenten durch die Flure. Die Opfer dieser »Therapie« erlitten starke Nebenwirkungen, unter anderem die bei Neuroleptika-Gabe sehr bekannten und sehr quälenden Bewegungsstörungen, die aus Steifheit, aber auch aus großer Unruhe bestehen können. Die Nebenwirkungen werden von Winterhoff (wie jene von Methylphenidat von Finjas Mutter) wegmoderiert. Ein bisschen Blässe, ein bisschen Kopfschmerzen, nichts, was sich nicht mit Coca-Cola behandeln ließe.[83] Im Ernst?

2021, als der Artikel erschien, habe sich Winterhoff zu den Vorwürfen nicht äußern wollen. Winterhoff saß für lange Zeit (bis mindesten 2021) im Vorstand des Jugendhilfeträgers Kleiner Muck e. V., zu dessen Einrichtung auch das Heim (und viele andere auch) zählte, von dem die Opfer berichten. Zugleich ist er dort offenbar als »beratender Kinderpsychiater« tätig gewesen. Eine sogenannte Win-win-Situation. Das Heim schickte Kinder für eine Behandlung zu Winterhoff (Behandlungen, die er selbstredend abrechnen durfte) und Winterhoff sorgte dafür, dass der Junge, von dem die Rede ist, in die Einrichtung Kleiner Muck kam.[84] So konnten alle kräftig verdienen, und wenn die Kinder schön ruhig sind, dann auch leichter.

Offenbar hatte das Landesjugendamt Rheinland in seinen eigenen Einrichtungen bereits 2014 die Zusammenarbeit mit Winterhoff beendet,[85] aber das Treiben des Kinder- und Jugendpsychiaters ging erst einmal weiter, denn »ein Eingriff durch das Landesjugendamt wäre mit der Autonomie der Träger kollidiert sowie mit der Berufsausübungsfreiheit des Herrn Dr. Winterhoff«[86]. Winterhoff schien erst einmal unantastbar, wie gesagt, Talkshow-Gast, »Bestsellerautor« und so weiter. Im März 2022 beklagte dann die Süddeutsche Zeitung »schleppende Ermittlungen«[87], bis es dann offenbar zu einer Großrazzia bei Winterhoff kam. Die Süddeutsche Zeitung berichtet, die Bonner Staatsanwaltschaft habe die Praxisräume des Kinderpsychiaters in Bonn durchsuchen lassen sowie mehrere Kinder- und Jugendhilfeeinrichtungen, die mit ihm kooperierten. Dabei seien »etwa 100 Kripo-Beamte bei 15 Einrichtungen in Nordrhein-Westfalen, Rheinland-Pfalz und Niedersachsen« aufgetaucht.[88] Die Staatsanwaltschaft habe die Durchsuchungen, »im Rahmen eines Ermittlungsverfahrens gegen einen Kinderpsychiater aus Bonn wegen des Verdachts der gefährlichen Körperverletzung durch mögliche nicht fachgerechte Behandlung« bestätigt. Das Ziel sei es gewesen, Patientenakten sicherzustellen.[89] Am 23. Juni 2022 konnten dann »umfangreiche Ermittlungen« in dem Fall verkündet werden.[90] Erst im Juli 2023 ist zu lesen, dass die Staatsanwaltschaft tatsächlich Anklage gegen Winterhoff erhebt, »wegen gefährlicher Körperverletzung in 36 Fällen«[91].

Ein langer Weg. Warum so lang, könnte man fragen. Liegt es daran, dass Ärzte so schwer zu belangen sind? Dass »eine Krähe der anderen kein Auge aushackt«, wie in solchen Fällen oft gerne zitiert wird?

Ich vermute, es liegt weniger an dem Beruf des Arztes, denn der scheint mir schon lange nicht mehr so unantastbar zu sein, sondern an der medialen Präsenz und Wirkung. Erst wenn jemand medial einen bestimmten Stand erreicht hat (von dem viele Systeme profitieren), erst dann scheint er von einer Art unkritischem Unantastbarkeitsnimbus umgeben. Wenn der- oder diejenige ihre Thesen mit entsprechender Verve vorträgt, selbstüberzeugt, von keiner Reflexion, keinem Selbstzweifel, keiner Vorsicht angekränkelt, dann »folgt« man ihm/ihr. Es wäre lohnend, sich wieder an die doppelte Bedeutung des Wortes »folgen« zu erinnern.

Die von Köhler genannte Kurzformel trifft womöglich tatsächlich: Je mehr mediale Präsenz, desto mehr vermeintliche Kompetenz. Das kann ein gefährlicher Irrtum sein.

Aber es muss noch etwas hinzukommen, meine ich, damit solche Auftritte und Bücher erfolgreich sind: Sie müssen auf eine bestimmte Weise bewusste oder unbewusste Wünsche der Konsumenten bedienen. Das ist hier so wie bei der vermeintlichen Richtigkeit der ADHS-Medikation: Es besteht der Wunsch nach einer (vermeintlich) einfachen Lösung (Medikamente und gut) und vor allem auch der Wunsch, es handele sich bei den Problemen und Schwierigkeiten, die das Kind hat, um etwas, das allein im Kind zu verorten ist, nicht etwa in der Umwelt, in Eltern-Kind-Beziehungen, in Überforderungs- oder Unterforderungszuständen. Man möchte das vielleicht so gerne hören, weil man sich dann selbst aus der Verantwortung nehmen kann. Das gilt womöglich nicht nur für Eltern, sondern auch für Politik und Gesellschaft. Auch da wünscht man sich vermutlich die einfache und vor allem die billige Lösung. Letztlich sind Medikamente günstiger zu haben und schneller zu beschaffen als Erzieherinnen, Lehrer, Pädagoginnen, Kinder- und Jugendtherapeuten. Wer will schon hören, dass wir für unsere Kinder deutlich mehr Geld ausgeben müssten, und zwar in Form von deutlich mehr Fachkräften, die bei der Erziehung, wenn nötig auch bei der Therapie, behilflich sein könnten. Es ist eine längst bekannte Tatsache, dass die Lehrerinnen mit den Kindern, die zum Teil erhebliche Probleme mitbringen, alleingelassen werden. Sie sind überfordert, weil sie nicht als Kinder- und Jugendpsychotherapeuten ausgebildet sind oder weil sie sich um viel zu viele Kinder mit hohem Betreuungsbedarf kümmern müssen. Wer will schon hören, dass es viel mehr Personal in Schulen und anderen Betreuungseinrichtungen braucht, wenn Eltern anscheinend doch häufiger an ihre Grenzen stoßen, aus unterschiedlichsten Gründen?

Da möchte man doch vielleicht lieber hören: Es liegt am Kind, an dessen Hirnstoffwechsel, an seiner psychischen Störung, an seinen Genen, und dafür gibt es Medikamente.

Sehr interessant fand ich in diesem Zusammenhang auch den Kommentar des Kinder- und Jugendpsychiaters Schulte-Markwort (ehem. Chefarzt am UKE Hamburg), der, zu den »Theorien« Winterhoffs befragt, äußert, er könne sich an keinen Fachkongress erinnern, »wo das [die Thesen Winterhoffs, D. P.] eine Rolle spielte«[92]. Ist das nicht seltsam? Da spielt jemand in der wissenschaftlichen Fachwelt keine Rolle, ist aber ein »medialer Experte«? Meiner Wahrnehmung nach ein häufigeres Phänomen.

Je mehr ich mich mit der Psycho-Industrie befasse, desto

mehr halte ich es inzwischen allerdings auch für einen Fehler, wenn Fachkundige die Trivialliteratur ignorieren und damit unwidersprochen stehen lassen. Es ist doch verständlich, dass die Menschen nach Orientierung suchen, sich informieren wollen, vielleicht zunächst einmal niederschwellig, mit einem Buch. Wenn diese Bücher dann von Verlagen gehypt werden, weil ein »Doktor« sie geschrieben hat, woher soll man wissen, dass in diesen Büchern womöglich Dinge stehen, die falsch sind und manchmal sogar gefährlich falsch? Eine Rezensentin hat beim Winterhoff'schen Tyrannenbuch (*Warum unsere Kinder Tyrannen werden*) Hinweise zu den verwendeten Quellen angemahnt.[93] Sie hat es versucht, aber offenbar wollte man das nicht hören. Michael Winterhoff nicht und der Verlag auch nicht – wer will sich schon freiwillig das Geschäft ruinieren?

Winterhoff hat Medizin studiert, man muss erwarten dürfen, dass er seine Befugnisse, beispielsweise Medikamente zu verschreiben, richtig einsetzt, zum Wohle der Patienten (und nicht zum vermeintlichen Wohl der Erziehungspersonen).

Stahl und Windscheid haben Psychologie studiert, sie sind also »Fachleute« im weitesten Sinne. Man sollte wirkliche Kompetenz erwarten dürfen.

Stefanie Stahl gibt auf ihrer Website an, neben dem Psychologiestudium eine Ausbildung in Gesprächspsychotherapie und im NLP zu haben. Beides sind keine sogenannten Richtlinienverfahren, die von den gesetzlichen Krankenkassen anerkannt sind. Leon Windscheid ist Psychologe. Ob er über eine psychotherapeutische Ausbildung verfügt, geht aus seinem Internet-Auftritt nicht hervor. Und von Hirschhausen hat Medizin studiert.

Aber es gibt auch »Anbieterinnen« auf dem Psycho-Markt, die über gar keine fachliche Qualifikation in diesem Bereich verfügen.

In den Niederungen des Marktes – von »Life-Coaching« und »Wunderheilern«

Da der Begriff des »Psychotherapeuten« seit Inkrafttreten des Psychotherapeuten-Gesetzes von 1999 geschützt ist und es in dem Bereich psychischer Krisen offenbar viel Geld zu verdienen gibt, braucht es einen Umweg. Der kann zum Beispiel Life-Coaching heißen. Dazu gibt es einen hervorragenden Beitrag bei der ARD.[94] Die Redakteure beschäftigen sich da unter anderem mit dem sogenannten Life-Coach Tobias Beck, seines Zeichens offenbar Rettungssanitäter und Flugbegleiter, wenn man seinen eigenen Angaben bei LinkedIn Glauben schenken darf. Abgesehen von der sehr bizarren Ausrichtung seines Zwei-Tage-Seminars, über dessen Ablauf die Teilnehmerinnen schweigen sollen, kostet der Ausflug laut ARD 4.995 Euro.

Kürzlich berichtete die Süddeutsche Zeitung über einen weiteren »Life-Coach«, Veit Lindau, abgebrochenes Medizinstudium und offenkundig berufen. Die Süddeutsche Zeitung traf sich mit einem Ehepaar, das an einem seiner Seminare teilgenommen hat, bei dem der Ehemann dann psychotisch dekompensiert sei.[95] Eine Psychose geht mit Realitätsverzerrungen, Wahnvorstellungen oder Halluzinationen einher.

Beschrieben wird von anderen ehemaligen Teilnehmern, dass die Fenster des Seminarraumes mit schwarzer Folie verklebt würden, im Hintergrund düstere Musik spiele und Veit in einem schwarzen Ledersessel sitze. Wäre ich dort gewesen, hätte ich vermutlich einen Lachanfall bekommen oder mir wäre schlecht geworden. Aber wenn man dort ist, weil man sich etwas erhofft?

Es gibt dort lauter »Psychospielchen«, von denen man lesen kann, leider auch solche, die in eine psychische Krise führen können, wie beispielsweise die »Übung«, dass alle in der Gruppe die Kleidung ablegen, sich voreinander hinstellen und dann mit Daumen rauf oder runter anzeigen sollen, ob ihnen ihr Gegenüber gefällt.[96]

Oder Damian Richter. Ich habe nicht herausbekommen, worauf er seine therapeutische Kompetenz gründet. Es gibt ein Video mit dem Titel *Heilung von Martins Kindheit im Nachhinein* – in kürzester Zeit, versteht sich, und vor vielen Zuschauerinnen, versteht sich auch. Es ist relativ simpel: Wer etwas von Psychotherapie versteht, wird dieses Video kaum ertragen können.[97] Damian »heilt« ... er verfolgt also offenkundig eine therapeutische Absicht. Mit einem möglicherweise traumatisierten Patienten, innerhalb einer Zwei- oder Drei-Tage-Veranstaltung, in welcher der Kontakt mit »Martin« vielleicht ein paar Minuten einnimmt, in denen Tränen fließen (das ist doch immer ein Zeichen von Heilung, oder?) und während dieser der arme »Martin« sich vor vielen Zuschauern auch noch beleidigen lassen muss.

Es fallen darin Sätze wie dieser: »Wenn du dein Herz verschließt, dann ist das ein Gehirnfurz, dann bist du ein Arsch.«[98] Dies sagt er zu dem Mann, der »Martin« genannt wird und der augenscheinlich eine traumatische Kindheit gehabt hat. Abgesehen davon, dass ich nicht weiß, was ein »Gehirnfurz« ist, halte ich aus fachärztlicher Sicht ein solches Vorgehen für skandalös, wenn das Video denn »echt«, das heißt nicht gestellt ist. Anderenfalls wäre es immer noch skandalös, aber man müsste sich weniger Sorgen um »Martin« machen. Wenn es echt ist, dann handelt es sich um eine sadomasochistische Inszenierung, mit der Richter exakt wiederholt, was ein misshandeltes Kind und vielleicht der misshandelte »Martin« erlebt haben. Zunächst aggressive Attacken, die kränken und verunsichern, und sich dann als »Guter« präsentieren, wie der Vater, der sein Kind eben noch geschlagen hat, es dann in den Arm nimmt und vor Selbstrührung vergeht. Grauenhaft!

Mit »Heilung« hat diese Sequenz so viel zu tun wie ein Verhör. Das Vorgehen birgt vielmehr die sehr hohe Gefahr einer Retraumatisierung, die aber dem Opfer nicht bewusst sein dürfte. Die Videosequenz endet, als »Martin« scheinbar erleichtert und »geheilt« (oh Gott!) ist. Wie es ihm Tage und Wochen nach diesem Ereignis geht, erfahren wir nicht.

Aber hey, man kann doch ein tolles Video (das auch noch) drehen, es mit Musik unterlegen, es so aussehen lassen, als sei Damian eine Art Popstar, der Stagediving betreibt, und man kann damit auf diese Weise Klicks generieren und für sich werben. Die inzwischen berühmten Algorithmen spülen Damian dann vielleicht bei irgendeiner Google-Suche nach oben. Immerhin berichtet auch die ARD über ihn. Das wird ihn freuen, auch schlechte Presse ist Presse.

Und dann wäre da noch Robert Betz. Ein weiterer geschäftstüchtiger und – wie ich meine – auch gefährlicher Player in der »Psycho-Szene«. Erfreulicherweise warnt die Sekten-Info NRW vor Betz und seiner sogenannten *Transformationstherapie.*[99] Entsprechend heißt auch sein Laden, Verzeihung, seine GmbH *Transformations GmbH*. Er gibt an, Diplom-Psychologe zu sein und hier greift wieder das schon eingangs benannte Missverständnis: Psychologinnen machen doch Psychotherapie? Nein, machen sie nicht, jedenfalls nicht zwangsläufig. Psychotherapeuten machen Psychotherapie und Betz ist – so ist seiner Website zu entnehmen – eben kein ausgebildeter Psychotherapeut. (Ich komme mir beim Schreiben fast vor, wie das Kind in *Des Kaisers neue Kleider*).

In seiner Transformations-»Therapie« geht es um irgendetwas mit Selbstentwicklung. Ich erspare uns mehr von der Website, weil sie nicht weiterführen, sondern verschleiern will, dass hier eine riesige Industriemaschine Robert Betz zu viel Geld verhilft. Was nicht verboten ist. Teil dieser Maschinerie sind auch Trainings und »Therapie-Ausbildungen« (ja, das darf man so nennen, Therapie darf man zu allem sagen).

Allerdings gibt es eine sehr dunkle Seite in diesem Geschäft. Es gibt dazu einen sehr interessanten Bericht auf der Seite des NDR von Kristina Festring-Hashem Zadeh mit dem Titel *Robert Betz: »Glücks-Coach« oder Scharlatan?* Gute Frage. Auf jeden Fall gehört er zu den Psychotainern und verbreitet gefährliche und falsche Aussagen, bei denen mir als Ärztin und Psychotherapeutin vor Empörung fast die Luft wegbleibt. Die Autorin des Artikels hat offenbar eine Show im Congress Center Hamburg besucht, und zwar schon im Jahr 2013, und dort, so berichtet sie, behauptet Betz, »dass Frauen, die mit ihrer Weiblichkeit nicht im Einklang seien, Brustkrebs bekämen oder an den Eierstöcken erkrankten. – Niemand widerspricht! – So, wie jeder Schöpfer seines Glückes sei, erschaffe er sich auch unbewusst sein Leid. ›Heilen kann der Mensch sich nur selbst.‹«[100] Da bleibt einem die Spucke weg, oder? Nur fürs Protokoll: Aus fachlicher Sicht ist das nicht nur absoluter Blödsinn, sondern auch gefährlich und unter Umständen traumatisierend, weil der ohnehin schon durch die Erkrankung traumatisierten Frau eingeredet werden soll, sie sei mal schön selbst schuld. Das ist an Ignoranz, Machtgehabe und Frechheit nur schwer zu unterbieten.

Die Sekteninfo NRW warnt vor Betz. Die Autorin des Beitrags, Uta Bange, bezeichnet Betz' Angebot als »esoterische Pseudotherapie« eines Psychologen mit »direktem Draht ins Jenseits«. Sie berichtet von einem Vortrag am 06. Februar 2014 in Bottrop, in welchem Betz behauptet habe, die Entstehung von Demenz, Alzheimer und auch Krebs als Quittung für das gelebte Leben würden selbst erschaffen. Er würde ergänzen, wir könnten als Schöpfer der Krankheit diese auch wieder heilen. Als Medikamente bei Krankheiten empfehle Betz vor allem Liebe, Freude und Dankbarkeit.[101]

Allein, seine »Ratgeber« verkaufen sich offenbar weiterhin sehr gut. (Möglicherweise bin ich hier einer neuen Erkrankung der Moderne auf der Spur, der »Ratgeberitis«.) Dazu noch eine Anmerkung: Solche »Ratgeber« werden geschrieben. Das geht, wenn man sich in der Beziehung hinreichend frei von Schamgefühlen fühlt und den Kontakt zur Realität für nicht so wichtig hält, aber: Solche Ratgeber müssen auch gedruckt werden und wenn das nicht im Selbstverlag geschieht, dann muss es Verlage geben, die so etwas drucken.

Sowohl der Artikel von Uta Bange bei der Sekteninfo NRW als auch der Bericht des NDR sind bereits über zehn Jahre alt, doch offenbar treibt Robert Betz weiterhin ungerührt sein Unwesen.

Die Geschichte der Gurus und Wunderheilerinnen ist alt und viel zu lang, als dass wir sie hier auch nur ansatzweise vertiefen könnten. Häufig handelt es sich bei diesen »Heilsbringern« um Leute ohne jede ernst zu nehmende fachliche medizinische oder therapeutische Ausbildung. Dadurch wird es dann immer besonders krude. Früher fuhren sogenannte Quacksalber mit irgendwelchen Tinkturen durchs Land.

Interessant ist aber womöglich, dass laut einer Umfrage jeder vierte Österreicher an Wunderheilungen glaubt. So wird der Jahresumsatz mit sogenannter »Energiearbeit« in Österreich auf zwei Milliarden Euro geschätzt.[102] Es scheint nichts zu geben, was es nicht gibt. Ein echter »Knüller« auf dem Gebiet ist »Braco«, mit bürgerlichem Namen Josip Grbavac, der den Teilnehmerinnen seiner Veranstaltungen den »gebenden Blick« spendet. Na ja, nicht ganz »spendet«, denn für eine Session muss man derzeit wohl 15 Euro bezahlen. Dann bekommt man einige Minuten den »gebenden Blick« zu sehen. Sollten Sie sich jetzt fragen, was das ist, dann ist das eine gute Frage. Braco kommt und blickt ins Publikum. Das war's.

Das ist seine einzige »Intervention«, denn ansonsten spricht Braco nicht, sondern verschwindet nach seiner Blick-Arbeit wieder hinter den Kulissen. Das Publikum, überwiegend weiblich, bleibt mit seinen Emotionen zurück und kann zum Trost beispielsweise ein Schmuckstück aus der Braco-Kollektion erwerben. Wenn also zu einer solchen Veranstaltung, sagen wir, 300 Menschen kämen, dann hieße das, 300 mal 15 gleich 4.500 Euro pro Stunde oder halbe Stunde und das vielleicht mehrfach am Tag ... alles fürs In-die-Gegend-Gucken. Das ist kein schlechtes Marktkonzept.[103]

Von solchen »Anbietern« gibt es reichlich, in Deutschland, in der Schweiz, in Österreich, vermutlich überall. Natürlich könnte man sagen, die Besucherinnen sind eben ein paar so verzweifelte Menschen oder so leichtgläubige oder wenig reflektierte oder unwissende ... Das mag alles stimmen, aber dennoch ist es ein Phänomen, das es zu verstehen gilt. Die spannende Frage lautet: Was bedienen diese »Anbieter«? Woher rührt der Verkaufserfolg ihrer »Produkte«?

Ganz offensichtlich bedienen »Heilerinnen« und »Gurus« ja eine »Marktlücke«. An Wunder zu glauben, ist nichts Neues, und das gibt es vermutlich schon ebenso lang wie den Glauben an die Hölle. Überhaupt könnte man auf die Idee kommen, dass der Rückgang des Christentums, die zunehmende Säkularisierung, der Rückgang religiösen Lebens das Bedürfnis nach solchen »Gurus« fördern. Sie bieten pseudoreligiöse Veranstaltungen an, als deren »Gottheiten« sie sich selbst inszenieren. Und die Menschen folgen ihren »Göttern« in der Hoffnung auf Heilung und Glück.

Was zudem vielleicht in unserer industriell-, markt- und wettbewerbsgeprägten postmodernen Gesellschaft unterzugehen droht, ist die emotionale Zuwendung im Rahmen einer Beziehung. Möglicherweise wird diese sogar so sehr ersehnt, dass man sich auch mit Scheinbeziehungen, Beziehungssurrogaten und Hokuspokus zufriedengibt. Ein solches Surrogat könnte dann auch aus einem »Blick in die Menge« bestehen, in den jeder projizieren kann, was er möchte. Alle diese Heiler und Sendungsbewussten sind letztlich Übertragungsobjekte, das heißt, sie werden aufgeladen mit den bewussten und unbewussten Beziehungssehnsüchten, mit den »subjektiven Bedeutungszuschreibungen«[104].

Während also Braco in die Menge guckt, guckt jeder

Einzelne wiederum etwas in ihn hinein, was er dann in dem »gebenden Blick« wiederzuerkennen meint. Anders formuliert: Man muss den Blick Bracos überhaupt erst mal als »gebend« interpretieren, damit er »gebend« wird. Man könnte seinen Blick ja genauso gut als »saugend« interpretieren. Soll man aber nicht! Das lässt sich unter anderem auch daran gut erkennen, dass man sich einig darin zu sein scheint, man müsse sich dem Ganzen öffnen, was nichts viel anderes heißt, als eine möglichst unkritische Haltung einzunehmen. Denn wenn man sich nicht »öffnet«, womöglich kritisch auf den »gebenden Blick« guckt, dann guckt »es« vielleicht auch nicht mehr ganz so gebend zurück. Oder, noch anders formuliert, es braucht eine positive Übertragung auf die »Heilsbringer«, die diese erst zum Heilsbringer macht. Eine negative Übertragung dürfte den »gebenden Blick« anders interpretieren bzw. dazu führen, dass man erst gar nicht in eine solche Veranstaltung geht. (»Übertragung« ist ein wichtiger Begriff aus der Psychoanalyse, der viel zum Verständnis von dem, was zwischen Menschen passiert, beitragen kann; siehe dazu den Exkurs: Übertragung, Kapitel 3, Verramschung).

Ich hatte bereits darauf hingewiesen, dass womöglich der Bereich der Psychologie und vor allem jener der Psychotherapie ein Bereich ist, in dem sich sehr viele berufen fühlen.

Mir scheint gerade im Bereich der Psyche, der psychischen Erkrankungen und der Psychotherapien häufig die Haltung vorzuherrschen, dass so ziemlich jeder mitreden könne. Schließlich hat jeder eine Psyche und kennt jemanden mit einer psychischen Erkrankung oder hat selbst eine. Und das macht einen doch zum Experten? Es ist ein bisschen wie beim Fußball. Auch der kommt oft vor, auch der wird von vielen gespielt und also sind alle Expertinnen und wissen, wie man Tore schießt und abwehrt und so weiter.

Selbstverständlich darf man sich als ausgewiesener Laie zu allem äußern. Ich kann mich auch als Ärztin und Psychotherapeutin zu allen Themen, sagen wir, der Herzchirurgie äußern. Anlesen ist ja nicht verboten. Gleichwohl habe ich nie ein Herz operiert und werde mich davor hüten, so zu tun, als sei ich auf diesem Gebiet eine Expertin. Ich bewundere die Kolleginnen und Kollegen, die Operationen durchführen können. Und selbst wenn ich theoretisch wüsste, wie es ginge, würde ich es immer noch nicht können.

Auch wenn es unpopulär sein mag: Die Behandlung von psychischen Erkrankungen erfordert viel Wissen. Es ist keine »Geheimwissenschaft«, aber es braucht eine Ausbildung und es braucht Erfahrung. Es ist auch ein Unterschied, ob man einen oder fünf Menschen, beispielsweise mit einer Depression, erlebt hat oder 100. Nicht umsonst dürfen junge Therapeuten in Ausbildung nur unter Supervision, das heißt unter Anleitung und Kontrolle einer Fachärztin oder eines ausgebildeten Therapeuten, behandeln. Man braucht Erfahrung und Wissen und – man muss sich selbst sehr gut kennen. Man brauchte bisher – in der Regel – ein Grundstudium, also der Medizin oder Psychologie, und dann eine zusätzliche psychotherapeutische Weiterbildung in einem Richtlinienverfahren, die noch einmal fünf bis sieben Jahre in Anspruch nimmt. Wir reden also von 13 bis 14 Jahren Ausbildung, die eine Psychotherapeutin gemacht hat.

Aber wie soll man sich auf dem Psycho-Markt nun orientieren? Wie kann man denn – bitte schön – »echte« Psychotherapeutinnen von selbst ernannten unterscheiden? Woran erkenne ich ausgebildete Psychotherapeuten und wie sieht deren Ausbildung überhaupt aus?

Wie wird man Psychotherapeutin?

EXKURS

Bisher gab es in Deutschland zwei Studiengänge, die für den Beruf des Psychotherapeuten grundlegend waren: das Medizinstudium und das Psychologiestudium. In beiden Fällen bildeten diese Studiengänge allerdings nur den ersten Abschnitt. Wenn man also Ärztin, Arzt, Psychologin oder Psychologe war, dann musste man anschließend eine weitere, in der Regel circa fünfjährige psychotherapeutische Ausbildung machen. Will man später über die Krankenkassen abrechnen dürfen, dann muss eine solche Ausbildung in einem sogenannten Richtlinienverfahren stattfinden: Psychoanalyse, tiefenpsychologisch fundierte Psychotherapie, Verhaltenstherapie und Systemische Therapie. Das 1999 in Kraft getretene Psychotherapeuten-Gesetz regelt die Ausübung der Psychotherapie für psychologische Psychotherapeutinnen und psychologische Kinder- und Jugendtherapeuten. Die Psychologinnen und Psychologen erwerben durch die anschließende Weiterbildung nach dem Studium die Approbation, die in Deutschland allein zur Berufsausübung berechtigt. Die Ärztinnen und Ärzte erwerben die Approbation mit Abschluss ihres Studiums, wenn sie als Psychotherapeuten arbeiten wollen, dann müssen sie eine anschließende, in der Regel circa fünf Jahre lange Facharztausbildung durchlaufen: In Deutschland kann man Fachärztin für Psychiatrie und Psychotherapie oder Facharzt für Psychosomatische Medizin und Psychotherapie werden. Man kann aber auch eine andere fachärztliche Ausbildung durchlaufen und einen sogenannten »Zusatztitel Psychotherapie« erwerben. In jedem Fall heißt das sowohl für Psychologinnen als auch für Ärzte: sechs Jahre Studium, anschließend noch einmal fünf Jahre psychotherapeutische Ausbildung, wenn es schnell geht. Inzwischen wird auch das sogenannte Direktstudium angeboten, das heißt, man kann »Psychotherapie« studieren und erwirbt mit Abschluss dieses Studiums die Approbation. Auf diese Weise ist die Gesamtdauer der Ausbildung kürzer geworden, wenn man sich früh entscheidet, »Psychotherapeutin« werden zu wollen.

Und wie sieht nun der eigentliche psychotherapeutische Ausbildungsgang aus? Mir scheint, die wenigsten Menschen wissen, dass wir Psychotherapeuten alle einmal »Patienten« waren, das heißt, wir müssen das Verfahren, das wir erlernen, in meinem Fall die Psychoanalyse, selbst »auf der anderen Seite«, also als »Klientin« oder »Patientin« durchlaufen. Wenn man also eine psychoanalytische Ausbildung macht, dann liegt man – während der gesamten fünf Jahre seiner Ausbildungszeit, die berufsbegleitend und daher oft länger verläuft – selbst auf der Couch, und zwar drei- bis viermal in der Woche! Diesen Prozess nennt man Selbsterfahrung. Das heißt, wir werden – auch wenn wir keine Symptome haben – gewissermaßen zu »Patienten« von Ausbilderinnen in dem psychotherapeutischen Verfahren, das wir erlernen wollen. Zur Zeit meiner Ausbildung zur Psychoanalytikerin musste diese Selbsterfahrung in einer Psychoanalyse bestehen (bis dato sollten also alle Psychoanalytiker selbst mehrere Jahre »auf der Couch« verbracht haben), sie musste ausbildungsbegleitend sein. Sie nahm also fünf bis sieben Jahre in Anspruch – ziemlich viel Zeit und Raum, die eigenen Schwächen und Stärken, die problematischen, konflikthaften Punkte in der Biografie, gegebenenfalls eigene Traumatisierungen und ihre bisherigen Verarbeitungen kennenzulernen. Das ist ein nicht zu unterschätzendes Kriterium, weil wir damit durch eine lang andauernde Schule der Selbstreflexion gegangen sind, und zwar in Anwesenheit eines anderen. Entgegen der Annahme vieler meiner Patientinnen, dass »wir« ja nicht wüssten, wie »das« sei, in Therapie zu sein, wissen wir das sehr genau. Und das ist gut so. Es ist besonders wichtig, damit man später in seine Patienten nicht die eigenen Probleme »hineinguckt«. Außerdem müssen wir eine bestimmte Anzahl an theoretischen Seminarstunden absolvieren, also nach unserer Arbeit in der Klink oder in der Praxis abends die entsprechenden Kurse belegen. Wenn man erste theoretische Kenntnisse hat, dann beginnt man mit Erstuntersuchungen, also untersucht Patientinnen, um eine Diagnose zu stellen. Diese Untersuchungen werden von ausgebildeten

Psychotherapeuten kontrolliert und besprochen. Anschließend beginnt man dann, selbst Patientinnen zu behandeln, und zwar nicht allein, sondern unter sogenannter Supervision. Das heißt, man trifft seinen Patienten circa viermal und dann bespricht man den Verlauf dieser Stunden wiederum mit einer ausgebildeten Psychotherapeutin, geht mit diesen Erkenntnissen in die nächsten Behandlungsstunden und so weiter, und das während der gesamten Behandlung hindurch. In dieser Form behandeln wir unterschiedliche Patienten mit den unterschiedlichsten Erkrankungen. Immer wieder stellen wir unsere Fälle auch in einer Gruppe von Kolleginnen vor, diese Fallvorstellung nennt sich *Kasuistik*, wobei die Gruppe wiederum von einem ausgebildeten Psychotherapeuten geleitet wird.

Am Ende haben wir an die 1.000 Behandlungsstunden, mindestens 150 oder deutlich mehr Supervisionsstunden und im Falle einer psychoanalytischen Ausbildung hunderte Selbsterfahrungsstunden absolviert, bevor wir eine Prüfung machen. Diese besteht in der Regel in der Abgabe eines schriftlichen Fallberichtes und einer anschließenden mündlichen Prüfung. Wenn Sie also auf der Suche nach einer ausgebildeten Psychotherapeutin sind, dann sollten Sie vor allem diese beiden Punkte klären: Ist sie approbiert? In welchem Richtlinienverfahren hat sie eine Ausbildung gemacht? (NLP und die berühmte »Gesprächstherapie« sind in Deutschland keine Richtlinienverfahren, sondern nur die genannten vier erfüllen die Kriterien.)

Ich habe das hier etwas ausführlicher dargelegt, weil ich die Erfahrung gemacht habe, dass beispielsweise fast allen meinen Patienten diese Informationen gänzlich unbekannt waren. Aber für die Einschätzung, ob ich es wirklich mit einer Fachfrau oder einem Fachmann zu tun habe, ist dieses Wissen unerlässlich, denn nur wenn man weiß, welche Qualifikationen »dazugehören«, kann man danach fragen. Man kann vielleicht – wenn sie nicht vorliegen – die getätigten Aussagen oder das pseudotherapeutische Vorgehen so mancher Marktkünstlerinnen besser einordnen. Denn um sich einen wissenschaftlichen Anstrich zu geben, verwendet man in der Psychotainment-Szene gerne bestimmte Tricks.

Die Tricks der Psychotainer: Wie man seriös und wissenschaftlich erscheint

Keine Angst vor unbelegten Behauptungen!

Stefanie Stahl wurde von den Medien zu »Deutschlands Psychologin Nr. 1« gekürt. Vielleicht war das schon der Auftakt zu einem sich durchziehenden uneingelösten Anspruch. Dieser Slogan, wer auch immer ihn geprägt hat, wird an vielen medialen Stellen wiederholt.

Was soll das heißen? Die bekannteste, die beste? Nun, das bleibt den Rezipienten überlassen. Die Medien huldigen ihr allerdings in einer äußerst bemerkenswerten Weise. Kaum eine Zeitung, die nicht über sie berichtet, etliche geben ihr Platz für regelmäßige Kolumnen, zum Beispiel Stern, Zeit Online, Welt. Letztgenannte bezeichnet sie sogar als »Expertin für Bindungspsychologie«[105].

Das müsste in den Ohren anerkannter wissenschaftlicher Autoren wie Karl Heinz Brisch oder Bernhard Strauß, aber natürlich auch Peter Fonagy und John Bowlby wie Hohn klingen, um an dieser Stelle nur einige bekannte Autoren zu nennen. Stefanie Stahl wird in Talkshows eingeladen, in denen sie Trivialitäten als interessante Erkenntnisse ausgibt, was nicht verboten ist. Interessant aber ist, wie unkritisch sich die Medien ihren Inhalten gegenüber verhalten. Kaum eine kritische Nachfrage. In der NDR-Talkshow, in die sie aufgrund ihres neuen Buches *Wer wir sind* eingeladen wurde, schien es eher, als hänge man an ihren Lippen, um schnell noch einen Rat für das eigene Leben zu erhalten.[106]

Auch in dieser Talkshow kommt sie auf ihr neues Buch

zu sprechen, von dem hier noch genauer die Rede sein wird. An Superlativen fehlt es in der Vorstellung des Buches nicht. Da geht die Rede: »Mein neues Buch ist wirklich richtig gut. So etwas gab es vorher nicht.«[107] Dann aber überschreitet Stahl nach meinem Dafürhalten eine Grenze, indem sie nämlich behauptet: »Ich stehe nicht für Selbstoptimierung, sondern für wissenschaftliche Psychologie«.[108] Oder: *Wer wir sind* zeige den Bauplan der Psyche, jedes Detail sei wissenschaftlich fundiert.[109]

Wenn man das von sich sagt, dann muss man sich folgerichtig auch wissenschaftlicher Kritik, auch der Kritik wissenschaftlichen Arbeitens stellen. Ich werde in diesem Buch aufzeigen, dass Stahl den Anspruch, wissenschaftlich zu sein, meiner Meinung nach, nicht einlösen kann. Ihr Buch ist kein wissenschaftliches, sondern ein populär(-wissenschaftliches) Buch, bei dem zudem etliche sogenannte wissenschaftliche Inhalte sehr fraglich und andere Teile wiederum unbelegt von anderen Autorinnen und Autoren übernommen worden sind.

Auch der »Wer wird Millionär«-Gewinner und Psychologe Leon Windscheid gibt sich gerne wissenschaftlich. Er brenne für die Wissenschaft! So heißt es auf seiner Internet-Plattform WeMynd.[110] Ziel der Plattform sei »die Vermittlung psychologischer Inhalte. Wissenschaftlich fundiert in Leons Master Class […]«[111] Jedenfalls ist er nicht zu bescheiden. Der Begriff »Master-Class« stammt vor allem aus der Kunst und Musik. Die sogenannten Master-Classes werden von den »Meisterinnen« ihres Faches abgehalten. Allerdings, der Begriff ist nicht geschützt, also ein gefundenes Fressen für Marketingstrategen. Man möchte durch Verwendung solcher Begriffe den Eindruck von höchster, eben meisterlicher Qualität erwecken. Dann kann man auch einen für die Anbieterin erfreulich hohen Preis nehmen. Und damit es wirklich, wirklich sehr wissenschaftlich klingt, prangt der Name Leon Windscheids auf seinem neuen Buch auch mit dem Doktortitel. Das ist übrigens eine – gerade in der Wissenschaft – sehr unübliche, um nicht zu sagen, akademisch etwas anstößige Praxis. Im akademischen Bereich werden akademische Titel auf Büchern und wissenschaftlichen Artikeln in der Regel weggelassen.

Aber solchermaßen eingestimmt darf man nun sicher wissenschaftlich solide Kost erwarten. Wir werden uns auch das näher ansehen.

Zunächst einmal scheint es im Psychotainment-Bereich wichtig zu sein, seine Ansichten mit wirklich breiter Brust vorzutragen. Es ist immer gut, wenn alles sonnenklar und unumstößlich klingt. »Acht Milliarden Menschen ticken gleich« – aus dem Munde einer »Expertin«, dann muss es doch stimmen, oder? Die Statements haben oft die didaktische Form von Werbeslogans. Da gibt es keine Widersprüche, die Welt ist eindeutig und natürlich sind die Erkenntnisse absolut sensationell. Eine Variante ist, höchst zweifelhafte Thesen einfach im Brustton der Überzeugung zu behaupten, ohne einen nachvollziehbaren Beleg für diese Behauptungen anzugeben, eine andere ist es – und die wirkt erst einmal so schön seriös – von »Studien« zu sprechen. Offenbar führt das Wort »Studie« bei vielen Menschen zu dem Gefühl, es handle sich um wissenschaftliche Redlichkeit und unumstößliche Fakten. Es ist insgesamt erstaunlich, wie unkritisch Studien – im Übrigen auch in der wissenschaftlich-akademischen Welt – hingenommen werden. Lassen Sie uns einmal schauen, was es mit Studien so alles auf sich haben kann.

Wer Studien zitiert, hat recht?

Es ist ein beliebtes Mittel, sich Glaubwürdigkeit und vor allem Professionalität zu sichern, indem man aus Studien zitiert. Gewiss, wissenschaftliche Studien sind ein wichtiges und unerlässliches Mittel der Forschung. Aber auch Studien sind nicht der Heilige Gral; sie sind beeinflussbar, ihre Ergebnisse müssen am Ende interpretiert und diskutiert werden und vor allem: Studien müssen auch verstanden werden. Und selbstredend werden Studien häufig auch mit einer bestimmten Absicht und nicht zwingend »ergebnisneutral« durchgeführt. Um nicht gar zu unkritisch mit den Ergebnissen von Studien umzugehen, eignet sich allein schon die fast triviale Erkenntnis, dass beileibe nicht alle Studien, die durchgeführt werden, auch zur Veröffentlichung kommen. Möchte man beispielsweise den überragenden Nutzen eines Medikaments mit einer Studie nachweisen und sollte bei einigen dieser Studien herauskommen, dass der Nutzen nicht hoch oder gar niedrig ist, warum sollte eine solche Studie das Licht der wissenschaftlichen Öffentlichkeit erblicken? Experten schätzen demnach, dass nur etwa die Hälfte der Forschungsergebnisse veröffentlicht wird.[112] Kündigt sich bei einer Studie womöglich an, dass sie nicht die »erhofften« Ergebnisse bringt, warum sollte man sie weiterführen, wenn man doch andere Ergebnisse braucht? Also: Abbruch und Ablage.

Ein Forscherteam um den Psychologen Brian Nosek hat sich einmal die Mühe gemacht, bei 100 psychologischen Studien deren Reproduzierbarkeit zu überprüfen, das heißt, sie haben anerkannte, in Fachzeitschriften veröffentlichte Studien erneut durchgeführt. Ergebnis: Während 97 Prozent der Originalstudien sogenannte signifikante Ergebnisse zeigten, zeigten sich bei der Wiederholung in nur noch 36 Prozent, also in weniger als der Hälfte, signifikante Ergebnisse.[113] Das Forscherteam weist fairerweise darauf hin, dass auch Wiederholungsstudien durch Zufälle oder andere Einflüsse zu anderen Ergebnissen kommen können. Es sei aber doch auffällig gewesen, dass sich insbesondere als überraschend verkündete Ergebnisse nicht haben reproduzieren lassen.[114]

Es geht nicht darum, Studien unter Generalverdacht zu stellen oder ihren möglichen Nutzen zu verneinen. Es geht aber darum, dass der kritische Blick nicht enden sollte, nur weil irgendwo »Studie« darübersteht, gefolgt von jeder Menge Zahlen, die in der Regel nur statistikaffine Menschen nachvollziehen können. Und wir sollten durchaus auch sensibler werden, wenn jemand wieder das Wort »Studie« wie eine Trumpfkarte auf den Diskussionstisch haut. Man darf da auch mal nachfragen.

Wir werden auf dieses Thema noch einmal beim Siegeszug der Kognitiven Verhaltenstherapie und der sogenannten Positiven Psychologie zu sprechen kommen. Die Psychotainer jedoch haben zum Teil eine ganz eigenwillige Art des Zitierens und Nutzens von Studien, die wir uns einmal genauer anschauen wollen.

In der ARD-Mediathek findet sich die Sendung *Lisas Paarschitt* vom 14. Dezember 2023, in der Stefanie Stahl mit Lisa Ortgies über Mütter spricht.[115] In diesem Interview möchte Stahl an einer Stelle ihre These, dass Kinder bereits im frühesten Säuglingsalter »Verantwortung für die Beziehung« übernähmen, untermauern, indem sie sich auf eine Studie bezieht. Sie sagt:

»Wenn die Eltern, aus welchen Gründen auch immer, überfordert sind, dann übernimmt das Kind dafür die Verantwortung, dass seine Beziehung zu den Eltern gelingt. Und das kann man schon im Säuglingsalter beobachten. Es gibt ’ne ganz krasse Studie, da haben die so Videoaufzeichnungen gemacht von sechs Wochen alten Säuglingen …«

»Sechs Wochen?«, fragte Lisa Ortgies offenbar (zu Recht) überrascht nach.

Stefanie Stahl fährt fort: »… die Mütter hatten, die Bindungsstörungen hatten. Also die Mütter durften mit denen auch nicht alleine aufwachsen, die waren alle im betreuten Wohnen. Und da hat man Videoaufzeichnungen gemacht […]. Und da hat man beobachten können, dass die kleinen Säuglinge, wenn die Mama sie angeguckt hat, haben die gelächelt, und wenn die Mama weggeguckt hat, dann haben die so einen ganz verlorenen eingefrorenen Gesichtsausdruck eingenommen. Das heißt, die haben ganz, ganz tief gespürt, hier geht es ums Überleben. Ich muss ein leichtes Kind sein, ich muss ein angepasstes Kind sein, also ganz, ganz intuitiv, weil die Mutter hat die Macht, mich in die Mülltonne zu werfen. Ja, also so. Und dass die sich schon ganz, ganz früh anpassen.«

Dies wird dann noch weitergeführt, indem Stahl das auf andere Eltern überträgt, die »vielleicht vieles richtig machen, aber vielleicht ein bisschen zu rigide sind, sich zu wenig einfühlen können in ihre Kinder [...]. Dass dann eben die Kinder zu viel Verantwortung dafür übernehmen, dass die Beziehung zu den Eltern gelingt, und sich über die Maßen anpassen an die Bedürfnisse der Eltern und das führt in der Regel später zu Problemen.«[116]

Hier haben wir gleich mehrere Probleme: Zum einen wüsste man gerne, um welche Studie es sich hier handelt, damit man selbst einmal einen Blick hineinwerfen könnte. Zwar ist es verständlich, dass diese Studie im Rahmen eines Fernsehinterviews vielleicht nicht deutlicher benannt wird, aber offenbar bezieht Stahl sich in ihrem neuesten Buch *Wer wir sind* auf dieselbe Studie, wenn sie dort schreibt: »So hat man in einer bewegenden Studie festgestellt, dass bereits sechs Wochen alte Säuglinge instinktiv spüren, wenn ihre Mütter überfordert und wenig bindungsbereit sind. Diese Säuglinge haben ihre Mama angelächelt, wenn diese sie angeschaut hat, während sie einen regelrecht eingefrorenen Gesichtsausdruck hatten, wenn die Mama sie nicht beachtet hat. Diese Säuglinge haben also instinktiv gespürt: Ich muss die Mama bei Laune halten und ein liebes lächelndes Kind sein, damit die Sache hier gut für mich ausgeht. Sie haben also schon im Alter von sechs Wochen die Verantwortung dafür übernommen, dass ihre Beziehung zur Mutter gelingt.«[117]

Auch hier kein Beleg für die genannte Studie. Es ist mir

nicht gelungen, diese Studie zu finden, abgesehen davon, dass es als Leserin auch nicht meine Aufgabe ist, die Arbeit der Autorin zu machen und die Belegstellen für ihre Darstellungen zu suchen. Zuerst stellt sich hier die Frage: Gibt es diese Studie?

Wenn ja, warum wird sie nicht genannt? Ein Versehen?

Sollte es diese Studie geben, wüsste man gerne, ob die Forscherinnen zu derselben Interpretation neigen wie Stahl. Diese Interpretation erscheint mir – mit Verlaub – falsch. Ein Kind, das reflexhaft lächelt, lächelt eben nicht, »um Mama bei Laune zu halten«. Es lächeln nämlich so ziemlich alle Kinder mit diesem Lächeln in die Gesichter, auch in die Gesichter nicht bindungsgestörter Mütter. Und warum machen sie das? Denn nach Stahl müssten sie sich ja hier nicht um die gute Beziehung kümmern. Hier hat alles den Anschein, dass – welche Studie auch immer hier gemeint ist – man sich einfach eine Interpretation zurechtgezimmert hat, die in das eigene Weltbild passt. Liest man das und glaubt man das, dann müssten eigentlich alle Mütter, die von ihren Kindern so früh angelächelt werden, einen Schreck bekommen und denken: »Oh je, jetzt übernimmt mein Kind die Verantwortung für die Beziehung zu mir.« Daher sind solche Aussagen auf keine Weise wissenschaftlich und dazu noch unlauter. Ebenso wie die von Stahl in den Säugling hineingepressten Gedanken, die Mutter habe die Macht, den Säugling in die Mülltonne zu werfen. Das ist – aus meiner Sicht – in mehrfacher Hinsicht unerträglicher – Entschuldigung – Unsinn. Säuglinge, die noch nicht über Sprache verfügen, dürften wohl kaum in solcher Sprache denken. Stahl vermischt hier adulte Gedankenformationen mit dem mentalen Zustand von Säuglingen. Wenn überhaupt, dann könnte eine Mutter ob dieser Macht erschrecken.

Was sagen denn wirkliche Experten dazu? Ich habe mich umgehört und echte Experten gefragt: Hermann Staats, seit 2005 Inhaber der Professur für psychoanalytisch orientierte Entwicklungspsychologie an der FH Potsdam und Autor zahlreicher entwicklungspsychologischer Publikationen, schreibt mir: »6 Wochen alte Säuglinge lächeln alle Personen an, die sich ihnen zuwenden, auch Bilder, stereotype Zeichnungen, die ein Gesicht zeigen – das ist das personenunspezifische angeborene sogenannte ›Engelslächeln‹, das Kinder mitbringen, um den Aufbau von Bindungsbeziehungen zu Betreuungspersonen zu unterstützen. Ab dem 3. Monat wird es durch personenspezifische Interaktionen ergänzt und ersetzt.«[118]

Übrigens kann man die Tatsache, dass Säuglinge in den ersten Wochen zwar bezaubernd, aber eben doch relativ wahllos lächeln, allerdings mit einer Vorliebe für Gesichter, auf vielen Elternseiten im Internet nachlesen.[119]

Ich habe außerdem Prof. Bernhard Strauß von der Friedrich-Schiller-Universität in Jena gefragt, der zum Thema »Bindung« forscht und schreibt. Kennt er diese Studie? Was sagt er zu den Aussagen von Stahl in dem genannten Interview? Ich habe ihn gefragt und auch er hat sich die Mühe gemacht, sich die genannte Sendung anzusehen. Hier seine Einschätzung:

»Die Bindungsforschung hat in den letzten Jahren wissenschaftlich recht gut abgesicherte Ergebnisse erbracht. Gerade das verleitet dazu, die Befunde zu vereinfachen, zu generalisieren und falsch wiederzugeben. Stahl bezieht sich oft auf die ›Bindungsforschung‹ und deren Befunde, ist dabei weder bezüglich der Begriffe noch der Befunde genau (so spricht sie von ›Bindungsstörungen‹ bei den Kindern, Müttern und Vätern, wenn sie – vermutlich – unsichere Bindung meint). Sie bezieht sich auf ›Studien‹, beispielsweise eine ominöse Studie mit 6 (oder 8?) Wochen alten Säuglingen, die ›bindungsgestörte‹ Mütter haben, diese dennoch anlächeln (vermutlich lächeln Säuglinge in diesem Alter auch schon andere Menschen an) und unterstellt den Kindern dann die in diesem Alter völlig unmögliche Vorstellung oder Furcht, die ›Mütter können diese in den Müll werfen‹. Tatsächlich sind Kleinkinder adaptionsfähig und entwickeln Strategien, um auch mit ›schwierigen‹ Bezugspersonen zurechtzukommen. Kinder können sich aber auch auf andere Personen als die leibliche Mutter einstellen und halten auch temporäre Trennungen von den Eltern durchaus aus. Auch dazu gibt es ›Bindungsforschung‹, die beispielsweise zeigt, dass Kinder in früher Fremdbetreuung durchaus eine sichere Bindung entwickeln können, wenn die Eltern sonst feinfühlig sind und vor allem wenn sie sich nicht schuldig fühlen, eigene Interessen zu verwirklichen! Dass die Bindungserfahrungen der ersten zwei Lebensjahre notwendigerweise über das restliche Leben entscheiden, ist eine recht ›veraltete‹ Auffassung, die sich – auch dank der Bindungsforschung – so nicht halten lässt. Mit populärwissenschaftlichen Botschaften à la Stahl ist es ein wenig wie mit der ›stillen Post‹: Komplexe Phänomene werden recht simpel (und auch nicht immer korrekt) beschrieben und kommen dann beim Empfänger als einfache Wahrheiten an, die gut bekömmlich sind und der ›one and only‹ neuen Ruhm und neue Ehre bringen.«[120]

Das also die Einschätzung eines wirklichen Experten, der zum Thema forscht. Es geht nicht darum, zu kritisieren, dass jemand vereinfachend schreibt, um wissenschaftliche Erkenntnisse einem breiteren Publikum zugänglich zu machen. Vereinfachend zu schreiben heißt aber nicht zwingend, falsch wiederzugeben. Abgesehen davon, dass ich finde, man sollte das »breitere Publikum« nicht unterschätzen, nehme ich auf jeden Fall den Standpunkt ein, dass man die wissenschaftlichen Erkenntnisse, wenn man sie denn – werbeträchtig – »wissenschaftlich« nennt, auch richtig wiedergeben, sich keine Erkenntnisse ausdenken und private Meinungen auch als solche kennzeichnen sollte.

Ist doch alles ganz einfach – warum einfach nicht immer richtig ist. Ein Beispiel

Auch der Psychologe Leon Windscheid führt zur Untermauerung seiner Aussagen in seinem Buch *Besser fühlen. Eine Reise zur Gelassenheit* sehr gerne Studien und auch sehr gerne englische Studien an.

Im Unterschied zu dem genannten Beispiel von Stahl nennt Windscheid die Studien, aus denen er berichtet, sodass man – wenn man denn wollte – nachlesen könnte. Man darf wohl annehmen, dass die allerwenigsten Leser sich diese Mühe machen. Letztlich kauft man solche Bücher, um einen verständlichen Überblick über den »state of the art« zu bekommen. Also man möchte gerade nicht mühsam in irgendwelchen englischen »papers« nachlesen müssen. (Die Chance, dass jemand in die Studien wirklich hineinschaut, ist vermutlich bei englischen Ausgaben auch noch geringer als ohnehin schon – und sie klingen doch gleich noch ein bisschen wissenschaftlicher, wenn sie in englischer Sprache daherkommen, oder?)

Entsprechend ist man darauf angewiesen, dass die Forschungsarbeiten von der Referentin sinn- und ordnungsgemäß eingeordnet werden.

Schauen wir einmal, wie Leon Windscheid es mit seinen Studienberichten hält. Im Kapitel *Das Baby und das Monster. Über die guten Seiten der Angst*[121] berichtet Windscheid über die Forschung des Psychologieprofessors Jerome Kagan, der in einer langjährigen Studie schon bei vier Monate alten Säuglingen Unterschiede darin feststellte, wie sie auf fremde Situationen reagierten. Dazu präsentierte man den Säuglingen Mobiles vor dem Gesicht, Stimmen aus einem Lautsprecher und den Geruch einer alkoholischen Lösung. 20 Prozent der Babys reagierten darauf mit Weinen, Zappeln, Unruhe, sie werden von Kagan »high-reactives« genannt. 40 Prozent sind eher nur wenig aus der Ruhe zu bringen, die »low-reactives«, und die anderen lägen irgendwo dazwischen. (Bis hierhin ist schon interessant, dass zu diesem Experiment ein ausführlicher Artikel im Spiegel erschienen ist, der vieles von dem wiedergibt, was Windscheid in seinem Kapitel schreibt, allerdings eher differenzierter.[122] Der Artikel von Samiha Shafy im Spiegel ist von März 2020, das Buch von Windscheid erschien im April 2021.)

Kagan spricht hier von einem Temperament als einem Persönlichkeitsmerkmal, das sich – schon früh angelegt – auf das weitere Leben auswirke und früh erkennen lasse, ob man später zu den eher ängstlichen (man könnte auch sagen vorsichtigen) Menschen zählt oder eher zum »Draufgänger«-Typus. Dieses angeborene Temperament verschwinde laut Kagan nicht.[123] Wenn auch das Verhalten der High-Reactive-Kinder sich von Jahr zu Jahr angleiche, so könne man doch an den physiologischen Parametern sehen, dass sie schneller und stärker unter Stress gerieten. Dafür verantwortlich gemacht wird, man möchte fast sagen, wieder einmal, die Amygdala. Diese zeigt in der funktionalen Magnetresonanztomografie ein stärkeres Signal bei den High-Reactives. Wir kommen gleich noch auf den Hype um die sogenannten Hirnscans zu sprechen.

Windscheid schreibt dazu: »Hochreaktive Kinder haben als Erwachsene eine Amygdala, die wie ein sehr sensibler Feuermelder schon beim kleinsten Funken den Angstalarm schlägt.«[124] Es klingt nach einer ziemlich umfassenden Aussage, der zufolge es hochreaktive Kinder gibt, die dann alle als Erwachsene eine Amygdala haben, die bei kleinstem Anlass zu einer heftigen Angstreaktion führt.

Das klingt hübsch plakativ und vielleicht einprägsam, ist aber unseriös und wirft ein lehrreiches Licht auf den Umgang – bisweilen möchte man fast sagen, auf den missbräuchlichen Umgang – mit Studien.

Schauen wir also genauer hin.

Windscheid untermauert seine Aussage mit der Studie

Inhibited and Unibibted Infants »Grown up«: Adult Amygdalar Response to Novelty[125] und gibt vor, Inhalte aus dieser Studie wiederzugeben, wenn er den oben zitierten Satz schreibt.

Machen wir uns also die Mühe und gucken einmal, was denn in der Studie wirklich steht. Zunächst einmal die Frage: Was würden Sie glauben? Wie viele Menschen hat man wohl untersucht, um dann zu einer derart umfassenden, allgemeinen Aussage kommen zu können? 1.000 Probanden, oder reichen 500? Irgendetwas in diesem Bereich dürfte man vielleicht mindestens erwarten, oder? Nun, in der zitierten Studie lesen wir, dass man 22 (!) Erwachsene mit einem Durchschnittsalter von 21,8 Jahren untersucht hat, von denen 13 als »gehemmt« eingestuft worden waren, was der Kagan'schen Kategorie von »high reactive« entspricht, also als Kinder, die schüchtern auf neue oder fremde Menschen, Objekte oder Situationen reagieren.[126] Neun Probanden wurden als »nicht gehemmt« eingeordnet, was der Kategorie »low reactive« entspricht. Die 13 Erwachsenen der sehr ausgewählten Population zeigten in einer bestimmten Hirnuntersuchung eine signifikant stärkere »Antwort« (»response«), wenn ihnen neue oder fremde Gesichter gezeigt wurden, als die »ungehemmten«. Das ist alles. Nicht mehr und nicht weniger. Bei 13 Personen, die als Kinder einer bestimmten Kategorie zugeordnet wurden, zeigt sich im frühen Erwachsenenalter, dass bei ihnen während einer bestimmten bildgebenden Darstellung des Gehirns ein stärkeres Signal empfangen wird als bei den neun Erwachsenen, die als Kinder in die Kategorie »ungehemmt« einsortiert wurden. In dieser Studie ist mitnichten davon die Rede, dass die Amygdala der ehemals hochreaktiven Kinder »aus kleinstem Anlass zu einer heftigen Angstreaktion führt«. Der Vergleich von Windscheid mit dem Feuermelder, der beim kleinsten Funken Angstalarm auslöse, findet sich nicht in der Arbeit von Kagan, ähnelt aber in erstaunlicher Weise einem Vergleich im New York Times Magazine[127]: Da ist es ein durchgedrehter Bewegungsmelder, der anspringt, wenn sich nichts bewegt außer dem Regen …

Übertreibungen gehören zum Geschäft der Psychotainer. Die Forschenden selbst beschreiben ihr Ergebnis denn auch deutlich seriöser und vorsichtiger als Windscheid. Sie sprechen davon, dass ihre Untersuchung eine »Hypothese unterstützt«,[128] nämlich die, dass gehemmte und ungehemmte Kinder Unterschiede in der Reaktion der Amygdala aufweisen. Das Ganze bewegt sich also im Rahmen von »könnte gut sein«.

Das ist alles sehr viel mühsamer und weniger reißerisch als ein Vergleich der Amygdala mit einem sensiblen Feuermelder. Leider finden sich solche zur Falschheit simplifizierten Aussagen in der Wiedergabe von Studien sehr häufig. Das Lesen, Verstehen und Interpretieren von hochkomplexen Studien ist mühsam. Will man es ganz genau wissen, dann muss man sich mit Statistik und den verschiedenen Mess- und bildgebenden Verfahren auskennen, die ihrerseits so hochkomplex sind, dass sie nur von Fachleuten durchgefuhrt werden können. Wenn man das kann, dann ist es ausgesprochen verdienstvoll, das Ergebnis von wissenschaftlichen Studien einer breiten Öffentlichkeit verständlich und richtig zu erklären.

Die Vertreterinnen der Psycho-Industrie machen sich diese Mühe jedoch häufig nicht, möchten aber zugleich nicht auf den Anstrich von Wissenschaftlichkeit verzichten und suchen sich in dem Meer von Studien gerne jene heraus, die sie für ihre Zwecke passend machen können.

Um diese Praxis besser einordnen zu können, mag es hilfreich sein, einen kurzen Blick auf den Hype um die sogenannten Hirnscans zu werfen.

EX
KU
RS

»Sehen ist Glauben« – die Macht bunter Hirnbilder

Seeing is Believing. The Effect of Brain Images on Judgments of Scientific Reasoning, so heißt eine Arbeit von David P. McCabe und Alan D. Castel.[129] Man hat Probanden unter anderem Artikel, auch fiktionale Artikel, aus dem Bereich der Neurobiologie vorgelegt, einmal ganz ohne grafische Darstellung, einmal unterlegt mit Bildern von Hirnscans oder Balkendiagrammen. Es zeigte sich, dass die Artikel, auch ausgedachte Artikel, die nach dem Vorbild echter Arbeiten geschrieben wurden (!), in der Solidität ihrer Argumentation am besten eingeschätzt wurden, wenn sie Bilder von Hirnaufnahmen enthielten.[130] Dazu passt eine Studie, die angeblich belegt, dass auch Lachse menschliche Emotionen wahrnehmen können, indem man in ihrem Hirnscan Aktivität nachweisen konnte. So könnte jedenfalls die Wiedergabe einer Studie im Psycho-Industrie-Bereich lauten. Dem Lachs wurden Fotografien mit Menschen in sozialen Situationen präsentiert, in denen auch ein gewisser emotionaler Inhalt erkennbar war, und – das Gehirn des Lachses hat reagiert! Auch hier lohnt sich ein Blick in die Studie, die in der »Zeitschrift« *Journal of Serendipitous an Unexpected Results* veröffentlicht wurde, was so viel heißt wie »Zeitschrift für zufällige und unerwartete Ergebnisse«. Auch hier: Vorsicht! Von dieser Zeitschrift gibt es nur eine einzige Ausgabe mit einem einzigen Artikel.

Neural Correlates of Interspecies Perspective Taking in the Post-Mortem Atlantic Salmon: An Argument for Proper Multiple Comparisons Correction[131] heißt die »Studie«. Schaut man hinein, fällt zunächst auf, dass n = 1. Es wurde also nur ein Lachs untersucht – und das, interessanterweise, auch post mortem. Ein toter Lachs, dem Fotos vorgelegt werden und der dann eine fMRI-Untersuchung (funktionale Magnetresonanztomografie) durchlief? Spätestens an der Stelle würden dann wohl (fast) alle stutzig. Bennett hat dennoch für die Studie 2012 den Ig-Nobelpreis gewonnen. Dieser »ignobel«-Preis (was so viel wie »unwürdig«

heißt) wird seit 1991 an der Harvard-Universität verliehen. Laut Jury gibt es den Preis »für Leistungen, die die Menschen erst zum Lachen bringen und dann zum Nachdenken«[132].

Und so ist es mit der »Lachs-Studie«, die zwar satirisch daherkommt, aber einen ernsten Hintergrund hat. In der fünf Minuten dauernden Studie zeigte sich eine erhöhte Hirnaktivität in einem 81 Kubikmillimeter großen Bereich des Gehirns.[133] Allerdings: Solche Signale sind reine Zufallsprodukte, das sogenannte statistische Hintergrundrauschen. Nun dürften die wenigsten von uns überhaupt verstehen, was das eigentlich für Untersuchungen sind, die sogenannten Hirnscans, deren bunte oder schwarz-weiße Bilder uns gerne, auch während einschlägiger Psycho-Shows, präsentiert werden.

Die Untersuchung heißt funktionelle Magnetresonanztomografie (fMRT) oder englisch: functional magnetic resonance imaging (fMRI). Aber was passiert da, wenigstens in etwa nachvollziehbar? Ein fMRT-Bild ist kein Foto, das Neuronen bei der direkten Arbeit, also Aktionspotenziale, zeigt, sondern lediglich eine vermehrte Durchblutung. Heutzutage basieren alle MR-Studien auf dem sogenannten BOLD-Kontrast (BOLD für Blood Oxygen Level Dependent).[134] Dazu wird das Bild in sogenannte Voxel, Bildpunkte, unterteilt. Ein Signal aus einem Bildpunkt mit einem inhomogenen Magnetfeld fällt geringer aus als jenes in einem Bildpunkt mit homogener Magnetfeldverteilung. Sauerstoffreiches Blut nun ist in etwa ähnlich magnetisiert wie das umgebende Gewebe, daher haben wir ein sehr homogenes Magnetfeld und man hat ein starkes MR-Signal. Bei sauerstoffarmem Blut verhält es sich genau umgekehrt. So kann mittels des Signals der Unterschied in der Durchblutung gemessen werden, allerdings nur in Kapillaren und venösen Gefäßen, da arterielle Gefäße schon in Ruhe einen Sauerstoffgehalt von nahezu 100 Prozent haben. Die Signaländerungen nach neuronaler Aktivität sind zudem sehr gering, sie liegen im Bereich von einem bis fünf Prozent.[135] Daher ist es für bedeutsame Ergebnisse elementar, dass möglichst viele Signale, die eben nicht ursächlich mit der neuronalen Aktivität zusammenhängen, das heißt falsch positive Signale, aus den Datensätzen entfernt werden. Dafür sind unterschiedlichste statistische Korrekturmaßnahmen erforderlich.

Es ist wichtig, zu verstehen, dass hier nicht einfach ein Foto einer Realität gemacht wird, sondern dass es eine Fülle von Signalen gibt, die von einem Computer »verrechnet« werden, bis zu einem für uns sichtbaren Bild, das wiederum interpretiert werden muss. Es muss also sehr viel gerechnet und korrigiert werden, sonst erkennt unter Umständen eben auch ein toter Lachs menschliche Emotionen. Nach Aussage von Bennett besteht ein großes Problem darin, dass etliche Forschungsarbeiten ohne notwendige Korrekturen veröffentlicht würden. Bennett und seine Kollegen sprechen gar von 25–40 Prozent der Wissenschaftler, die in guten Fachjournalen veröffentlichen und diese Korrekturen nicht vornähmen.[136]

Wir haben also sehen können, dass man auch den Auswertungen bunter Hirnbilder nicht immer ohne Weiteres glauben darf. Genauso verhält es sich eben auch, wenn das als »Studie« kraftvoll auf den Tisch gehämmert wird. So, als sei die präsentierte Aussage über jeden Zweifel erhaben, wenn man nur das Wort »Studie« voranstellt. Auch die Medien scheinen »Studie« allzu oft mit guter Wissenschaft gleichzusetzen. Und es ist sogar noch komplizierter: Es gibt Studien, die gut oder schlecht sein können, aber wer von uns hat schon Zeit, Muße oder Lust, in die Studien auch nur ansatzweise hineinzusehen? Insofern sind wir dann auch noch darauf angewiesen, dass das jemand anderes für uns tut, die Studie gut versteht und ihre Aussagen für uns treffend zusammenfasst. Aber auch hierbei ist eben Vorsicht geboten. Da es so viele Studien gibt, kann man vielleicht fast immer eine finden, die den eigenen Zwecken dient, und sie entsprechend »zurechtziehen«.

In seinem Buch *Besser fühlen* kommt Windscheid in dem Kapitel über Angst auch zu der »überraschenden« Erkenntnis, dass ängstliche Kinder (und wer glaubt nicht, dass es die gibt) davon profitieren würden, wenn deren Eltern nicht überbehütend wären.[137] Wie sehr sich das Verhalten von Eltern, deren eigene Ängstlichkeit, aber auch deren eigene Beherztheit auf die Entwicklung ihrer Kinder auswirken können, das haben nun allerdings unter anderem schon 1984 (!) der Psychiater und Psychoanalytiker Stavros Mentzos und psychoanalytische Kolleginnen in einem Buch über die Angstneurose dargestellt.[138] Ganz ohne Hirnscans, aber hochinteressant, weil es um Beziehungen geht, um die Verinnerlichung von Beziehungen, darum, ob es Erwachsene gibt, die einem Kind helfen können, schwierige negative Gefühle und eben auch Angst zu regulieren. Da wäre zum Beispiel das auch durch den Kinderarzt und Psychoanalytiker Donald W. Winnicott sehr bekannt gewordene Übergangsobjekt zu nennen, der berühmte Teddybär oder ein Kuscheltuch (Linus von den Peanuts), das Kindern hilft, die Abwesenheit ihrer Eltern zu verkraften und sich an eine Aufgabe (wie zum Beispiel den Besuch des Kindergartens) unter dem Schutz des Übergangsobjektes heranzutrauen. Dies ist nun eine andere Sichtweise, die sich auf Beziehungen und verinnerlichte Beziehungen und deren Bedeutung gründet und nicht lediglich auf Gene, wie Stefanie Stahl uns gerne nahelegen möchte, oder den Hirnstoffwechsel, wovon uns bunte Bilder überzeugen sollen.

Dieser ungenaue, übertreibende Umgang mit Studien, die die These des Autors, es sei vieles eine Frage der Einstellung, untermauern sollen, zieht sich dann durch das Kapitel *Über die guten Seiten der Angst* in Windscheids Buch: Er möchte – mit einer weiteren Studie von einer Harvard-Professorin (das muss doch gut sein) – belegen, dass allein eine Umdeutung der eigenen Angst in »Anregung« vor einem »Gesangsauftritt«, bei dem man *Don't Stop Believin'* singen muss, helfen würde, besser zu singen. »Allein diese kleine unterschiedliche Etikettierung des aufkommenden Gefühls zeigte eine deutliche Wirkung. Die ›Angeregten‹ sangen laut Computerauswertung deutlich besser als die ›Ängstlichen‹. Das ›on-and-on-and-on-and-on‹ ging ihnen lockerer über die Lippen.«[139] Das klingt doch super, oder? Was für Aussichten, sich vor dem nächsten Auftritt einfach mal zu sagen: »Ich bin angeregt.« Dann flutscht es. Wenn selbst der »Computer« sagt, man singt deutlich besser.

Okay, aber was steht denn in der Studie? Die Autorin Brooks wählte 113 englischsprachige Studenten aus, die unter anderem gebeten wurden, mittels des »Nintendo Wii Karaoke Revolution: Glee«-Programms (!) und einem Mikrofon vor einem Bildschirm den Karaoke-Song *Don't Stop Believin'* von Journey zu singen.[140]

Es wurden drei Gruppen gebildet. Die eine Gruppe sollte sich vor dem Singen sagen: »Ich habe Angst«, die anderen: »Ich bin angeregt«. Die Sprecher sollten jeweils »daran glauben«. Eine dritte Gruppe brauchte kein Statement abzugeben (und an nichts zu glauben). Die anschließende »Computerauswertung« der Sangesqualität erfolgte über das Karaoke-Stimmerkennungsprogramm. Wenn das keine Expertise ist! Und – tada! – der beste Gesang kam aus der Gruppe derjenigen, die zuvor gesagt hatten: »Ich bin angeregt.« Allerdings war er auch besser in der Gruppe derer, die gar keinen Kommentar abgeben mussten.[141] Also, wenn das nicht überzeugend ist! Solche Studien mögen sich hervorragend für die Silvesterunterhaltung eignen, allein von einem »Nintendo Wii«-Spiel von 113 Studierenden darauf schließen zu können, dass man vor seiner nächsten Prüfung einfach mal sagt »Ich bin angeregt!« (und es dann schaffen muss, es zu glauben), scheint mir eher einer der Auswüchse der Positiven Psychologie zu sein. Immerhin ist es noch unterhaltend.

Da ist es bei einer weiteren von Windscheid wiedergegebenen Studie dann schon anders. Dieses Mal – im selben Angst-Kapitel – das Thema Brustkrebs. Und achtsamkeitsbasierte Therapien. Da kann man sich doch sicher sein, dass die Leserinnen aufmerken. Man stelle sich vor, man hat diese Erkrankung und liest den folgenden Satz bei Windscheid:

»Bei Frauen mit Brustkrebs etwa reduzieren sie [die achtsamkeitsbasierten Therapien, D. P.] die psychische Belastung der Diagnose drastisch, […].«[142]

»Drastisch«! Das klingt eben … drastisch. Also gucken wir wieder einmal in die Studie. Das Gute daran: Sie ist erfrischend ehrlich. Es handelt sich dabei um eine sogenannte Metaanalyse, ein statistisches Verfahren, das die Ergebnisse verschiedener Studien zu einem bestimmten Thema und einer Fragestellung zusammenfasst, um dann gewissermaßen ein Gesamtergebnis der vorliegenden Studien zu errechnen und zu diskutieren. In der hier betrachteten Metaanalyse von Ledesma und Kumano weisen die Autoren zunächst einmal auf einen ordentlichen Wermutstropfen in ihrer Analyse hin, nämlich auf die Tatsache, dass sie für eine Metaanalyse, die natürlich umso aussagekräftiger ist, je höher die Zahl der untersuchten Studien ist, leider nur über eine sehr geringe Zahl an Studien, nämlich zehn (!), und darüber hinaus auch nur über eine sehr geringe Zahl an Teilnehmerinnen und Teilnehmern verfügt, nämlich 583. Wie die Autoren anmerken, reduziert dies die Aussagekraft der Studie.[143] Die geringe Zahl an Studien ist also schon mal ein großes Problem. Ein weiteres ist die Eingrenzung der untersuchten Population. Auch das ein beliebtes Mittel, um in Studien möglichst wahrscheinlich zu dem Ergebnis zu kommen, das man haben möchte. Man grenzt die untersuchte Population auf solche Individuen ein, bei denen man vermutet, dass sie zum Beispiel von dem untersuchten Mittel gut profitieren. In der vorliegenden Metaanalyse nun fanden die Autoren heraus, dass die untersuchten Menschen generell über ein hohes Bildungsniveau verfügten und in neun dieser zehn Studien stand der Brustkrebs im Zentrum, das heißt, wir haben hier überwiegend (79 Prozent) weibliche Probandinnen. Dazu kommt, dass die Studien sich überwiegend (81 Prozent) mit frühen Brustkrebsstadien befasst haben, also Stadien mit besten Heilungsaussichten.[144] All diese Faktoren dürften sich positiv auf den – wie wir annehmen dürfen – gewünschten Effekt auswirken: dass achtsamkeitsbasierte Therapien doch hülfen, die psychische Belastung bei Krebs zu reduzieren. Die psychische Belastung dürfte zum Beispiel umso höher ausfallen, je schlechter die Prognose ist. Also wendet man die gepriesene Therapie in der Studie lieber auf die Klientel mit guter Prognose an. Genauso wahrscheinlich ist, dass auch das Bildungsniveau Einfluss auf die »gefühlte« Wirksamkeit hat. Wie dem auch sei, wollte man das genauer wissen, müsste der Querschnitt der untersuchten Population viel größer sein und zum Beispiel alle Bildungsniveaus gleichermaßen untersuchen. Stattdessen ist es eine beliebte Strategie, die »Einschlusskriterien« für eine Studie so zu wählen, dass möglichst wenige solcher Individuen teilnehmen, die man in Verdacht hat, das gewünschte Ergebnis zu ruinieren.

Die Autoren der von Windscheid genannten Studie beklagen außerdem, viele Studien enthielten nur wenige Informationen über Therapeuten und Therapie und das Krebsstadium. Zudem wurde die »Verbesserung« überwiegend mit einem Selbstauskunftsfragebogen gemessen. Das Hauptproblem bleibt aber die kleine Zahl an Studien und Individuen, also das berühmte »n«. Und so kommen die Autoren am Ende zu dem Schluss, dass diese geringe Zahl es eben nicht erlaube, die Ergebnisse zu generalisieren – was Windscheid allerdings tut.

Und so bleibt den Autoren am Ende lediglich die Aussage, dass die Homogenität der Ergebnisse, die man bei den »mental-health«-Variablen gefunden habe, ihnen erlaube, darauf zu schließen, dass MBSR (= mindfulness-based stress reduction) bei der Verbesserung der psychosozialen Bedingungen von Brustkrebspatientinnen effektiv sein könnte.[145]

Die Ergebnisse »erlauben ihnen daraus zu schließen« – also viel weicher und unbestimmter geht es nicht. Von »drastisch« ist da jedenfalls gar nichts zu lesen.

Wir können das an dieser Stelle erst einmal beenden. Mir scheint es sehr wichtig zu sein, hier verschiedene Tricks der Psychotainer zu erkennen und mitzunehmen:

Man wartet gerne mit wissenschaftlichen Studien auf, vereinfacht diese aber bis zur Verfälschung, das heißt auch, man versucht sich die Ergebnisse von Studien so zurechtzuschneidern, dass sie das gewünschte Ergebnis präsentieren. Der zweite Trick besteht darin, die Aussage einer Studie zu verallgemeinern, obwohl dazu wenig Anlass besteht. Es handelt sich dabei genau genommen um irreführende Übertreibungen. Zum Beispiel: »Achtsamkeitsbasierte Therapien reduzieren die psychische Belastung der Brustkrebsdiagnose drastisch.« Persönlich finde ich solche Aussagen schon unlauter, da sie sehr viel außer Acht lassen. Auch hier werden wie an vielen anderen Stellen Diagnose, Belastung und eine mögliche Therapie vollkommen aus dem Kontext gerissen.

Eine Brustkrebsdiagnose »fällt« in eine bestimmte soziale Situation: Ist die Frau allein? Hat sie Kinder? Wie alt sind die Kinder? Hat sie Unterstützung? Gab es Brustkrebs in der Familie? Gibt es noch andere Belastungen in der Familie? Welches Stadium? Musste die Frau eine Chemotherapie durchleiden? Wurde eine Brust amputiert? Man kann die Liste noch fortsetzen. Und je nachdem, wie die Antworten ausfallen, wird man nach den geeigneten Maßnahmen suchen. Eine davon könnte eine achtsamkeitsbasierte Therapie sein, die besonders dann gut funktioniert, wenn die Patientinnen davon ähnlich begeistert sind wie die Therapeuten oder Forscherinnen, das heißt, es muss die Therapie immer auch ein bisschen zum Patienten »passen«. Vielleicht ist es für eine Patientin mit Brustkrebs auch hilfreich, einen Ort zum Weinen oder zum Klagen oder zum Wütend-Sein zu haben?

Wenn Studien herangezogen werden, besteht die Schwierigkeit aus meiner Sicht darin, dass es sich um eine Art Werbekampagne für die derzeit sich in Mode befindenden Therapien handelt: die Kognitive Verhaltenstherapie, derzeit besonders die Positive Psychologie und eben die sogenannte achtsamkeitsbasierten Therapien, die ihrerseits wieder vollkommen aus dem Kontext gerissen wurden. Die vordergründige »Spezialisierung«, wie sie ein Kennzeichen des Industriebegriffs ist, erscheint hier einmal mehr als »Dekontextualisierung«, indem ein Element (hier die »Achtsamkeit«) aus einem großen Zusammenhang (hier fernöstliche Philosophien, wie beispielsweise der Buddhismus) gerissen wird. Ich werde darauf zurückkommen.

FAZIT: Prominenz vor Kompetenz

So viel steht fest: »Psyche« eignet sich zu vielem, allem Anschein nach aber besonders zur Unterhaltung. Die auftretenden Akteure haben sich in der Regel nicht auf langen Wegen zu einer soliden psychotherapeutischen Ausbildung aufgehalten, sondern springen mit teils flotten Sprüchen auf den Lippen direkt ins Psycho-Showbusiness, das uns in Gestalt von Büchern, Podcasts, TV- oder Bühnenshows und so weiter begegnet. Genutzt, ausgenutzt wird (mit verbreitetem Geschäftssinn) einerseits (»Das ist krass«) die Suche Betroffener nach Hilfe, andererseits die voyeuristische Lust vieler, auch das Kribbeln bei Heilsversprechen obskurer »Heilerinnen«. Immer aber gilt: Entertainment geht vor Therapie. Prominenz vor Kompetenz. Und durchaus unkritische Medien helfen dabei, wo es geht. »Urvater« und Vorbild für Psychotainment ist Charcot, einst Psychiater und Chef der Salpêtrière zu Paris: eine Krankheit (er)finden, sie zu einer großen Show erheben und dabei sich selbst inszenieren. Und die Rezepturen heute? Anerkannte Verfahren werden als Selbstbedienungsautomaten missbraucht (»Hol dir, was du gerade brauchst!«). Es wird simplifiziert bis zur Verfälschung. Wissenschaftlichkeit dient als Tarnkappe für die Entertainer (trickreich werden Studien aufgebläht oder nicht belegt, Statistiken retuschiert, Genetik und Neurobiologie als »Zeugen« strapaziert, gelegentlich wird auch mal abgeschrieben – »Mein Gott, das kann doch passieren!«). Wie einst die Hysterie zur Zeit Charcots ist heute ADHS eine Krankheit der Wahl, deswegen erscheint sie im Fernsehen. Denn mit ihr lässt sich gutes Geld verdienen. In den letzten Jahren stiegen die Fallzahlen schneller als die Aktienkurse, ausgenommen natürlich die der Pharmaindustrie. Praktiziert wird Beziehungsferne, die Patientin bleibt allein, keine Resonanz.

03 DIE VERRAMSCHUNG WISSENSCHAFTLICHER PSYCHOTHERAPEUTISCHER KONZEPTE

Als »Verramschen« bezeichnet man in der Regel den Verkauf von Ware, die man zu einem niedrigen Preis erworben hat und der Masse billig verkauft. Als »Ramschware« bezeichnet man sowohl Ware, die unter Wert zu günstigen Preisen verkauft wird und meistens minderwertig ist, als auch Dinge, die ihr Ansehen oder ihren ideellen Wert verloren haben.[146] Bekanntes Beispiel ist die Diskussion darüber, dass Fleisch nicht zur Ramschware verkommen dürfe, aber offenbar dabei ist, es zu werden. Das bedeutet, dass Fleisch deutlich unter dem Herstellungspreis verkauft wird, der sowohl der Anerkennung der Arbeit der Bauern als auch dem Lebewesen Tier in keiner Weise mehr gerecht wird.

Die »Ramschware«, um die es hier geht, sind komplexe wissenschaftliche Konzepte aus vielen Bereichen und eben besonders aus der Psychoanalyse, die zugleich kräftig entwertet wird. Wenn einfach abgeschrieben wird, ist das sicher ein billiger »Einkaufspreis«. Aber wenn Konzepte aus dem Zusammenhang gerissen und extrem vereinfacht werden, sodass sie zu einer »minderwertigen Ware« verkommen, muss man von »Verramschung« sprechen. Die Tricks, die dabei angewandt werden, bestehen vor allem in:

- der Dekontextualisierung
- der Trivialisierung
- dem Reduktionismus

Besonders die Dekontextualisierung ist so beliebt wie folgenreich. Dazu löst man einen Inhalt aus einem größeren Kontext heraus, entkleidet ihn unter Umständen so seiner ursprünglichen Bedeutung, macht ihn dadurch womöglich leichter »konsumierbar« (und damit besser verkäuflich), deformiert aber auf diese Weise die ursprüngliche Bedeutung des Konzeptes und verleugnet zudem zunehmend dessen ursprüngliche Herkunft. Die dann sehr unterkomplexe Wiedergabe und Trivialisierung führt mitunter auch zu zweifelhaften »neuen Ideen«, die auf den ersten Blick eingängig wirken, aber ihrer Möglichkeit, Bedeutungen zu schaffen, weitestgehend beraubt sind. Mitunter fasst man solche dann resultierenden Kurzschlüsse unter dem Begriff der »Küchenpsychologie« zusammen.

Es scheint, als sei kein Konzept davor gefeit.

»Ein bisschen hiervon, ein bisschen davon« – methodischer Eklektizismus

Verramscht werden unter anderem Konzepte aus dem Buddhismus, der Begriff der Psychotherapie im Allgemeinen, Begriffe wie »Glück« und »Trauer« und eben Begriffe aus der Psychoanalyse oder den psychodynamischen Verfahren. Ein sehr bekanntes Beispiel ist das Konzept des »inneren Kindes«, auf das ich später noch ausführlich zu sprechen komme.

Achtsamkeit

Auch der Buddhismus muss kräftig herhalten, indem man einzelne Elemente aus dem Kontext reißt, wie zum Beispiel die inzwischen fast inflationär verwendete Achtsamkeit. Die Achtsamkeitswelle in der westlichen Welt begann wohl mit der achtsamkeitsbasierten Stressreduktion (Mindfulness Based Stress Reduction; MBSR) nach Jon Kabat-Zinn und wurde fortgeführt mit der Achtsamkeitsbasierten Kognitiven Therapie (Mindfulness Based Cognitive Therapy; MBCS). Nun bin ich keine Buddhistin und nicht annähernd mit dem komplexen Gedankengebäude vertraut. Aber ich kann so viel erkennen, dass Buddhismus etwas ist, das Wittgenstein als eine Lebensform bezeichnen würde, also eine Haltung, die lebensbestimmend ist und nicht bei Bedarf an- oder abgelegt wird.

Die Achtsamkeit bzw. Übungen zur Achtsamkeit sind ein kleines Puzzleteil aus einem komplexen philosophischen, meditativen System, aus dem man einen kleinen Teil herausgetrennt und gut vermarktet hat. Ein Aspekt aus verschiedenen kontemplativen meditativen Übungen wird auf diese

Weise zu einem »Schema« oder einem »Modul« vereinfacht, das beispielsweise innerhalb von acht Gruppensitzungen angewendet werden kann und zur Heilung führen soll. Ein Buddhist lebt aber in einem komplexen philosophisch-religiösen Gebäude und die verschiedenen Übungen dienen, soweit ich es verstehen konnte, dazu, den Zustand des Nirwana zu erreichen, einen Zustand der vollkommenen Transzendenz, das heißt letztlich einen Zustand, in dem man sich von den Dingen des Lebens und damit auch in gewisser Weise von sich löst. Es geht also eher um den meditativen Zustand der Auflösung des Ichs (weshalb im Übrigen bestimmte meditative Praktiken bei psychosegefährdeten Menschen eine Psychose auslösen können). In den Achtsamkeitspraktiken der westlichen Welt geht es aber oft gerade darum, sich noch mehr auf sich zu konzentrieren, also eigentlich genau um das Gegenteil. Die sogenannte Achtsamkeit der westlichen Welt ist mehr zu einem »Optimierungsverfahren« degradiert worden.

Zen – Lösung vom Ich – Bogenschießen

Dieses Missverständnis zwischen Europäern und fernöstlicher Philosophie ist schon 1948 vom Professor für Philosophie Eugen Herrigel wunderbar in seinem Büchlein *Zen in der Kunst des Bogenschießens* beschrieben worden. Der Heidelberger Professor für Philosophie folgte 1924 (!) dem Ruf an die Universität in Sendai (Japan), wo er über fünf Jahre lang durch einen Lehrer in der Kunst des Bogenschießens unterrichtet wurde. Der Schüler verzweifelt immer wieder fast daran, die »rechte Kunst« des Absichtslosen, des Zwecklosen zu verstehen und zu erreichen.[147] Es geht ihm alles zu langsam, er versteht nicht, worum es wirklich geht. Er solle das rechte Warten lernen, sagt ihm der Meister, aber wie denn das gehe, will der Schüler wissen. Die Antwort: »Indem Sie loskommen von sich selbst, so entschieden sich selbst und all das Ihre hinter sich lassen, daß von Ihnen nichts mehr übrig bleibt als das absichtslose Gespanntsein.«[148]

»Dieser Zustand, in dem nichts Bestimmtes mehr gedacht, geplant, erstrebt, erwünscht, erwartet wird, der nach keiner besonderen Richtung zielt und dennoch aus unabgelenkter Kraftfülle sich zu Möglichem wie Unmöglichem geschickt weiß – dieser Zustand, der von Grund aus absichtslos und ichlos ist, wird vom Meister als eigentlich ›geistig‹ bezeichnet.«[149] Zu dieser Erkenntnis kommt der Philosophieprofessor erst nachträglich, während des Erlernens der Kunst macht er, da er (auch schon 1924) in den westlichen Optimierungswelten feststeckte, einen fatalen Fehler: In den Ferien übt er mit seinem Bogen, besessen von der Idee, die richtige Lösung des Schusses zu finden, und er scheint eine technische Lösung gefunden zu haben, indem er die Finger nur ganz allmählich streckt und sich der Schuss blitzartig löst. Nach den Ferien dann – die große Überraschung – es sitzt gleich der erste Schuss. Der Meister lässt es sich ein zweites Mal zeigen, der zweite Schuss gelingt scheinbar noch besser. Aber zur Überraschung des Schülers tritt der Meister wortlos auf ihn zu, nimmt ihm den Bogen aus der Hand und setzt sich, mit dem Rücken zum Schüler, auf ein Kissen. Die Stunde war beendet. Am nächsten Tag lässt der Meister den bestürzten Schüler wissen, dass er es ablehne, ihn weiter zu unterrichten, weil er versucht habe, ihn zu hintergehen. Nur durch Vermittlung und Fürsprache ist der Meister schließlich doch bereit, den Unterricht wieder fortzusetzen, unter der Bedingung für den Schüler, »nie wieder gegen den Geist der Großen Lehre zu verstoßen«[150]. Der Meister sagt: »Sie können nicht einmal im Lernen verweilen, ohne sich immer wieder zu fragen: Werde ich es auch schaffen?« Das ist in den 1920er-Jahren ausgesprochen, wie viel mehr muss dieser Satz wohl heute gelten? Es geht darum, so erklärt er immer wieder, dass »es« schießt. Denn wenn man lediglich mit beinahe jedem Schuss die Scheibe treffe, dann sei man, so der Meister, nichts anderes als ein Kunstschütze, der sich sehen lassen kann. »Für den Ehrgeizigen, der seine Treffer zählt, ist die Scheibe ein armseliges Stück Papier, das er zerfetzt.«[151] Die »Große Lehre« des Bogenschießens halte dies aber für reine Teufelei. Indem man auf der Lauer liege, »seine ganze Kunst und Wissenschaft zu Rate« ziehe, je mehr man sich auf Überlegung, bewusste Verwertung seines Könnens, von Erfahrung und Taktik abhängig mache, desto mehr büße man die »Gegenwart des Herzens« ein. Meisterliches Können werde erst möglich, wenn der Lehrling »absichtslos und ichlos wird«[152].

Vielleicht kann man sagen, dass uns Westeuropäerinnen die »Verwertung« geradezu im Knochenmark sitzt, wir können kaum noch anders, und so versuchen wir auch Philosophien zu »verwerten«, deren Lehre ganz und gar im Gegenteil besteht. Das scheint mir auch für die Achtsamkeit zu gelten und ich stelle mir vor, dass der Meister, von dem in dem Büchlein die Rede ist, sich mit dem Rücken zu uns auf sein Kissen setzt.

Missverstanden führt auch das Achtsamkeitskonzept häufig dazu, dass die Anwender sich und ihre Bedürfnisse in den Mittelpunkt stellen. Aus Sicht des britischen Psychotherapeuten und Gruppenanalytikers Farhad Dalal, der sich intensiv mit der enormen Welle (er spricht von einem Tsunami) der Kognitiven Verhaltenstherapie (Cognitive Behavioural Therapy; CBT) beschäftigt hat, hat besonders die CBT dazu beigetragen, meditative Praktiken aus Philosophien und aus bedeutsamen Gedankenwelten herauszulösen und sie auf ein Set von Techniken zu reduzieren oder auf die heute ebenfalls weit verbreiteten »Skills«, die man erlernen kann.[153] Um etwas zu lernen, braucht es auf der anderen Seite »Trainerinnen«, die uns mittels bestimmter »Module« in bestimmten mentalen »Techniken« trainieren, damit wir diese bei Bedarf anwenden können. Statt einer Lebensform, einem Entwicklungsprozess, einem lebenslangen Sich-Annähern und Integrieren von Erlebnissen und Konzepten, scheint nun ein x-Wochen-Kurs auszureichen, um die gleichen Fertigkeiten zu erlangen. Mir scheint, das ist ein ähnlicher Fehlschluss, wie zu glauben, man könne, wenn man ein einziges Klavierstück beigebracht bekommt und dieses auf dem Klavier spielen kann, Klavier spielen. Es fehlt einem der gesamte musiktheoretische Hintergrund, die gesamte Technik. Es fehlt die Verinnerlichung. Trotzdem kann sich dieses eine Stück ganz gut anhören und man »fliegt« nicht auf, solange man nicht gebeten wird, ein zweites zu spielen oder gar in einem Konzert mitzuspielen.

Da ich, wie gesagt, keine Buddhistin bin, diese Lebensform nicht praktiziere, kann ich hier nicht ins Detail gehen. Denn das würde auch ich mir nur »anlesen« können, ohne es zu durchdringen.

Zur Psychoanalyse aber, zu den psychodynamischen Verfahren kann ich als ausgebildete Ärztin und Psychoanalytikerin sehr wohl etwas sagen.

Versatzstücke der Psychoanalyse – das »innere Kind«

Es entbehrt nicht einer gewissen Ironie, dass man sich ausgerechnet aus jener Wissenschaft, die seit mehreren Jahren als »unwissenschaftlich« diskreditiert wird, nämlich der Psychoanalyse, nach Herzenslust wie aus einem Steinbruch bedient. Man reißt hier komplexe und hilfreiche psychotherapeutische Konzepte, die wissenschaftlich in einem größeren Zusammenhang stehen, heraus und dekontextualisiert und reduziert sie derart, dass sie falsch werden. Ausgerechnet – möchte man sagen – bedienen sich jene psychotherapeutischen Strömungen, die die Psychoanalyse jahrzehntelang verunglimpft haben und weiter verunglimpfen, nun plötzlich gerne zum Beispiel der Erkenntnis, dass psychische Probleme und Störungen – auch (!) – auf die Kindheit rückführbar sein könnten, nachdem man genau diese Erkenntnis bis heute immer wieder verlacht und verspottet hat (»Ja, ja, dann heißt es wieder, man sei als Kind zu heiß gebadet worden …«). Interessanterweise wird aber genau diese Erkenntnis dann so zusammengeschmort, dass nur noch »Es liegt alles an der Kindheit und deinen Eltern!« übrig bleibt, exakt der Vorwurf, den man der Psychoanalyse jahrelang gemacht hat. Tatsächlich geht und ging es in der Psychoanalyse aber nie »nur« um die Kindheit, sondern um das Verdrängte, Unbewusste, um unbewusste (Beziehungs-)Wünsche, Beziehungsmuster und (Beziehungs-)Ängste. Diese geraten miteinander in unlösbar scheinende emotionale Konflikte, die – eben, weil sie dem Individuum nicht aushaltbar erscheinen – durch eine Symptombildung (zum Beispiel durch somatische Symptome wie Kopf- oder Magenschmerzen) oder durch psychische Symptome (zum Beispiel eine Panikstörung) in gewisser Hinsicht dysfunktional gelöst werden. »Gelöst«, weil ein Spannungszustand entschärft wird, »dysfunktional«, weil man sich durch diese »Entschärfung« neue Probleme (das heißt Symptome) einhandelt.

Ein Musterbeispiel für methodischen Eklektizismus ist die inzwischen allgegenwärtige Metapher vom »inneren Kind«. Stefanie Stahl hat dieser Metapher zu einem hohen Bekanntheitsgrad verholfen. Das »innere Kind« boomt und es ist häufig eines – das kann man an dieser Stelle schon sagen – mit hohen Ansprüchen an seine Mitmenschen.

Dieses »innere Kind« hat leider auch etwas von Oskar Matzerath aus Günter Grass' *Blechtrommel*: Es läuft Gefahr, nicht mehr zu wachsen und auf dem Stande eines Dreijährigen zu verharren. Aber es ist beliebt, sehr viele scheinen es zu suchen und irgendwie zu finden und erst in jüngster Zeit traut sich etwas öffentliche Kritik an ihm aus dem Haus.[154]

Weil dieses Konzept in reduzierter Form so bekannt geworden und ein extremes Beispiel für das Verramschen eines an sich guten Konzeptes ist, möchte ich hier näher darauf eingehen und daran aufzeigen, wo die Gefahren des Eklektizismus und Reduktionismus liegen. Viele meiner Kolleginnen verdrehen die Augen, wenn die Rede jetzt auf das »innere Kind« kommt, dabei war es einmal ein so hilfreiches psychotherapeutisches Konzept. Wie ist es dazu gekommen? Ich höre immer wieder das Stöhnen der Kollegen, aber niemand hat auch so rechte Lust, sich mit der entsprechenden Literatur zu befassen. Möglicherweise ist das ein Fehler, denn die potenziellen Patientinnen lesen die entsprechenden Bücher und diese bestimmen derzeit häufig den Diskurs. Vielleicht ist es deshalb doch notwendig, sich einmal intensiver fachlich mit dem »inneren Kind« auseinanderzusetzen.

Zwar heißt es immer wieder, Stahl habe mit ihrem »inneren Kind« Menschen die Psychologie und auch die Psychotherapie nähergebracht. Aber aus meiner Sicht tragen ihre zum Teil sehr trivialen Konzepte eher zu erheblichen Missverständnissen bei und erweisen sowohl den Psychotherapeuten als auch den Patientinnen eher einen Bärendienst. Stahl spricht vom »Schatten- und vom Sonnenkind«[155] (und gesteht erfreulicherweise, dass diese Begriffe nicht von ihr, sondern von Julia Tomuschat stammen; gleichwohl hat man irgendwie das Gefühl der Annexion dieser Metaphern). Stahls Trivialisierungen haben mit dazu beigetragen, dass inzwischen das »innere Kind« mit dem »Schattenkind« gleichgesetzt wird, und dieses »Schattenkind« hat bei Stahl dann – und auch das ist mehr als problematisch – im Stillen den Status des traumatisierten Kindes erhalten. Ich werde gleich darauf zurückkommen.

Der Eklektizismus fordert hier seinen Tribut, weil Stahl mit der Evolutionären Psychologie und Psychoanalyse zwei miteinander kaum zu vereinbarende Richtungen relativ gewaltsam zusammenpresst. Die Evolutionäre Psychologie möchte – hier erst mal verkürzt formuliert – die psychischen Phänomene des Menschen auf die Evolution und auf die Gene zurückführen, die Psychoanalyse auf das immer schon vorhandene unbewusste Leben, das In-Beziehung-Sein mit anderen Menschen und die Verinnerlichung von Beziehungen, auf daraus entstehende innere Konflikte und deren mehr oder weniger gelingende Lösungen. Daraus resultiert der wesentliche Unterschied, dass man im ersten Fall eigentlich nicht viel machen, nicht viel Einfluss nehmen kann (obschon man müsste), es sind ja die Gene oder es ist »die Evolution«, die dies und jenes »will«. Im anderen Fall aber geht man von der Möglichkeit der Selbstverantwortung aus, die oft noch zu erlernen ist.

Auf den Einfluss, den die Evolutionäre Psychologie nehmen möchte und ihre – aus meiner Sicht äußerst kritisch zu sehenden – Tendenzen werde ich in einem späteren Kapitel gesondert eingehen.

Stahl will uns jedoch glauben machen, dass es sich beim »inneren Kind« um »Prägungen« unseres Gehirns handelt.[156] Hier beginnt es schon: Prägungen bezeichnen eine irreversible Form des Lernens (was zum evolutionär-biologistischen Hintergrund bei Stahl passt). Der Begriff der Prägung ist hier aber – nach wirklich wissenschaftlicher Meinung – unzutreffend. Es funktioniert bei uns nicht ganz so schematisch wie bei Lorenz' Graugans Martina, die – einmal ihre »Ziehmutter« Konrad Lorenz gesehen – »geprägt« war und diesen also für ihre Mutter hielt. Dass Stahl so gerne von »Prägungen« spricht, hat seinen Ursprung darin, dass sie – ob bewusst oder unbewusst – die Konzepte der Evolutionären Psychologie propagiert und mit diesen arbeitet. Ich werde darauf zurückkommen.

Aber was sagen Entwicklungspsychologen dazu? »Die unvermittelte Anwendung des Konzepts der Prägung auf menschliche Entwicklung ist jedoch fraglich, was am Beispiel der Bindungsentwicklung deutlich wird. Zwar hat sich John Bowlby bei der Formulierung seiner Bindungstheorie von den Forschungen Konrad Lorenz' inspirieren lassen[157], *dennoch wäre es fehlgeleitet, die Bindungsentwicklung als irreversiblen Prozess analog zum Vorgang der Prägung zu begreifen* [kursiv durch D. P.]. Bindungsmuster bleiben plastisch und sind im Verlauf der Entwicklung veränderbar (vgl. Grossmann, Grossmann & Waters, 2005).«[158]

Stahl bleibt aber bei ihrem eher technischen Konstrukt: »Die ersten Lebensjahre in der Entwicklung eines Menschen sind deshalb so wichtig, weil sich in dieser Zeit seine Gehirnstruktur mit ihren ganzen neuronalen Netzen und Verschaltungen herausbildet. Die Erfahrungen, die wir in dieser Entwicklungsphase mit unseren nahen Bezugspersonen machen, spuren sich deswegen tief in unser Gehirn ein.«[159]

Das ist – wie so häufig – nicht ganz falsch, aber eben deutlich unterkomplex. Stahl hält an einem mechanistischen Bild fest, »einspuren«, wie eine Loipe, die sich umso tiefer in den Schnee drückt, je frischer er ist. Aber allgemein anerkannte Tatsache ist, dass unser Gehirn eine unser Leben lang andauernde Plastizität behält. Strukturen entstehen und gehen unter. Was genutzt wird, entwickelt sich weiter, was nicht genutzt wird, geht unter (»Use it or lose it«). Es stimmt, dass unsere Hirnstrukturen zu Beginn unseres

Lebens noch besonders unreif und formbar sind. Aber die frühen – eben vorsprachlichen – Erfahrungen des Infans (= noch nicht sprechend) bilden sich nicht einfach als Spurrillen in der Hirnmasse ab, sondern als nicht sprachliche Erinnerungen. Das können sinnliche Erfahrungen, Atmosphären, Körpererfahrungen sein. Ein Grund, warum unsere frühen Erfahrungen (vorerst) unbewusst bleiben, ist die Tatsache, dass diese Erfahrungen nicht sprachlich symbolisiert werden können. Sie sind also in unserem gesamten Körper gespeichert, ohne dass wir diese zunächst benennen können. Daher ist es so schwer, als Erwachsene Zugang zu Erfahrungen der vorsprachlichen Zeit zu gewinnen.

»Schattenkind« und Trauma – Ansichten einer Verwirrung

Stahls Version des »Schattenkindes« ist wiederum ein Beispiel für den methodischen Eklektizismus. Sie mischt hier verschiedenste psychoanalytische Konzepte, zum Beispiel über das Trauma oder das Introjekt mit evolutionsbiologischen Annahmen zu einem verkürzten und mitunter auch entwicklungshemmenden Mix. Zugleich fehlen ihr – aus meiner Sicht – wichtige Konzepte, um Begriffe wie »Introjekt« oder »Trauma« richtig wiederzugeben und die Umstände zu erklären. Ich werde auf all diese Begriffe zurückkommen.

Obwohl sich Stahl fast durchgehend immer wieder auf psychoanalytische Konzepte bezieht, kommt die essenziell wichtige Objektbeziehungstheorie und dann folgerichtig auch der Begriff der *inneren Repräsentanzen* überhaupt nicht vor, und der für das Verständnis des »inneren Kindes« aus meiner Sicht unabdingbare Begriff der *Regression* wird ein Mal hastig genannt,[160] allerdings nur in Bezug auf Kinder, offenbar ohne, dass er verstanden wurde. Dies ist vermutlich unter anderem darauf zurückzuführen, dass

Stahl der therapeutischen Beziehung überhaupt nur wenig Gewicht gibt. Auch das liegt – aus meiner Sicht – auf einer sehr bedenklichen, sich gesellschaftlich ausbreitenden Linie: Psychische Probleme sollen ein bisschen wie in der Werkstatt behandelt werden. Problem – Werkzeug (das man gegebenenfalls mit nach Hause bekommt) – und dann Reparatur. Das wesentliche Entwicklungs-Agens – die menschliche Beziehung – scheint wieder mehr in den Hintergrund zu rücken. Stattdessen werden »Module«, »Manuals« oder »Skills« angeboten.

In ihrem »Schattenkind«-Konzept verarbeitet Stahl beispielsweise Elemente aus der psychoanalytischen Traumatheorie. Das heißt, sie unterscheidet auf dieser Ebene nicht zwischen »schlechten« Erfahrungen, die wir als Kinder machen, und traumatischen Erfahrungen. Es kommt alles in denselben Topf, sodass wichtige diagnostische, prognostische und vor allem therapeutische Parameter einfach untergehen. Letztlich wird ihr »Schattenkind« zu einem »Traumakind«, das sie dann mithilfe einer Liste von sogenannten Glaubenssätzen und einer (!) Stunde Psychotherapie, in der man einen »roten Faden« erhält, zu therapieren gedenkt.[161] Oder eben mit einem Onlinekurs oder einem Übungsbuch. Allein hier sieht man, welche Gefahr von solch unterkomplexen »Konzepten« ausgeht. Stahl kann sich nicht entscheiden, ob sie über traumatisierte Kinder oder »normale Erwachsene« spricht, sie verwendet die Konzepte wild durcheinander, was am Ende dazu führt, dass die so wichtigen Unterscheidungsmerkmale für Trauma-Folgestörungen verloren gehen und sich viele Menschen, die Stahls Bücher lesen und sich im »Schattenkind« wiederfinden (und das scheinen mir die meisten zu sein), bewusst oder unbewusst für traumatisiert halten. Ähnlich wie in der schon länger zurückliegenden »False-Memory-Debatte«, bei der man darüber diskutiert hat, inwieweit Therapeutinnen ihren Patienten »falsche Erinnerungen« gewissermaßen einreden oder sie subtil dahin führen,[162] haben wir auch hier das Problem, dass Stahl durch ihre Generalisierung traumatischer Konzepte den Menschen geradezu anbietet, sich als traumatisiert zu verstehen. Stahl scheint über kein Trauma-Konzept zu verfügen, sondern nutzt immer wieder den Begriff »traumatisch«, ohne zu erklären, wie sie ihn versteht. Sie greift immer wieder auf psychoanalytische Konzepte in Form von Schnipseln zurück, wie »Dissoziation« oder die »Abspaltung von Gefühlen« oder das »Introjekt«, die sie sich so zurechtbiegt, dass sie in ihr Konzept passen. Dabei nimmt sie – wieder einmal – in Kauf, dass die Konzepte falsch wiedergegeben werden. Versuchen wir also, ein bisschen aufzuräumen.

Ein Trauma – psychoanalytisch verstanden – ist ein Erlebnis solcher Intensität, »dass es die psychischen Verarbeitungsmöglichkeiten des Betreffenden überschreitet. [...] Die traumatische Erfahrung, die unmittelbar Angst, Schrecken und völlige Hilflosigkeit auslöst, führt zunächst zu einem Zusammenbruch der zentralen Ich-Funktionen [...].«[163] Das bedeutet, dass der Mensch, wenn ihm ein (echtes) Trauma zustößt, bei dem er in der Regel Todesangst spürt, psychisch vollkommen überfordert, also ohnmächtig ist. Sobald er der traumatischen Situation entkommen ist, sie überlebt hat, beginnen psychische Restitutions-, also Heilungsversuche, welche – nach psychoanalytischem Verständnis – für die typischen und inzwischen auch allgemein bekannten posttraumatischen Symptome verantwortlich sind.[164] Im Prinzip versucht der oder die Betroffene dabei, im Nachhinein wieder Kontrolle über das schreckliche Geschehen zu gewinnen, das eben nicht kontrollierbar war. Dazu gehört häufig die Selbstbezichtigung in Form von »Ich hätte doch dieses oder jenes tun können, dann wäre das nicht passiert«. Damit möchte man im Nachhinein Kontrolle gewinnen. Oder auch mit – Außenstehenden übertrieben erscheinenden – Sicherheitsmaßnahmen im Sinne von »Das passiert mir nie wieder ... jetzt passe ich immer auf«. Zu den Symptomen gehören auch die sogenannten Flashbacks, eine Art zwanghafter Wiederholung des Geschehenen, oder immer wiederkehrende Träume von dem traumatischen Ereignis.

Hier ist es nun wichtig, zu wissen, dass Traumata zwar Ähnlichkeiten haben, sich aber hinsichtlich des Zeitpunkts, wann sie aufgetreten sind, unterscheiden: in der frühen, womöglich vorsprachlichen Kindheit, in der späteren Kindheit, im Erwachsenenalter. Traumata, die in die vorsprachliche Zeit fallen, können – wie oben beschrieben – nicht symbolisiert, sie können nicht erzählt werden. Das ist ein sehr großer Unterschied, eben weil das Erzählen, das Sich-sprachlich-Mitteilen, das Teilen des Ereignisses, ein wesentliches therapeutisches Agens ist, auf das wir fast intuitiv zurückgreifen. Wenn uns etwas zustößt, dann wollen wir es erzählen.

Stahl macht aber auch hier kaum Unterschiede.

Traumata unterscheiden sich in ihren Auswirkungen erheblich darin, ob sie von den engen Bezugspersonen ausgehen oder von der »restlichen Welt«. So konnten beispielsweise Anna Freud und Dorothy Burlingham feststellen, dass Kinder im Zweiten Weltkrieg die Bombardements besser überstanden, wenn sie sich von ihren Bezugspersonen gut geschützt fühlten. Die Autorinnen schreiben, die Kinder würden Kriegserlebnisse, die sie in der Obhut der Eltern oder anderer vertrauter Personen erlebt hätten, nicht viel anders werten als andere Zu- und Unfälle in der Kindheit. Das Erlebnis rücke aber in eine völlig andere Kategorie, wenn es zu einer Trennung von den Eltern oder gar zum Verlust eines Elternteils komme.[165]

Solange die Kinder von ihren engsten Bezugspersonen begleitet werden, sind sie gegen »Schläge« von außen resilienter. Man kann also erahnen, welche Bedeutung die Eltern haben. Entsprechend kann man erahnen, was es bedeutet, wenn die »Schläge« von diesen Bezugspersonen selbst ausgehen. Es ist ein Verlust der sicheren Welt. Es scheint dann keinen Ort mehr zu geben, der sicher sein könnte.

Wir sprechen daher auch bei Gewalt, die von den engen Bezugspersonen ausgeht, von Beziehungstraumata. Sicher lässt sich der Zusammenhang leicht verstehen, dass Vertrauen in Beziehungen überhaupt und erst recht in nahen Beziehungen schwer erschüttert wird, wenn ich von jenen Personen, die ich liebe und von denen ich existenziell abhängig bin, gequält, misshandelt, so bedroht werde, dass ich gar Todesangst habe.

Übrigens sind diese Traumata, also die Geschehnisse als solche, sehr häufig gar nicht unbewusst (wenn sie in die Zeit fallen, in der der Mensch bereits sprechen konnte), ganz entgegen dem, was in eher reißerischen Romanen, Filmen oder eben Trivialratgebern suggeriert wird. Es ist vielmehr so, dass die Ereignisse erinnert, aber von ihrer emotionalen Bedeutung entkleidet werden. Diese findet sich zum Beispiel oft erst später bei Erwachsenen wieder, die als Kinder geschlagen worden sind und dies zunächst mit der Begründung entkräften wollen: »Das haben ja damals alle gemacht.«

Bei Stahls »Schattenkind« fließen aber alle diese wichtigen Unterscheidungen zusammen. Dazu gesellen sich dann noch die, sagen wir, normal schlechten Erfahrungen, die wir als Kinder machen, weil unsere Eltern auch keine Super-Frauen und -Männer sind, sondern ebenfalls Menschen, die – auch wenn sie psychisch gesund sind – in Überforderungs- und Stresszustände geraten können. Sie müssen 24/7 für ihre Kinder da sein, zur Verfügung stehen und nicht – wie beispielsweise eine Therapeutin – eine Stunde in der Woche.

Verinnerlichung

Das »innere Kind« wird bei Stahl durch sogenannte innere Glaubenssätze »geprägt«.[166] (Das ist an sich schon interessant. Eine Prägung geschieht ja doch eigentlich von »außen«, hier aber plötzlich von innen.)

Und dann beginnt wieder das wilde Durcheinander: Einerseits findet Stahl, Glaubenssätze sind negative »Prägungen« unseres Gehirns, mit denen Eltern ihren Kindern ein schlechtes Selbstbild ins Gehirn prägen, andererseits spricht sie wenig später davon, dass »Glaubenssätze« durch die Erziehung verinnerlicht würden.[167] Man ist geneigt zu fragen: Was denn nun? Prägung wäre ein kurzer Vorgang in einer sensiblen Phase, der irreversibel wäre. Hier spricht also Stahls biologistische Auffassung. Eine Verinnerlichung wiederum ist ein psychodynamisches Konzept und ein lang andauernder – durchaus reversibler – Vorgang innerhalb einer Beziehung, mit korrektem Namen: Internalisierung. Dieser Begriff möchte beschreiben, dass sich äußere Objekte und unsere Beziehungen zu ihnen in unserer psychischen Innenwelt niederschlagen. Dazu gehören die Identifikation, die Inkorporation und die Introjektion. Letztgenannter Begriff wurde insbesondere durch den ungarischen Psychoanalytiker Sándor Ferenczi bekannt, der im Übrigen bereits 1933 eine bis heute maßgebliche Arbeit über die Psychodynamik sexuellen und anderen Missbrauchs von Kindern durch ihre Eltern geschrieben hat. Die Arbeit trägt den Titel *Sprachverwirrung zwischen dem Erwachsenen und dem Kind*. In dieser Arbeit geht es um die Introjektion.[168]

Bei Stahl ist das Introjekt angeblich ein »Fremdkörper«, der sich im Gehirn »eingenistet« hat. Trifft wieder einmal dicht daneben. Ja, den Begriff des Fremdkörpers gibt es in der psychoanalytischen Theorie, aber Stahl behandelt die eigentliche Metapher »Fremdkörper« konkretistisch, als befinde sich eine Art Tumor im Hirn. Ihr zufolge wird per Introjektion die negative Einstellung zu sich selbst und der Welt verinnerlicht.[169] Aber die bahnbrechende Erklärung Ferenczis war, dass die nicht zugelassenen Gefühle des Täters (!), nämlich in erster Linie die Aggressionen und die Schuldgefühle, introjiziert werden.[170] Indem der Täter seine Aggression und Schuld leugnet (indem er beispielsweise behauptet, er missbrauche das Kind aus Liebe), nimmt das Kind diese Gefühle in sich auf und fühlt sich schuldig und verachtenswert und ist gegen sich aggressiv. Das kann zum Beispiel das selbstverletzende Verhalten traumatisierter Menschen erklären. Und wie man merkt, bewegen wir uns hier wieder im Bereich der Traumatherapie. Wie oben schon kurz erwähnt, ist die Psychoanalyse gewissermaßen die erste Traumatherapie. Die heute marktgängigen und nachgefragten Traumatherapien sind häufig »Auskoppelungen«.

Stahl muss fast zwangsläufig so konkretistisch bleiben, weil ihr der wichtige Begriff der psychischen Repräsentanz fehlt: Vereinfacht ausgedrückt ist eine Objektrepräsentanz das Bild, das wir von jemandem verinnerlichen, ein bisschen wie in der Optik, das Abbild B' des Bildes B. Die Repräsentanz kennzeichnet, dass es einen inneren psychischen Raum gibt, mit Bildern, die wir uns vom anderen machen. Diese inneren Bilder vom anderen können sich vom Außen, dem wirklichen, realen anderen, mehr oder weniger deutlich unterscheiden. Die Objektrepräsentanz (das innere Bild vom anderen) kann reale Aspekte enthalten, entspricht aber nie dem wirklichen anderen, sondern unserem Bild von ihm. Entsprechend gibt es auch den Begriff der Selbstrepräsentanz, also des Bildes, das wir von uns in unserer inneren psychischen Welt haben und das sich von unserem Selbst, wie es für die anderen in der äußeren Welt erscheint, unterscheidet. Es ist bereits eine enorme Entwicklung, wenn uns bewusst wird, dass das Bild, das wir von uns und den anderen haben, nicht mit dem wirklichen Bild der anderen und deren Bild von uns übereinstimmen muss.

Und hier verbreitet sich aus meiner Sicht gewissermaßen der Denkfehler Stahls weiter: Da sie nicht über den Begriff der Repräsentanz verfügt, bleibt sie im Konkretistischen und die Leserinnen folgerichtig auch. Wenn sie nämlich von ihrem »inneren Kind« sprechen, dann stellen sie sich in der Regel vor, dass es dieses Kind als wirkliches konkretes Kind so gegeben hätte. Stattdessen ist es aber die Vorstellung des heutigen Erwachsenen, die von zahlreichen Einflüssen (auch Büchern über »innere Kinder«) gespeist wird und die dieser von sich als damaligem Kind hat. Es ist – eine Selbstrepräsentanz. Das heißt, das heutige »innere Kind« ist ein Bild von einem Kind, das wir unserer Meinung nach waren oder gerne gewesen wären.

Ebenso erinnern wir unsere Eltern nicht in allen Belangen so, wie sie wirklich waren, sondern wir tragen sie als Repräsentanzen, als Bilder, die wir uns von ihnen gemacht haben und machen, in uns. Es sind Objektrepräsentanzen.

Warum ist das wichtig? Wenn wir von einem Introjekt sprechen, dann ist es so, als falle diese Unterscheidung zwischen Innen und Außen, zwischen meinem Bild von mir und dem Bild, wie andere mich wahrnehmen, zwischen dem Bild von meinen Eltern und meinen wirklichen Eltern, auf der Gefühlsebene wieder zusammen. Dann wird es konkretistisch, wie wir sagen. Das merkt man daran, dass Patienten sich manchmal nicht einmal im Behandlungsraum trauen zu sagen, was sie ihrem Vater oder ihrer Mutter gerne sagen würden, weil sie fürchten, sie könnten diese real kränken, obwohl sie gar nicht im Behandlungsraum sind.

Und dieser Konkretismus kehrt dann auch wieder in der Vorstellung, wie das »innere Kind« geheilt werden soll, zum Beispiel indem man sich von Steffi Stahl bei einer ihrer Shows die Schulter tätscheln lässt. Dieser Konkretismus kehrt auch wieder, indem die, sagen wir, »Anwenderinnen« des Konzeptes glauben, die Welt müsse nun die Ansprüche dieses »inneren Kindes« real erfüllen. Oder, wie sagte meine kluge Physiotherapeutin so schön: »Ich habe eine Patientin, die ist auch auf der Suche nach ihrem ›inneren Kind‹ und vergisst dabei ihre eigenen Kinder.«

Die Rolle der Regression

Die Schwierigkeit ist zudem, dass Stahl auch auf das zweite wesentliche Konzept, das der Regression, verzichtet. Sie wendet es nur auf Kinder an,[171] aber bedeutsam ist eben, dass Erwachsene regredieren können und sich dann psychisch und emotional auf der Stufe eines Kleinkindes befinden können. Man nennt diesen Vorgang Regression. Es gibt ihn in zwei Formen (siehe Exkurs: Regression; Kapitel 2, Psychotainment), einer guten und einer eher malignen, das heißt entwicklungshemmenden Form. Die gute Form ist eine solche, in der wir ein bisschen Pause vom Erwachsenen-Ich machen und spielerisch, träumend in den Tag hineinleben, beispielsweise beim Musikhören oder Lesen oder Spazierengehen. Wir können auf diese Weise in einen guten, weil förderlichen Kontakt mit den kindlichen Anteilen in uns kommen. Diese sind vielleicht träumerisch, ausgelassen, verspielt, kreativ, lustig. Die schlechte, die maligne Form ist eine, bei der wir uns weigern, wieder in die Verantwortung des Erwachsenenlebens zurückzukehren oder sie überhaupt erst erreichen zu wollen. Wir beharren dann innerlich, psychisch darauf, unser ganzes Leben lang müsse für uns gesorgt werden, ohne dass wir etwas tun. Es ist das Beharren darauf, in einer Welt der Allmacht zu bleiben, unseren Affekten freien Lauf zu lassen, ohne diese verantworten zu müssen. Hier können wir das häufig angebotene Bild des »inneren Kindes« missbrauchen, indem wir darauf beharren, wie ein Kind versorgt zu werden und immer klein, das heißt auch abhängig, zu bleiben und andere für uns verantwortlich zu machen. Da Stahl weder das Konzept richtig beschreibt noch diese beiden Formen unterscheidet, entgehen ihr die Gefahren, die entstehen, wenn das »Schattenkind« quasi als universales Vorkommnis und als eine Art Eins-zu-eins-Abdruck der Eltern in das Kind verstanden wird.

Das Resultat kann – leider nicht so selten – sein, dass

Patienten mit diesem Anspruch in die Therapie kommen, die Welt, die Freundin, der Ehemann, die Arbeitskollegin oder der Psychotherapeut müssten nun diese Bedürfnisse stillen. Dann können sie – fast zwingend – nur Enttäuschungen erleben. Oder sie kommen in die psychotherapeutischen und psychiatrischen Kliniken, darauf wartend, dass sie so versorgt und behandelt werden, wie sie es sich für sich als Kind gewünscht hätten. Das kann – wenn sie den Weg nicht wieder zurückfinden – dramatische Folgen annehmen: Es kann zu einer Art »Dauerregression« führen, bei der die Patientinnen kaum noch in ein »normales« Leben zurückfinden, sondern Gefahr laufen, »von Beruf« Patientin zu sein.

Was bei dieser Form der »Dauerregression« umgangen werden soll, ist die Trauer. Die Trauer darüber, bestimmte Dinge nicht gehabt, nicht erlebt, zu früh verloren zu haben. Die Trauer darüber, nicht den Weg eingeschlagen zu haben, den man sich gewünscht hatte. Die Trauer darüber, nicht die Eltern gehabt zu haben, die man sich gewünscht hatte, und vieles mehr. Trauer ist ein schwerer und schmerzvoller Prozess, zu dem nicht selten auch viel Wut gehören kann.

Es ist kein Wunder, dass man einen solchen Prozess umgehen möchte, aber es ist – aus meiner Sicht – ein schwerer Fehler der Trivialliteratur, so zu tun, als könne man ohne diesen Prozess gesunden. Umgangen werden soll vielleicht auch die Verantwortung für die eigenen aggressiven Impulse. Aber das Angebot ist eben verführerisch: Erfüllung statt Trauer. Wer kann dazu Nein sagen?

Ganz sicher funktioniert es nicht seriös, wenn wir in einer Liste von sogenannten Glaubenssätzen ankreuzen, welche Erfahrungen – zumal in unserer vorsprachlichen Zeit – wir wohl gemacht haben. Gerade zu diesen frühen Erfahrungen gelingt der Zugang über Beziehungen. Die Niederschläge früher Beziehungserfahrungen können zwar in allen möglichen Alltagsbeziehungen auftauchen, werden dort aber in der Regel nicht verstanden, weil der Interaktionspartner seinerseits einfach mit seinen Mitteln und Bedürfnissen und seiner Vorgeschichte darauf reagiert. Das Besondere an einer psychodynamischen, also psychoanalytischen oder tiefenpsychologisch fundierten Psychotherapie ist, dass hier die Interaktionspartnerin, die Therapeutin, nicht sofort handelt, sondern sich um Verstehen bemüht. Sie bietet nicht sofort eine »Lösung« an, sondern stellt sich eher wie ein Resonanzraum zur Verfügung, indem sie nachspürt, was das von dem Patienten Erzählte in ihr auslöst, welche Gefühle und Bilder in ihr auftauchen. Vor allem besteht eine Art »Interaktionsvorbehalt«, das heißt, die Therapeutin versucht zu verstehen, ohne gleich zu reagieren (beispielsweise auf eine mögliche Beleidigung durch den Patienten). Nach und nach kann man dann mithilfe seiner Therapeutin mehr und mehr über sich erfahren, sich kennenlernen, seine Wünsche, Ängste und seine eigenen – bisher unbewussten – Theorien, die man sich über sein eigenes Werden gemacht hat. Denn die sogenannten Glaubenssätze sind eben nicht einfach »Prägungen«, »Abdrücke« im Gehirn, sondern sie sind in erster Linie Theorien über sich selbst, Theorien, die man sich aus seinen Erlebnissen und deren Interpretationen gebildet hat.

Kommt man nun in die Therapie, weil man erhofft, die Therapeutin biete eine schnelle Lösung an, oder weil man Bücher gelesen hat und der Meinung ist oder die Hoffnung hegt, jetzt werde das »innere Kind« von der Therapeutin in den Arm genommen und es würden alle seine Bedürfnisse erfüllt, dann besteht die Gefahr erheblicher Frustration.

Ramschware »Therapie«

Verramscht wird auf diese Weise auch der Begriff der Therapie selbst, zum Beispiel wenn ein Buch mit dem Untertitel veröffentlicht wird: *Der Schlüssel zur Lösung (fast) aller Probleme*[172]. Oder *THIS is HOW you HEAL*[173] und dann weiter: »Wenn du dieses Buch zur Hand genommen hast, bist du schon auf dem gleichen Weg zur Heilung und zur Entdeckung deiner wahren Bestimmung, wie ich es auch war.«[174]

Der Begriff der »Psychotherapeutin« ist geschützt, so dürfen sich nur diejenigen nennen, die eine entsprechende Ausbildung mit Approbation haben. Bei dem Begriff »Psychotherapie« wird es schon schwieriger, denn er genießt diesen Schutz nicht: So dürfen sich beispielsweise Heilpraktiker »Heilpraktiker für Psychotherapie« nennen. Aber, und das ist wichtig zu wissen: Heilpraktiker sind KEINE Psychotherapeuten.

Man sollte auch wissen, dass es keine einheitliche Ausbildung gibt, ja, eine Ausbildung nicht einmal vorgeschrieben ist. Man sollte auch wissen, dass die Voraussetzungen dafür, als Heilpraktikerin in Deutschland zu arbeiten, darin bestehen, 25 Jahre alt zu sein, einen Hauptschulabschluss zu haben, körperlich und geistig in guter Verfassung zu sein und ein polizeiliches Führungszeugnis beibringen zu können. Ferner sollte man auch wissen, dass die einzigen Prüfungen, die es zu bestehen gilt, beim Gesundheitsamt stattfinden: eine schriftliche Prüfung für den sogenannten Heilpraktiker mit der beschränkten Erlaubnis für Psychotherapie, und um die geht es hier, bestehend aus 28 (!) Multiple-Choice-Fragen, von denen 21 Fragen in 60 Minuten richtig beantwortet werden müssen, und ferner eine mündliche Prüfung von höchstens 45 Minuten.[175]

Um das einzuordnen, sollten wir uns erinnern, dass approbierte Psychotherapeutinnen eine zehnjährige Ausbildung hinter sich haben, mit über 1.000 Behandlungsstunden, Hunderten Stunden Seminaren, Selbsterfahrung und Supervision.

EX
KU
RS

Das Heilpraktikergesetz

Man sollte womöglich auch wissen, dass das sogenannte Heilpraktikergesetz (HeilprG) am 17. Februar 1939 durch die Nationalsozialisten erlassen wurde. Dieses Gesetz hatte laut Christof Stock, der ein Rechtsgutachten dazu verfasst hat, »ambivalenten Charakter«, denn einerseits handele es sich dabei um die erste gesetzliche Bestätigung der Existenz des Heilpraktikerstandes, andererseits habe das neue Gesetz zugleich seiner Abschaffung dienen sollen, denn wer den Beruf bisher ausgeübt hatte, musste nun eine solche Erlaubnis beantragen.[176]

Diese Erlaubnis war der nationalsozialistischen Ideologie verpflichtet und durfte wegen »nicht deutschen oder artverwandten Blutes« oder »fehlender politischer Zuverlässigkeit« versagt werden. Nachdem das »Tausendjährige Reich« sechs Jahre nach Erlass des Gesetzes untergegangen war, galt zunächst die Fortgeltung des bestehenden Rechts, soweit es dem Grundgesetz nicht widerspreche.[177] Aber jene nationalsozialistischen Ausschlusskriterien widersprachen dem Grundgesetz, und so wurde mit einer Entscheidung des Bundesverwaltungsgerichtes vom 24. Januar 1957 erklärt, dass diese Kriterien mit dem geltenden Verfassungsrecht nicht vereinbar seien. So wurde »aus verfassungsrechtlichen Gründen« das primäre Ziel des HeilprG (Abschaffung des Heilpraktikerberufs) in sein Gegenteil verkehrt, insofern jeder Person grundsätzlich die Erlaubnis nach dem HeilprG zu erteilen sei, außer sie habe ein Mindestalter nicht erfüllt, könne keinen Schulabschluss vorweisen, sei »sittlich unzuverlässig« oder »gesundheitlich ungeeignet« und/oder habe der Überprüfung ihrer Kenntnisse und Fähigkeiten durch das Gesundheitsamt nicht standgehalten.[178] Maßstäbe dafür, welche Kenntnisse und Fähigkeiten gefordert sein müssten, wurden durch die Entscheidung nicht gesetzt. Im Übrigen stehen im HeilprG bis heute die alten Begriffe »Reichsregierung« und »Reichsminister des Innern«.[179]

Also: Der Begriff der Psychotherapie hat es schon schwer, aber unter dem Begriffszusatz »-therapie« ist dann so ziemlich alles erlaubt. Sie können sich eigentlich ausdenken, inwieweit Sie als Therapeut tätig sein wollen: als Luft- oder Wasser-Therapeutin, als Flüster- oder Schrei-Therapeut, als Trommel- oder Singtherapeutin oder als IRMINK-Therapeut (»Ich-rette-mein-inneres-Kind-Therapeut«; gibt es – bisher – noch nicht). Sollten Sie sich psychotherapeutisch engagieren wollen, dann sollten Sie entsprechend darauf aufmerksam machen und sich vielleicht Heil-Therapeutin oder Seelen-Therapeut nennen.

Sie können auch eine Ausbildung als NARM™-Therapeutin machen. NARM™ steht für NeuroAffective Relational Model, welches sich »mit Beziehungs- und Bindungstraumata« befasse und mit »frühen, unbewussten Mustern von Kontaktverlust, die unsere Identität, Emotionen, Physiologie, unser Verhalten und unsere Beziehungen tief beeinflussen«, arbeite.[180] Der Kurs über 20 Tage kostet knappe 4.000 Euro. Denn die Psycho-Industrie hat natürlich längst erfasst, dass sich nicht nur mit der wie auch immer gearteten »Therapie« von Patienten Geld verdienen lässt, sondern auch mit der »Ausbildung« von Therapeutinnen (die keine Psychotherapeutinnen sind). So können Sie dann auch noch mehr Kurse belegen und »Practitioner« werden. Attraktiv sind solche Ausbildungen, wenn sie möglichst kurz und kompakt sind, ein möglichst verkaufsträchtiges Kürzel, gerne ein Kürzel ™, mit im Angebot ist und wenn sie sich irgendwie in der Gemengelage »Psychotherapie« aufhalten können. Eine solche Ausbildung ist kein Richtlinienverfahren und berechtigt auch nicht zur Abrechnung von Kassenleistungen.

Die Voraussetzungen für einen NARM™-Kurs sind »eine psycho- bzw. körpertherapeutische Ausbildung mit einem psychotherapeutischen Hintergrund«. Eine psychotherapeutische Ausbildung mit einem psychotherapeutischen

Hintergrund? Interessanterweise wird NARM™ auffallend häufig von Heilpraktikern angeboten.

Es geht dann in dem Kurs um Ressourcen, Kontakt und Liebe.[181]

Es kommt also alles vor, was derzeit en vogue ist und sich gut verkaufen lässt. Bindung, Trauma und – das Unbewusste.

Die Vermarktung des Unbewussten

Natürlich, das darf auf keinen Fall fehlen: das Unbewusste. Es ist interessant, wie sehr sich plötzlich viele auf das »Unbewusste« beziehen und gleichzeitig so über die psychoanalytischen Konzepte wettern. Immerhin steht hier schon der richtige Begriff: das Unbewusste. Noch weniger Informierte schreiben sehr gerne: »unterbewusst«. Ich verdanke diesen Hinweis meiner ersten psychoanalytischen Lehrerin, Anne-Marie Schlösser, im vierten Semester Medizin, in einem Kurs über Neurosen. Sie sagte uns, wann immer wir hörten, dass jemand vom »Unterbewussten« spräche, wüssten wir, dass der- oder diejenige sicher gar keine Ahnung auf diesem Gebiet habe, denn den Begriff gibt es in der wissenschaftlichen Psychologie oder Medizin nicht. Und dann lese ich in Stahls Bestseller *Das Kind in dir muss Heimat finden* folgenden Satz: »Es ist wissenschaftlich erwiesen, dass das Unterbewusstsein eine sehr machtvolle psychische Instanz ist, die zu 80 bis 90 Prozent unser Erleben und Handeln steuert.«[182] Wie meistens bleibt auch hier die Quelle für eine solche Aussage Stahls ein Geheimnis.

Aber offenbar bietet sich inzwischen auch das »Unbewusste« als Ramschware an, kaum ein Psycho-Ratgeber, der nicht irgendwie auf das »Unbewusste«, auf unbewusst ablaufende Prozesse abhebt.

Auch beim neuen TikTok-Psycho-Stern am Himmel,

Brianna Wiest, geht es gleich auf der ersten Seite von *THIS is HOW you HEAL* los: »Doch der eigentliche Prozess der Heilung liegt darin zuzulassen, dass diese ›Störung‹ [sie meint einen plötzlichen Verlust, D. P.] uns aus einem tiefen Zustand des Unbewussten aufweckt […].«[183] Ob sie weiß, was sie da schreibt? Man schläft offenbar im Unbewussten, wenn es nach Wiest geht, jedenfalls muss man »geweckt« werden und natürlich darf auch das Wort »tief« nicht fehlen. Das Buch liest sich eigentlich von Beginn an wie eine Art Bootcamp für vermeintlich Depressive (vermeintlich, weil in Wahrheit alles in Ordnung ist, so Wiest).

Auch ihr neuester Titel *The Truth About Everything*[184] wirkt nicht zwingend zurückhaltend, sondern durchaus selbstbewusst. Das Buch ist im Original 2014 erschienen, aber man soll auf der Welle reiten, wenn sie rollt. Auch hier erfahren wir in der Einführung bereits, dass das Buch voller Arbeiten aus »verschiedenen Phasen des Lebens« von Wiest besteht. Sehr persönlich, selbstredend. Und alles mit viel Ehrlichkeit, natürlich. Gleich beim Kapitel *Du bist mein Zuhause* hat man den Eindruck, es handle sich um eine Art säkulares Gebet, was vielleicht wieder ein Hinweis darauf ist, dass in der westlichen Welt intensiv nach einem Ersatz für die Religion gesucht wird. Die Gottheit bei Wiest ist aber eher im eigenen Selbst verortet. Im Großen und Ganzen erfährt man, dass man »seines Glückes Schmied« ist. Man möge doch visualisieren, was man sich wünscht, und es auf diese Weise in sein Leben ziehen. Man möge seinen Traum träumen und an ihn glauben, dann wird er wahr. Blöd für die, bei denen es nicht funktioniert. Blöd zum Beispiel, wenn man daran glaubt, die bösartige Erkrankung möge verschwinden, und sie tut es nicht. Dann hat man offensichtlich nicht genug daran geglaubt. Das erinnert doch sehr an ideologisch gefärbte Religiosität.

Ich frage mich wirklich, ob sie selbst glaubt, was sie da schreibt. Mag sein, aber mit Psychologie, Psychotherapie oder gar Heilung hat das alles nichts zu tun. Ich vermute, es lässt sich hervorragend verkaufen, auch wenn Inhalte schwer erkennbar sind.

Wie sieht es denn mit der psychotherapeutischen Fachkompetenz von Wiest aus?

Wiest hat offenbar einen Studienabschluss im »Professional Writing« (ist also beileibe keine Psychotherapeutin, nur dass man es noch mal gehört hat) und ist darin offensichtlich sehr gut ausgebildet worden, denn sie vermag Texte zu verkaufen, die eine Form der Privatphilosophie enthalten, die überwiegend aus Floskeln besteht. Es gibt einen herrlichen Artikel dazu, von Juliane Liebert in der Süddeutschen Zeitung, in dem sie sich mit der Ratgeberliteratur, die auf der Suche nach dem Sinn des Lebens helfen soll, befasst. Sie schreibt zu Wiest:

»Wiest gilt als Booktok-Hype, also der viralen Vermarktung von Lesestoff via TikTok. Wir möchten hier keinesfalls Verschwörungserzählungen das Wort reden, können uns aber des Verdachts nicht erwehren, dass es sich um eine besonders gewiefte Geheimdienstoperation Chinas handeln könnte. Das Kalkül ist denkbar simpel: Zersetzung durch Therapiefloskeln. Wenn sich die Westler erst einmal das Selbst aus den unendlichen Weiten zwischen den beiden Ohren optimiert haben, werden sie auch begeistert 27 Stunden lange Reden von Xi Jingping auswendig lernen.«[185]

Nun ist aber die Annahme, dass das Seelenleben im Wesentlichen unbewusst ist, »die fundamentale Grundannahme der Psychoanalyse«[186]. Das Verdienst Freuds war es, die unbewussten Vorgänge, die in der Psychoanalyse untersucht werden, in Worte gefasst und damit der Wissenschaft zugänglich gemacht zu haben.[187] Der Begriff des »Unbewussten« ist nach und nach in die Alltagssprache eingezogen, zuallererst durch Freuds *Zur Psychopathologie des Alltagslebens*[188]. In diesem Werk beschreibt er zum Beispiel die berühmten »Fehlleistungen« (Versprecher, Versehen, »Verhörer« u. v. m.). Der Begriff des Unbewussten selbst ist eine Metapher. Es gibt nicht »das Unbewusste« als Materie oder als Organ, weshalb es sich auch nicht – wie in mancher Trivialliteratur nahegelegt – in bestimmten zuzuordnenden Hirnstrukturen »finden« lässt. Unbewusste Vorgänge beschreiben beispielsweise das Vorstellen, Erinnern, Denken, Fühlen, Wünschen, Wollen, Entscheiden, Handeln, soweit es jeweils »nicht im aktuellen Bewusstseinsfeld gegenwärtig und doch psychisch wirksam ist, ja oft viel wirkmächtiger ist«[189]. Entscheidend – und im Alltagsdiskurs weitgehend unberücksichtigt – ist, dass es gewissermaßen zwei verschiedene »Auftrittsformen« des Unbewussten gibt: eine deskriptive Form, bei der Seelenregungen unterhalb einer »Bewusstseinsschwelle« liegen, aber im Prinzip bewusstseinsfähig sind.[190] Das trifft zum Beispiel auf schnelle optische Reize zu, bei denen wir etwas »sehen«, ohne es zu »wissen«. Daneben gibt es das »dynamisch« Unbewusste, dessen Inhalte erst nach Überwindung der »Verdrängungsschranke« oder von »Widerständen« bewusst werden können. Dies betrifft den eigentlichen Aspekt psychoanalytischer Arbeit, bei dem beispielsweise unbewusste Selbst- oder Objektkonzepte erforscht werden. Ein eindrucksvoller Zustand, bei dem wir »in Kontakt« mit unseren unbewussten Zuständen kommen, ist jener, wenn wir träumen bzw. Träume erinnern. Jeder hat vielleicht schon einmal erlebt, dass in den Träumen etwas »zum Thema« wird, von dem man dachte, man sei damit eigentlich schon »fertig«.

Die Grundannahme der Psychoanalyse ist ein sehr komplexes Gebilde und füllt Bücher und Forschungsarbeiten, sie wird aber in der Trivialliteratur häufig unterkomplex verwendet, zum Beispiel indem das deskriptive Unbewusste und das dynamisch Unbewusste nicht unterschieden werden. Mit dem Begriff wird kräftig gehandelt, in Stahls neuem Buch kommt er 67 Mal vor, und es wird wild damit herumgeworfen: etwa, wenn sie schreibt, das größte unbewusste Anliegen von Menschen mit einem geringen Selbstwertgefühl sei es, nicht verletzt zu werden.[191] Das ist so eine Trivialbehauptung, weil dieses Anliegen in der Regel ziemlich bewusst ist. Was nicht heißt, dass es nicht auch mal unbewusst sein kann, aber das ist der Punkt: Es gibt kein »Das ist bei diesen Menschen unbewusst«-Gesetz. Stattdessen gilt es, im Einzelnen herauszufinden, wann jemand, womöglich aus einer unbewussten Angst heraus, verletzt zu werden, entsprechende ebenfalls »unbewusste« Abwehrmaßnahmen ergreift. Letztere zeigen sich dann in einem Handeln, das vielleicht von anderen nicht verstanden wird oder womöglich genau zum Gegenteil führt. Wenn man diese Konzepte verkürzt wiedergibt und nicht versteht, dann kommt man – wie Stahl – zu Aussagen wie der folgenden, als sie über Maja, eine Frau mit einem offenbar negativen Selbstbild, schreibt: »Weil sie sich als minderwertig empfindet, projiziert sie in andere Menschen häufig eine gewisse Überlegenheit [...]. Der Begriff der Projektion bedeutet, dass man Inhalte, die eigentlich zu einem selbst gehören, auf andere Menschen überträgt und diese hierdurch verzerrt wahrnimmt. Maja projiziert also durch ihre ›Schattenkind-Augen‹ – deren subjektiven Blickwinkel nur sie hat – eine gewisse Überlegenheit und somit potenzielle Bedrohung auf andere Menschen.«[192]

Ich habe dieses Beispiel ausgewählt, weil es so anschaulich zeigt, was geschieht, wenn Konzepte nicht durchdrungen, sondern einfach schematisch angewendet werden. Projektion ist (wieder einmal) ein Begriff aus der Psychoanalyse und beschreibt einen – dann eben – unbewussten Abwehrmechanismus (solange man diesen bei sich nicht durchschaut), der dazu dient, das eigene tolerierte Selbstbild zu erhalten. Projiziert werden also unbewusste eigene Anteile, die man eben nicht für tolerierbar hält und deren man sich dadurch zu entledigen versucht, dass man sie dem anderen zuschreibt. Im Falle von Maja hieße das, dass sie ihre geheimen und nicht in ihr Selbstbild passenden eigenen »Überlegenheitsgefühle« in ihrem Gegenüber unterbringt und sich auch deswegen als minderwertig empfinden kann. Sie projiziert also nicht Überlegenheitsgefühle, weil sie sich unterlegen fühlt, sondern sie kann sich unterlegen fühlen, weil sie eigene Überlegenheitsgefühle, die nicht in ihr Selbstbild passen, projiziert. Das würde jedenfalls gelten, wenn man das Konzept der Projektion an dieser Stelle richtig anwendet. Der Clou daran ist, dass Maja (das mag hier eine ganz fiktive Figur sein) ihre eigenen Überlegenheitsgefühle nicht bewusst sind.

Verkäufer des Glücks

Glück gehört auch zur gegenwärtigen Ramschware. Selbst in meiner Kleinstadttageszeitung lese ich, beim Landfrauenverein habe es einen Vortrag über das Glück gegeben. Eine »Speakerin« (seien Sie immer misstrauisch, wenn Sie diesen Ausdruck lesen) referiert zum Thema »Glück ist eine Entscheidung« und lässt uns wissen: 50 Prozent der menschlichen Fähigkeit, glücklich zu sein, seien genetisch bedingt (da haben wir es wieder: genetisch), zehn Prozent seien von der individuellen Lebensführung abhängig und die restlichen 40 Prozent könnten von den Menschen selbst kontrolliert und beeinflusst werden.[193] Das klingt alles wunderbar glatt und wohlig. Haben Sie vielleicht auch schon Ähnliches in Ihrer Tageszeitung gelesen? Quelle? Fehlanzeige! Wir haben uns vielleicht zu sehr daran gewöhnt, nicht nur nicht mehr auf die Qualität der Quellen zu achten, sondern auch nicht darauf, auf welche Quellen sich eine »Speakerin« überhaupt bezieht. »Speaker« ist bereits wieder ein Kniff der Psycho-Industrie. Denn dort heißt das in der Regel, dass sich jemand ohne Ausbildung in psychologischen oder psychotherapeutischen Themen zu eben diesen Themen kraftvoll äußert. Psyche kann jeder – es hat ja jeder eine. Mich würde die Quelle jedoch interessieren, vielleicht ist es jene Internetseite, die man bei der Frage, ob Glück genetisch bedingt ist, als erste antrifft.[194]

Und dann folgt der inzwischen übliche Eintopf mit den Zutaten: Dankbarkeit, gerne in Form eines Tagebuchs, Achtsamkeit und – nicht zu vergessen – Buddha.

Einen weiteren großen Glücksverkäufer haben wir bereits kennengelernt: Eckart von Hirschhausen. Auch er, wie wir bereits wissen, weder Facharzt noch Psychotherapeut, fühlt sich offenbar durchaus therapeutisch berufen. Dieses Mal ging es um die Behandlung von Depressionen mit einem »Glücks-Training«. Es gab eine Website, das Glücksportal, mit dem Titel *Glück kommt selten allein* (der Titel der Website https://www.glueck-kommt-selten-allein.de ist passend zu von Hirschhausens Buch). Dort also sollte man mit dem Glückstraining am PC seine Depression heilen. Klappt das? Das hat sich die Stiftung Deutsche Depressionshilfe und Suizidprävention erfreulicherweise auch gefragt und offenbar eine Pilotstudie in Auftrag gegeben. Ergebnis: 20.000 Personen hätten an dem siebenwöchigen Onlinetraining teilgenommen (in der Studie wurden aber erst einmal nur 81 (!) Probanden befragt). Insgesamt habe die Zufriedenheit mit dem Programm im oberen Bereich gelegen (was immer das auch heißt), ABER: »Allerdings gab fast ein Viertel der Teilnehmer an, sich von den Programm-Empfehlungen nicht ausreichend ernst genommen gefühlt zu haben. Nach diesen ersten Erkenntnissen wird daher empfohlen das Programm nur als ressourcenorientierte Ergänzung zur Standardtherapie und in gesünderen Phasen anzuwenden.«[195]

Herrlich, oder? »Ressourcenorientierte Ergänzung zur Standardtherapie in gesünderen Phasen«. Also, sollten Sie Asthma haben, dann könnten Sie – wenn Sie gerade nicht darunter leiden – als »ressourcenorientierte Ergänzung« am offenen Fenster mal tief einatmen (wenn es kein allergisches Asthma ist). Ansonsten bitte Standardtherapie.

Nun wissen wir schon, dass man sich Studien genau ansehen muss, auch diese, aber es gab offenbar so viel unerfreuliche Ergebnisse, dass wir auf der »Glück kommt selten allein«-Website lesen können, von Hirschhausen habe sich entschieden, »diese Plattform aus dem Netz zu nehmen, weil die laufenden Kosten und Verpflichtungen nicht mehr zeitgemäß sind«. Na bitte. Von Hirschhausen, so lässt er uns auch wissen, hat nun ohnehin ein neues Projekt: Es ist jetzt die Klimakrise, gegenwärtig sicher mehr im Gespräch als Depressionen. Und damit wird sich doch vielleicht Geld verdienen lassen?

All dies sind Bestandteile des großen Psycho-Ramsch-Marktes: Buddhismus, das angebliche Achtsamkeitskonzept und die sogenannte Positive Psychologie. Von Hirschhausens sogenanntes »Glückstraining« speist sich aus der sogenannten Positiven Psychologie. Ich werde noch darauf zu sprechen kommen, weil diese Richtung ebenfalls ein Teil der großen Psycho-Industrie ist und den psychotherapeutischen Markt infiltriert. Unbemerkt, weil häufig unbekannt, infiltriert diese Richtung unser Leben mit dem großen Glücksversprechen, das angeblich so leicht zu haben sei, dass es schlicht nicht verständlich ist, warum wir nicht einfach zugreifen.

Wir Konsumenten

Man könnte fragen: Warum glaubt man diesen doch offensichtlich eher größenambitionierten Versprechungen? Warum diese Fast-Food-Pseudo-Therapien?

Welche Gründe dafür kann es geben (wenn man nicht an die chinesische Geheimdienst-Theorie glaubt)?

Nun, weil man es möchte und weil es vermeintlich einfach ist.

Und: Weil bestimmte psychische Dynamiken greifen, die in Teilen tatsächlich unbewusst, aber in noch größeren Teilen vermutlich unbekannt sind. Die Seele ist komplex, die Heilkunde auch, und die Heilkunde der Seele folgerichtig ebenso. Da wäre es doch wunderbar, wenn man sich Zeit, Mut, Angst, zum Beispiel vor dem Kontrollverlust, sparen könnte, indem man einfach ein paar Essays liest und vielleicht noch Brianna Wiest »folgt«?

Um zu verstehen, warum das nicht funktionieren kann (aber auf einer wirtschaftlichen Ebene für Verlag und Autorinnen hervorragend funktioniert), müssen wir uns – es hilft nichts – mit ein paar wirklichen Konzepten aus der Psychoanalyse vertraut machen.

Eine von Freuds bahnbrechenden Erkenntnissen war jene – ohne, dass er das möglicherweise je so formuliert hat –, dass Probleme, die ursprünglich einmal in Beziehungen entstanden sind, in allen möglichen anderen Beziehungen wieder auftauchen und dabei häufig nicht bewusst werden. Und dass solche Probleme letztlich nur wieder im Rahmen einer Beziehung lösbar sind. Ungelöste Beziehungskonflikte, die auf Ängsten und Wünschen beruhen, sind hartnäckig wie eine offene Wunde. Wenn wir darunter leiden, dann versuchen wir, sie unbewusst zu lösen, indem wir – eben unbewusst – immer wieder jene ungelösten Konstellationen in Beziehungen herbeiführen, in der Hoffnung, sie dieses Mal besser lösen zu können. Dieser Vorgang wird in der Psychoanalyse Übertragung genannt.

EX
KU
RS

Übertragung

Man hat feststellen können, dass im Laufe einer Psychotherapie die Beziehung zwischen dem Patienten und der Psychotherapeutin mehr und mehr in den Mittelpunkt tritt. Dabei erleben die Patienten häufig Gefühle, Fantasien, Einstellungen und Abwehrhaltungen gegenüber der Therapeutin, die auf früheren, inzwischen unbewussten Erlebnissen mit den primären Bezugspersonen beruhen. Das passiert fast immer, mehr oder weniger intensiv, und die verschiedenen Therapierichtungen unterscheiden sich vor allem darin, wie viel Bedeutung sie dieser Tatsache beimessen und wie intensiv sie darauf eingehen. In den psychodynamischen Verfahren steht eben diese Beziehung sehr im Mittelpunkt.

Die intensive Beziehung ist zugleich eine asymmetrische Beziehung. Die Therapeutin hat die therapeutische Kompetenz, fühlt sich – in der Regel – nicht so abhängig wie der Patient, sie ist die »Expertin«, während der Patient an Symptomen leidet und Hilfe erhofft, zudem oft verunsichert ist und Angst hat. Das heißt, auch hier werden Erinnerungen an frühe asymmetrische Beziehungen, etwa die zu den Eltern, aktualisiert. Plötzlich hat der Patient ähnliche Gefühle von Angst, Wut, Misstrauen, Zuneigung oder Liebe, wie er sie früher seinen Eltern oder anderen wichtigen Bezugspersonen gegenüber hatte, wie damals fühlt er sich in ähnlicher Weise gesehen oder eben nicht gesehen, ohne zunächst bewusste Erinnerungen an bestimmte konkrete Szenen haben zu müssen.

Was häufig zunächst auftaucht, sind sehr intensive Gefühle, die sich jetzt – es ist ja kein anderer da – auf die Therapeutin richten. Die Gefühle führen oft dazu, dass die Therapeutin verzerrt, eben vor dem Hintergrund früherer Beziehungserfahrungen, wahrgenommen wird. Dinge, die sie tut oder lässt, bekommen eine hohe, übergeordnete Bedeutung, der Patient bezieht vieles auf sich. So können Patienten beispielsweise massive Eifersuchtsgefühle erleben, wenn sie sehen, wie ein anderer Patient die Praxis verlässt. Und das, obwohl sie intellektuell selbstverständlich wissen, dass ihre Therapeutin nicht nur einen Patienten hat. Trotzdem erleben sie unter Umständen nagende Eifersuchtsgefühle. Und das ist oftmals gar nicht leicht auszuhalten, eben weil der Intellekt sagt: »Mann, Mann, Mann, na klar therapiert sie nicht nur dich! Was soll das denn?« Entsprechend werden solche Gefühle schamhaft erlebt, weil man zunächst ihren kindlichen Ursprung nicht versteht, denn sie sind hier aus einer früheren Beziehung, aus einem früheren Erleben auf die aktuelle Beziehung übertragen worden.

Das läuft natürlich nicht bei allen Menschen gleich ab. Es gibt jene, die sich gegenüber Geschwistern stark benachteiligt erlebten (und auch oft benachteiligt worden sind), und die entsprechend leicht eifersüchtig reagieren. Es gibt aber auch solche, die sich durch Geschwister geschützt gefühlt haben und die daher vielleicht eher beruhigt sind, wenn sie sehen, dass ihre Therapeutin sich nicht nur auf sie konzentriert. Neben solchen Ängsten und Befürchtungen werden aber auch Wünsche wach, und zwar Beziehungswünsche, die vielleicht in der Beziehung zu den Eltern unbefriedigt geblieben sind: Wünsche danach, gesehen zu werden, als Person anerkannt, geschätzt, geliebt zu werden, Wünsche danach, für die Eltern bedeutsam zu sein, diese stolz zu machen, von ihnen geschützt und gewollt, von ihnen begleitet zu sein, deren Interesse zu fühlen und vieles mehr. Nicht gestillte Wünsche bleiben in uns immer lebendig und suchen nach Erfüllung. Haben wir also viel entbehrt, sind viele Wünsche unbefriedigt geblieben oder sehr stark, so laufen wir gewissermaßen chronisch suchend durch die Welt, auf der Suche nach einem Menschen (wir sagen: einem Objekt), der bereit ist und uns geeignet erscheint, diese zu erfüllen. Und dann landen wir plötzlich bei einer Therapeutin, die sich dafür anbietet. Wir übertragen also unsere Wünsche und Beziehungserwartungen. Geschieht das in einer Therapie, dann kann man diese Ängste und Wünsche, die oft unbewusst bleiben und unser Handeln (zum Beispiel bei der Partnersuche) bestimmen, überhaupt erst einmal kennenlernen, weil sie bewusst werden. Dann können wir versuchen, Ängste abzubauen und die realistische Erfüllung unserer Wünsche zu suchen. Manche können in der Therapie erfüllt werden: Zum Beispiel solche nach Verstanden-und-gesehen-Werden, nach Interesse und auch nach Zuwendung und einem gewissen Maß an Fürsorge. Andere müssen sich in anderen Beziehungen erfüllen, aber man weiß ja nun, wonach man sucht. Von wiederum anderen Wünschen müssen wir uns trennen und das Ausbleiben, den Verlust der Erfüllung betrauern. Für Alltagsärger sorgt oft, dass ein solcher Übertragungsprozess nicht nur in der therapeutischen Beziehung geschieht, sondern in sämtlichen anderen Beziehungen auch, mal mehr, mal weniger. Übertragungen finden sich in fast allen Beziehungen (und werden oft nicht verstanden). Je größer die unbewussten Ängste und Wünsche sind, desto stärker u. U. die Übertragungen. In anderen Zusammenhängen, in anderen Beziehungen, zum Beispiel innerhalb von Institutionen oder am Arbeitsplatz, werden sie aber häufig nicht verstanden und können für reichlich Verwirrung und Chaos sorgen. Übertragungen sind also Bedeutungszuschreibungen. Diese können positiver Art sein, wir sprechen dann von positiven Übertragungen, oder negativer Art, dann sprechen wir von negativen Übertragungen. Sie bestimmen unser Verhältnis zu anderen Menschen.[196]

Das klingt so mühsam, wie es ist. Für beide Seiten, Patient und Therapeutin. Es ist nicht leicht, sich einem anderen Menschen mit all seinen Gefühlen anzuvertrauen, vor allem nicht mit jenen, die man selbst unannehmbar, anstößig oder gar abstoßend findet und die starke Schamgefühle auslösen. Die Psycho-Industrie möchte uns aber glauben machen, dass solche Probleme ganz einfach – und vor allem allein – lösbar seien. (Bei Stahl heißt es lapidar: »Übertragung bedeutet, dass Klienten ihre Probleme auf die Therapierenden übertragen.«[197] Das ist so vereinfacht, wie es falsch ist.)

Demnach bräuchte man lediglich ein Buch, am besten noch ein Übungsbuch und vielleicht noch einen Onlinekurs. Die unangenehme Seite der Geschichte ist aber, dass die von einigen Medien gleichsam ausgestellten »Experten« sich als Übertragungsobjekte anbieten (ohne dass das recht verstanden wird). Sie zeigen sich makellos, wissend, berühmt (und daher mit dem Label »Experte« versehen), verfügen oft über gute finanzielle Ressourcen, was sie – ebenso wie mögliche Netzwerke – mit einer gewissen Macht auszustatten scheint. Kurz: Sie fungieren oftmals in der Übertragung als die omnipotenten, starken, bewundernswerten Elternfiguren, nach denen wir uns womöglich in der Kindheit gesehnt haben. Im Gegensatz zu wirklichen Psychotherapien werden aber diese Übertragungsbeziehungen nicht bearbeitet. Das ist an sich noch nicht anstößig, denn – wie oben beschrieben – finden Übertragungen fast immer und überall statt, in unterschiedlichem Ausmaß und werden nicht bearbeitet. Im Rahmen der Psycho-Industrie werden sie allerdings genutzt oder durchaus auch benutzt, um die Abhängigkeiten von den selbst ernannten oder von den Medien präsentierten »Gurus« und Pseudo-Expertinnen zu verstärken, zu erhalten. Anders als in einer Psychotherapie, in der es am Ende darum geht, die Individuation und die Autonomie des Menschen zu entwickeln und zu fördern, verfolgt die Psycho-Industrie genau das Gegenteil: Die Abhängigkeiten von den selbst ernannten Autoritäten sollen bestehen bleiben, damit ... ja, damit weiter die Bücher gekauft, die Onlinekurse gebucht und die Bühnenshows besucht werden. Das ist letztlich das (vielleicht häufig nicht bewusste) Prinzip jedes sogenannten Merchandisings, zum Beispiel von Pop-Ikonen. Auch diese ziehen aufgrund ihres Status bestimmte Übertragungen auf sich, wofür sie nichts können, sondern wir können im Einzelfall nicht anders, als diese Personen mit unseren Beziehungswünschen und -fantasien auszustatten. Wir bekleiden sie wie eine Anziehpuppe mit unseren Fantasien, die sich mal mit der Realität decken können, oft jedoch eben auch nicht. Und wie oben beschrieben, sind es in der Regel Menschen, die – real oder fantasiert – mit Geld, Macht, Ruhm, Schönheit, Gesundheit, Freunden, Glück und vielem mehr ausgestattet werden, kurz, mit all dem, was wir uns wünschen. Wir nennen das Idealisierung, ein Begriff, der schon von Freud geprägt wurde: »Die Idealisierung ist ein Vorgang mit dem Objekt, durch welchen dieses ohne Änderung seiner Natur vergrößert und psychisch erhöht wird.«[198]

Der andere, das »Objekt«, wie wir in der Psychotherapie sagen, wird Kraft unserer Fantasie mit Eigenschaften ausgestattet, die ihn oder sie zu einem vollkommenen Objekt machen, in unserer Fantasie. Also wollen wir diesen Menschen in irgendeiner Form nahekommen und »folgen« ihnen in den (a)sozialen Medien. Wir bewundern sie, schützen sie vor »bösen« kritischen Stimmen und wollen doch so gerne ein bisschen so sein wie sie.

Wenn wir Menschen in ihren »Funktionen« begegnen, statten wir sie in der Fantasie mit bestimmten Klischees aus, die wir diesen Funktionen zuordnen: für Pop-Ikonen vielleicht »Sex, Drugs and Rock 'n' Roll«, Ärzte sind immer gesund, und Psychoanalytikerinnen können sofort in die Seele des anderen blicken und Psychotherapeuten sind psychisch besonders gesund. Das sind – wenn man so will – Vorurteile, die sich aber auch aus Hoffnungen und Wünschen speisen, und sie sind somit ziemlich stabil. Sogar Ärztinnen selbst scheinen oft zu glauben, dass Krankheiten eher etwas für ihre Patienten sind als für sie selbst, weshalb sie sich häufig vielleicht selbst nicht an die Ratschläge halten, die sie ihren Patienten geben. Und irgendwie sträubt sich etwas in uns, wenn wir hören, dass eine Ärztin schwer erkrankt ist. Und für Psychotherapeuten gilt die entsprechende Annahme, sie seien psychisch besonders stabil, würden sich in der Kunst des Liebens und des Führens von Beziehungen so gut auskennen, dass ihr Leben voller Liebe und guter Beziehungen ist. Psychisch seien sie auf jeden Fall gesund. Der gegenteilige Fall ist oft nicht gut verträglich, ebenso wenig wie die Tatsache, dass mit unseren Eltern etwas nicht stimmt, woraus wir auf den Übertragungscharakter solcher Klischees schließen können.

An ein solch vollkommenes Objekt kann man sich anlehnen, man kann sich von ihm schützen lassen, indem man einen weiteren psychischen Kunstgriff vornimmt, den der Identifikation.

EX
KU
RS

Identifikation – ein bisschen so sein wie der andere

Die Identifikation ist ebenfalls ein Begriff aus der Psychoanalyse, der sehr komplex ist, weil es verschiedene Formen von Identifikationen gibt. Die Identifikation ist ein Vorgang, bei dem das Subjekt versucht, sich zunächst in der Fantasie, dann auch in der Realität die angenommenen Eigenschaften des bewunderten Objektes anzueignen. Nach Freud gehören Identifizierungen zu den frühesten Äußerungen einer Gefühlsbindung an eine andere Person.[199] Das Kind, das so werden möchte wie ein Elternteil, ein Schüler, der so sein möchte wie eine Lehrerin, ein Kind, das so spielen und sein möchte wie sein großes Fußballidol (man trägt z. B. das Fußballtrikot des bewunderten Spielers, bisweilen sogar mit dessen Namen auf dem eigenen Rücken). Bei einer Identifizierung oder Identifikation, wie wir heute eher sagen, nimmt das Subjekt einen Menschen zum Objekt und versucht, dessen Eigenschaften anzunehmen (das kann so weit gehen, dass man aus dem Kino kommt und so geht wie eine bewunderte Hauptfigur im Film). Und nun kommt eine sehr wichtige Unterscheidung: Natürlich kann das in der Realität oftmals nicht gelingen, aber man versucht auf diese Weise, seinem Liebesobjekt ähnlich zu werden und ihm nahe zu sein. Selbst wenn es nicht gelingt, die tatsächlichen Eigenschaften zu kopieren, kann es doch sein, dass sich das innere Bild, das man von sich hat, dem inneren Bild, das man vom Objekt hat, angleicht. Wenn wir das innere Bild meinen, das wir von uns haben, dann sprechen wir von einer Selbstrepräsentanz. Das Bild, das wir von einem anderen haben, nennen wir Objektrepräsentanz. Entsprechend ist eine Identifikation die Veränderung der Selbstrepräsentanz nach dem Vorbild einer Objektrepräsentanz. Versucht sich also jemand per Identifikation seinem Vorbild anzugleichen, so ist dies der Ersatz für eine liebevolle Verbindung. Es ist ein ganz natürlicher Entwicklungsvorgang, dass Kinder sich mit ihren Eltern identifizieren (und Elternteil und Kind zum Beispiel eine ähnliche Art zu sprechen oder zu gehen haben).

Auf diese Weise können auch sehr viele Menschen ein und dasselbe Objekt zum Vorbild nehmen und sich mit diesem identifizieren. Das ist dann der Kitt, der alles zusammenhält. Wir suchen uns jemanden aus, der das kann, der das erreicht hat, was wir selbst so gerne könnten und erreichen wollen, wir identifizieren uns kurzerhand mit ihm. Wir lieben dieses »Objekt« für seine Vollkommenheit, die wir zu einem großen Teil in es hineinsehen, um unser eigenes, nicht erreichtes Ideal zu ersetzen. Auf diese Weise versuchen wir, unsere narzisstischen Wunden zu schließen. Klassischerweise geschieht dies, indem Eltern ihre Kinder – oft unbewusst – »beauftragen«, eigene Wünsche und Träume zu verwirklichen, die nicht die Ziele der Kinder sind. Die Objekte werden dann zu sogenannten Selbstobjekten, also Menschen, deren »Funktion« es ist, das eigene Selbstwertgefühl zu stabilisieren.[200]

Damit »Objekte«, das heißt auch charismatische (oder auch weniger charismatische) Menschen uns »mitreißen« können, greifen also meistens zwei psychische Mechanismen: die Idealisierung und die Identifikation. Der andere wird zunächst idealisiert und dann beginnen wir, uns mit dessen (idealisierten) Eigenschaften zu identifizieren. Das ist zunächst einmal ein normaler Vorgang, der in der Entwicklung der meisten von uns vorkommt. Wir idealisieren unsere Eltern, wodurch sie zu starken, tollen, weisen, eben bewundernswerten Menschen werden. Unser Bedürfnis nach solchen Idealisierungen ist groß, besonders in bestimmten Phasen des Lebens, beispielsweise ist die Zeit der frühen Adoleszenz dafür bekannt. Es ist die Zeit, in der junge Menschen für ihre »Ideale« kämpfen. Aber auch im frühen Kindesalter idealisieren wir, teils weil die Erwachsenen im Verhältnis zu uns so viel mehr zu können scheinen, teils weil wir den Großen, Starken brauchen, um uns anlehnen zu können. Man kann oft nur staunen, wie gut es Kindern gelingt, ihre Eltern zu idealisieren, auch wenn diese wenig Anlass dafür bieten. Häufig suchen sich Kinder dann zusätzlich noch andere Erwachsene, die sie unbewusst idealisieren können (was nicht selten zu heftigen Loyalitätskonflikten gegenüber den Eltern führt).

Es gehört auch zum Erwachsenwerden, dass die ehemals idealisierten Objekte irgendwann »entidealisiert« werden. Die Personen werden dann »realer«, werden mit ihren Stärken und ihren Schwächen sichtbar. Die Schwächen lösen erhebliche Verunsicherung aus, weshalb die Idealisierung oft heftig verteidigt werden muss. Wenn man sich selbst klein, verunsichert, ängstlich und eher minderwertig fühlt, ist das Bedürfnis, zu idealisieren, besonders groß. Dies führt(e) zum Beispiel zur häufigen Idealisierung von Ärztinnen, da wir, wenn wir krank sind, uns eben häufig klein, verunsichert und ängstlich fühlen, weshalb wir uns anvertrauen müssen. Das ist leichter, wenn man den Menschen, in dessen Hand man sich begibt, idealisiert. Dann hat man das Gefühl, den besten Arzt zu haben, und kann sich gut aufgehoben fühlen.

Dennoch: Zum Erwachsenwerden gehört zwar nicht, dass man nicht mehr idealisiert, aber dass man dieses Idealisieren durchschaut, reflektiert und seine kritische Stimme nicht ganz abschaltet. Wie gesagt, das ist schwer und häufig unbeliebt, weil wir uns manchmal ohne unsere Idole verlassen, allein und unsicher fühlen.

Teilen nun viele Menschen dieselbe Idealisierung für eine bestimmte Person, dann sind diese Idealisierungen noch stabiler, weil die anderen es doch auch so sehen wie ich. Man ist sich einig und fühlt sich zusammen stärker. Alle identifizieren sich mit Attributen des betreffenden Idols, um auf diese Weise auch an dessen Ruhm zu partizipieren. Ein sehr eindrucksvolles aktuelles Beispiel sind die »Swifties«, wie die Fans von Taylor Swift bezeichnet werden. Der Superbowl ist in Amerika immer ein XXXL-Ereignis, aber dieses Jahr (2024) haben ihn noch mehr gesehen, weil Taylor Swift mit einem Football-Star liiert ist und zugeguckt hat. Also machen es die Swifties auch. Schon in der Bezeichnung »Swifties« sieht man die Identifikation, denn auf diese Weise partizipieren die Fans am berühmten Namen. Wenn man schon nicht Swift heißt, dann ist man doch immerhin ein Swiftie. Das Idealisierungs- und Identifikationsbedürfnis ist ein herausragender Motor für das allgegenwärtige Merchandising, zum Beispiel bei Pop-Konzerten.

Das Gleiche geschieht auch in anderen medialen Welten, so eben auch in der Psycho-Welt, wenn medial hochstilisierte Expertinnen oder Pseudo-Experten zu neuen idealisierten Figuren werden. Je mehr diese Idole die jeweilige »Lehre« teilen, umso größer und stabiler wird die »Gemeinde« der Anhängerinnen und Bewunderer. Und eine große »Gemeinde« sorgt für große Verkaufszahlen, weshalb Kritik und Entidealisierung (das heißt, ein realistischeres Bild der Person und ihrer »Lehre« zu gewinnen) nicht nur für die

»Gemeinde« schwer bekömmlich sind, sondern auch medial unerwünscht. (Wie unerwünscht das ist, kann man bisweilen an den Hasskommentaren in den »sozialen« Netzwerken sehen, wo kritische Stimmen niedergemacht werden sollen.)

Man ruiniert keinen Goldesel. Dies scheint einer der Gründe zu sein, warum Bücher ohne Inhalt oder Bücher mit kritikwürdigen Inhalten weiter kräftig gekauft werden oder warum Autorinnen, die nachweisbar abgeschrieben haben, weiterhin über jeden Zweifel erhaben bleiben.

»Fremde Gedanken« – eine persönliche Begegnung mit der Psycho-Industrie

Ohne Frage beherrscht die Psychologin Stefanie Stahl die Klaviatur der Psycho-Industrie hervorragend. Ihre Bücher stehen lange oben auf der Bestsellerliste, selbst dann, wenn herausgekommen ist, dass sie große Passagen abgeschrieben hat. (Es ist im Übrigen erstaunlich und ein weiterer Auswuchs der Psycho-Industrie, wie wenig es einige Medien interessiert, dass jemand offenbar unwissenschaftlich und unseriös arbeitet, wenn er/sie nur für Verkaufs- oder Einschaltquoten sorgt.)

Im Frühjahr 2023 habe ich mir das vollmundig angekündigte neue Buch von Stefanie Stahl *Wer wir sind* einmal vorgenommen, gewissermaßen als »Arbeitslektüre«. »Mein neues Buch ist wirklich richtig gut. So etwas gab es vorher nicht«[201], lässt sie mich über ein Interview mit Stefan Seiler im Stern wissen. Und weiter: »Ich stehe nicht für Selbstoptimierung, sondern für wissenschaftliche Psychologie.«[202] *Wer wir sind*, ihr neues Buch, zeige den Bauplan der Psyche, jedes Detail sei wissenschaftlich fundiert.[203]

Dieser Artikel machte mich stutzig und neugierig. Bisher hatte ich Stahls Bücher unter populärwissenschaftlicher Trivialliteratur abgespeichert, aber nun kam sie mit einem neuen Anspruch, nämlich »wissenschaftlich fundiert« zu schreiben. Das wäre eine neue Stufe und ich war neugierig, was ich in dem Buch erfahren würde. Wer von sich behauptet, wissenschaftlich zu schreiben und dann auch noch nie Dagewesenes, der muss sich auch wissenschaftlicher Kritik stellen, dachte ich.

Schon früh musste ich feststellen, dass sich die Autorin in ihrem neuesten Buch kaum an wissenschaftliche Standards hält: Sie belegt – bis auf wenige Ausnahmen – ihre Quellen nicht. Sie stellt reihenweise Behauptungen auf (in der Regel Behauptungen, die einem biologistischen Konzept entsprechen), die sie nicht belegt. Mir fiel auf, dass die sogenannten vier Grundbedürfnisse, auf denen das gesamte Buch beruht (und die – wie ich feststellen musste – offenbar auch in ihren anderen Büchern ihr Hauptinhalt sind), dem Buch *Neuropsychotherapie* von Klaus Grawe entnommen waren. Ihm widmet sie ihr Buch, er ist leider 2005 plötzlich verstorben. Im Text erwähnt sie ihn ein Mal, kein einziges Mal die eigentliche Quelle, die ist nur im Literaturverzeichnis zu finden. Dafür übernimmt sie reihenweise Gedanken und Passagen aus seinem Buch, die sie im Text nicht als seine Gedanken oder Zitate markiert. Ich habe allein über 15 solcher Stellen gefunden. Und hier wird es dann nicht mehr nur unwissenschaftlich, sondern unseriös, und wir kommen in den unschönen Bereich der Plagiate: Sie belegt im Text ihre Aussagen und Quellen nicht. Umso erstaunlicher, dass sich am Ende des Buches ein Literaturverzeichnis befindet, wobei die genannten Titel zum Teil überhaupt nicht im Buch zitiert werden. Am Ende der theoretischen Ausführungen werden elf Fußnoten mit Literatur genannt. Diese elf Werke werden immerhin als Ganzes genannt, auch wenn die Autorin uns vorenthält, was sie daraus zitiert hat. Ich fand es also daher vollkommen unstrittig, dass es sich – entgegen der Behauptung von Stefanie Stahl – nicht um ein wissenschaftliches Werk handelt. Selbst die Rubrik »Sachbuch« ist hier eigentlich zu hoch gegriffen, weil Stefanie Stahl überwiegend ihre private Philosophie beschreibt. Ich war – ehrlich gesagt – fassungslos. Diese Fassungslosigkeit aber nahm noch zu, als mir beim Lesen mehr und mehr Stellen verdächtig vorkamen, die ich nachprüfte und als unzitierte Wiedergaben identifizieren konnte. Ein Plagiatsprüfer bestätigte später in einem von mir in Auftrag gegebenen Gutachten[204], dass Stahl nicht nur von Grawe, sondern auch von anderen Autoren oder Internetseiten Textpassagen unbelegt übernommen hat. Das nennt man plagiieren oder auch abschreiben.

Und jetzt machte ich meine ganz persönlichen Erfahrungen mit der Psycho-Industrie:

Dem zu Beginn genannten Stern-Artikel von Stephan Seiler entnahm ich eine – für die deutsche Presse eher untypische – kritische Nuance gegenüber Stahl. So schrieb ich ihn an, mit der Frage, ob er Interesse an einer inhaltlichen Auseinandersetzung mit dem gepriesenen Buch habe, und schickte einige Einwände von mir mit. Ich war erfreut, als er sich meldete und ein gewisses Interesse bekundete. In der Zwischenzeit waren mir – gewissermaßen als Nebenprodukt – aber weitere Plagiate im Buch aufgefallen. Und in einem weiteren Kontakt wurde schnell deutlich, dass das, also die Plagiate im Buch von »Deutschlands Psychologin Nr. 1«, die eigentliche Geschichte wäre, jedenfalls aus Sicht der Medien. Wir vereinbarten verschiedene Termine, um über die Angelegenheit zu sprechen, die aber letztlich alle nicht zustande kamen.

Ich versuchte es bei weiteren Medien. Eines bekundete ebenfalls Interesse durch einen Journalisten, aber dieses Medium bringt ebenfalls regelmäßig »Stahl-Kolumnen« wie der Stern. So ließ mich der Journalist wissen, dass sein Anliegen bei der Redaktionskonferenz nicht durchgekommen sei, ein ganz normaler oder üblicher Vorgang. Das mag sein, aber warum, fragte ich mich, wollte sich niemand einmal inhaltlich mit diesem Hype auseinandersetzen? Man ließ mich überdies wissen, dass es ja gut und schön sei, wenn ich auf Plagiate gestoßen wäre, aber »wasserdicht« wäre so eine Geschichte nur mit einem Gutachten. So entschied ich mich, einen Plagiatsgutachter einzuschalten, der schließlich in seinem Gutachten die Plagiate bestätigte und noch weitere fand: insgesamt 34 oft nicht eben kurze Textpassagen, die unbelegt übernommen worden waren. Aber immer noch war es schwer, dafür jemanden zu interessieren. Schließlich bekam ich Kontakt zu Felix Stephan von der Süddeutschen Zeitung, der sich interessierte und sich der Geschichte annahm.

Wie es sich gehört, wurde eine Anfrage der Süddeutschen Zeitung zusammen mit dem Gutachten an Stahl geschickt, damit sie dazu Stellung nehmen konnte. Und es meldeten sich: die Anwälte. Die Anwälte der Autorin, die Anwälte des Verlages. Spätestens da wurde deutlich, dass es sich offenbar nicht um eine Lappalie handelte, auch wenn Verlag und Autorin es im Nachhinein so aussehen lassen möchten. Es gab verschiedene Manöver: So ließ die Autorin wissen, dass bestimmte Autorinnen der Verwendung der Passagen zugestimmt hätten. Allein diese Argumentation ist unwissenschaftlich, denn es geht nicht darum, ob ein Autor zustimmt, denn veröffentlicht ist veröffentlicht und darf zitiert werden. Aber eben, es muss zitiert werden und nicht abgeschrieben. Selbst das Klaus-Grawe-Institut wurde offenbar kontaktiert, mit der Bitte, es solle doch sagen, es habe der Verwendung der Passagen aus dem Buch zugestimmt. Aber ist das Klaus-Grawe-Institut überhaupt Rechtsnachfolger? Es sieht nicht so aus.

Besonders spannend war, dass die Anwälte mitteilen ließen, es liege keine Urheberrechtsverletzung vor. Interessant, denn den Vorwurf hatte bisher niemand gemacht. Darauf war man offenbar selbst gekommen. Also eine klassische Verneinung. Hatten wir schon bei von Hirschhausen: Ist das etwa Werbung? Oh nein, auf keinen Fall …

Alles in allem gab man sich Mühe, den Artikel zu verhindern, aber die Redaktion der Süddeutschen Zeitung blieb gelassen und der Artikel erschien am 01. September 2023.[205] Das RND berichtet in der Folge ebenfalls und dann geschah … erst einmal nichts. Der Verlag ließ wissen, dass er bei einer zweiten Auflage die entsprechenden Literaturhinweise nachtragen lassen wolle (die Arbeit hatte ich ja nun schon gemacht, warum also auch nicht), in den sozialen Netzwerken gab es ein bisschen Traffic, ein paar erleichterte Äußerungen, dass man der Autorin mal genauer auf die Finger schaut, aber natürlich auch ein paar Schmähungen gegen mich: Wie kann ich nur der lieben Steffi … und so weiter. Wie es halt so ist.

Dann kam noch einmal ein kurzer Beitrag im Trierischen Volksfreund, in dem Stahl sich etwas müde rechtfertigen wollte, aber letztlich bestätigte, dass sie aus Gründen der Lesbarkeit »ganz bewusst auf einen wissenschaftlichen Stil des Zitierens verzichte«[206]. Also zwei Geständnisse: Erstens bewusst abgeschrieben, zweitens doch nicht wissenschaftlich gearbeitet und offenbar doch nicht der wissenschaftlichen Psychologie verpflichtet. Der Pressesprecher ließ dann gleich noch eine weitere Unwahrheit und Übertreibung folgen, indem er behauptete, Grawe sei »zigmal« genannt worden. Nun, es sind im Fließtext sieben Nennungen und im ganzen Buch zehn (!), weit entfernt von »zig«.

Und dann war Ruhe. Der Stern und alle anderen Medien mit Stahl-Anteilen brachten wieder ungehemmt ihre Kolumnen, der Verlag bringt weiter das Buch heraus, trotz der Plagiate, und es wird weiter gekauft. Ist das also alles spurlos an der Maschinerie um Stahl vorbeigegangen? Mag sein, das Buch *Wer wir sind* ist immerhin nicht mehr in der Spiegel-Liste zu finden, aber es soll im Mai ein »Übungsbuch« erscheinen. Der Rubel wird sicher weiter rollen und offenbar ist das auch nicht aufzuhalten.

Stahl ist eine Protagonistin der Psycho-Industrie, bei Weitem nicht die Einzige, aber möglicherweise momentan die bekannteste. Hinter ihr steht ein ganzes Unternehmen: Laut ihrer Website unterhält sie ein Team von 14 Mitarbeitenden, über ganz Deutschland verteilt, die »allesamt nach ihrem Konzept« arbeiten. Also ein florierendes, großes Geschäft, das natürlich geölt weiterlaufen soll und in dessen Getriebe man keinen Sand vertragen kann. Das ist alles nicht verboten, aber in Teilen durchaus zweifelhaft. Wie jedoch soll man sich als Hilfesuchende orientieren? Insbesondere dann, wenn die Psycho-Industrie überall ihre Netze auswirft und auf Menschenfang geht?

FAZIT: Es wäre so schön einfach, wenn es so einfach wäre …

Verramschen heißt entwerten und dennoch Profit machen auf dem Psycho-Markt. Was wird verkauft? Wer verkauft? Wer kauft? Angeboten werden schön dekontextualisierte Konzepte psychotherapeutischer Verfahren. So werden die komplexen Sachverhalte unseres Seelenlebens scheinbar leicht und eingängig vermittelt. Ein bunter Strauß aus Theoriebruchstücken, Halbwahrheiten und freien Behauptungen, selbst Glücksversprechen sind darunter. Es entstehen neue Konstrukte, die die Käufer gerne und leichten Glaubens mit nach Hause nehmen. Die Floristin sagt: »Es kostet dich nicht viel und es geht dir gleich besser.« Doch spätestens, wenn sie zu Hause ihre Einkäufe besichtigen, erkennen Viele, die Blumen welken bereits, der schöne Schein trügt. Dass man sich zum Beispiel keineswegs dauerhaft »beruhigen« kann mit der Vorstellung, »Schuld sind meine Eltern, meine Gene« und so weiter. Wir merken, da gibt es so etwas wie Selbstverantwortlichkeit im Erwachsenenleben. Man muss sich lösen von der idealisierenden Bewunderung für die Blumenbinderin. Richtig: Zu Zeiten kehren wir mal zurück zu unserem kindlichen Selbst, nicht dem, das wir waren, sondern dem Bild, das wir uns inzwischen davon gemacht haben und in uns tragen (wir wissen jetzt: es ist eine Selbstrepräsentanz). Aber: Unerfüllte Wünsche und Sehnsüchte werden nicht immer erfüllt, jedoch, wir müssen sie und diese Tatsache verstehen. Das ist manchmal hart, auch wenn uns die gewieften Verkäufer das Gegenteil versprechen – gegen klingende Münze, versteht sich.

04

WIRKMÄCHTIGE INFILTRATIONEN DER GESELLSCHAFT

Das Plagiieren war zuvor Gegenstand. Hier nun soll es darum gehen, sich Stahls Ausführungen im Detail anzusehen, weil damit deutlich wird, wie die Mühlen der Psycho-Industrie mahlen und dabei zugleich die Komplexität und Widersprüchlichkeit des menschlichen Daseins mit zermahlen. Es ist offenbar gerade diese Komplexität unseres alltäglichen Lebens, die das Bedürfnis nach einfachsten Konzepten hervorruft, was zugleich dafür sorgt, dass man sich mit Floskeln und einfach klingenden Konzepten, seien sie auch falsch, abspeisen lässt. Oft wird einem entgegengehalten, dass diese Bücher aber doch viele Leser fänden, also müsse doch da etwas dran sein. Ist es auch. Ich gebe nur schon einmal zu bedenken, dass sich auch die Bild-Zeitung sehr gut verkauft, was sie aber kein bisschen seriöser macht.

Stahl hält sich selbst sehr zugute, klar, einfach und daher verständlich zu schreiben. Das ist im Übrigen auch ihr einziges »Argument« für ihr Abschreiben von anderen Quellen. Wir erinnern uns: »Aus Gründen der Lesbarkeit verzichte ich ganz bewusst auf einen wissenschaftlichen Stil des Zitierens. Ich werde meine Bücher auch weiterhin und aus tiefer Überzeugung einfach, klar und für jedermann verständlich schreiben.«[207]

Nun also: Klarheit und Einfachheit »aus tiefer Überzeugung«. Dagegen wäre nichts einzuwenden, aber hier fällt Stahl am Ende die unwissenschaftliche Art ihres Arbeitens auf die Füße. Denn es liegt die Vermutung nahe, dass ihre Arbeitsweise zu extremen Verfälschungen des gegenwärtigen wissenschaftlichen Stands führt. Diese Art des Arbeitens, die auch darin besteht, dem Nachdenken über Zusammenhänge zu entgehen, indem sie simplifizierte und damit völlig unkritische Wiedergaben aus dem Internet übernimmt, führt zu erheblichen Widersprüchen. Stahl nennt das in Anlehnung an Grawe »schulenübergreifend«[208], allerdings führt das bei ihr dazu, dass (von ihr offenkundig nicht durchdrungene) Konzepte zusammengepresst werden, und zwar so, dass diese sich gegenseitig ausschließen, bei Stahl zum Beispiel die Konzepte der Evolutionären Psychologie und der Psychoanalyse. Dazu gesellen sich dann Konzepte der Kognitiven Verhaltenstherapie oder der CBT. Diese Konzepte und die von Stahl kreierten Widersprüche werden im Folgenden genauer betrachtet.

Die Evolutionäre Psychologie

Ich könnte mir vorstellen, dass nur wenigen Leserinnen bewusst ist, welcher theoretischen und äußerst kritikwürdigen Provenienz die Gedankenführung Stahls ist: die der Evolutionären Psychologie.

Hier möchte ich näher darauf eingehen, weil die Evolutionäre Psychologie ein gutes Beispiel dafür bietet, wie die Psychologie und ihre »Angebote« zum Teil von bestimmten Richtungen infiltriert sind, ohne dass dieses genauer bemerkt würde. Ebenso trifft das für die Rolle der Positiven Psychologie zu, auf die ich nun im Anschluss eingehen werde.

Der verdeckte Rückfall in sozialdarwinistische Tendenzen

Stahl kommt gerne immer wieder auf ihre Lieblingsthesen zurück: Die psychologischen Grundbedürfnisse stünden im Dienst der Evolution.[209] Diesen evolutionsbiologischen Ansatz halte ich nicht nur für falsch vereinfachend, sondern auch für gefährlich rückschrittlich. Bei Stahl ist die Evolution ein Subjekt, wenn sie zum Beispiel schreibt: »Der Bauplan unserer Psyche richtet sich nach den Interessen der Evolution.«[210] Die Evolution hat also ein Interesse, und zwar Folgendes: »Die Evolution will, dass wir leben.«[211] Ach ja, will sie das? Die Evolution ist aber kein Subjekt mit einer Intention und schon gar nicht mit einem exklusiven Interesse an uns Menschen. Das mag vielleicht ein Wunsch sein oder eine unbewusste Größenfantasie, aber es gibt keine »Evolution« als Subjekt. (Gäbe es das, dann wäre unter Umständen sehr fraglich, ob »die Evolution« so dringend »will«, dass wir leben, wo wir doch gerade dabei sind, den Planeten, auf dem wir leben, [und »die Evolution« dann auch] nachhaltig zu zerstören.)

Eine sehr gute, kurze Zusammenfassung, was es denn mit der Evolution auf sich hat, findet man auf der Seite der Max-Planck-Gesellschaft:

»In der Biologie wird Evolution als die allmähliche Veränderung vererbbarer Merkmale von Generation zu Generation bezeichnet. Wenn also eine ursprünglich unbehaarte Nashorn-Art während einer Eiszeit ein schützendes Fell entwickelt, ist das Evolution. Auch wenn immer neue Varianten des Coronavirus entstehen, spricht man von Evolution. Evolution läuft nur dann ab, wenn es unter den Merkmalen einer Gruppe von Organismen eine Auslese gibt. Bei diesem auch als natürliche Selektion bezeichneten Vorgang werden Merkmale unterschiedlich häufig an die nächste Generation weitergegeben: Manche werden häufiger, andere werden seltener oder verschwinden. Die Selektion ist also die treibende Kraft hinter der Evolution. Damit eine Auslese stattfinden kann, braucht es folgende Voraussetzungen: Ein Merkmal muss in verschiedenen Varianten vorhanden sein. Das Merkmal muss vererbbar sein. Verschiedene Ausprägungen des Merkmals müssen zu Unterschieden in der Fitness führen.«[212]

Der Begriff der Evolution bezeichnet also einen Vorgang und kein Subjekt mit einem Interesse.

Aber weil es so schön einfach ist, bekommt bei Stahl auch »unsere Psyche« Subjektstatus, sodass Stahl dann folgern kann: Unsere Psyche habe sich »nach dem Plan der Natur ausgerichtet«[213], womit Stahl die Überleitung zu einem verhängnisvollen Satz schafft: »Unsere psychische Grundstruktur hat eine klare, evolutionäre Architektur, die für alle Menschen über alle Kulturen gleichermaßen gültig ist […]. Individuelle Unterschiede sind lediglich kleine Variationen dieses Plans.«[214]

Spätestens hier gibt sie sich als eine Vertreterin der Evolutionären Psychologie zu erkennen.

Das letztgenannte Zitat ist zunächst einmal einfach eine Behauptung, für die Stahl keine einzige Quelle angibt. Sie stellt es aber auch nicht als ihre sehr persönliche These vor, sondern apodiktisch, als eine Tatsache. Eine Tatsache, die man durchaus bezweifeln kann, wobei sich die Autorin erst einmal erklären müsste, was genau sie damit meint. Denn unsere psychischen Grundstrukturen, so wie wir es in der Psychotherapie verstehen, sind höchst individuell. Es bleibt also die Frage offen, was Stahl hier unter einer »psychischen Grundstruktur« versteht. In der Psychotherapie verstehen wir darunter das So-geworden-Sein eines Menschen mit all seinen Emotionen, Wünschen, mit seinem bewussten und unbewussten Leben, seinen Abwehrmechanismen und der Art, wie er in der Interaktion und für sich in Erscheinung tritt.

Bei Stahl aber sind »individuelle Unterschiede« »lediglich kleine Variationen dieses Plans«.[215] Welches Plans? Der wird uns ja gerade nicht vorgestellt. Oder geht es allein um den Plan, dass die Evolution möchte, dass wir leben? Stahl verfolgt dieses biologistische Modell und das damit zusammenhängende Baukastenprinzip konsequent. Sie bedient sich hierbei der Thesen der Evolutionären Psychologie.

Und dann – man muss schon sagen – versteigt sich Stahl zu dem Satz: »Eine Antwort des heutigen Forschungsstandes lautet: Der evolutionäre Sinn des Lebens ist, dass wir unsere Gene verbreiten […]. Es geht allein um die Weitergabe unserer Gene.«[216]

Das finde ich durchaus erschreckend: In der heutigen Zeit, im 21. Jahrhundert, schreibt jemand, der Sinn des Lebens bestehe allein in der Weitergabe unserer Gene?

Selbstredend lässt uns Stahl hier nicht wissen, auf welchen »Forschungsstand« sie sich da bezieht. Die einzige »Quelle«, die sie nennt, ist Richard Dawkins. Hier – man muss es so sagen – tut Stahl so, als habe sie sich mit dem Buch von Dawkins, *Das egoistische Gen*, befasst, nach ihren Angaben mit einer Ausgabe von 1978, die bei Springer Spectrum erschienen sei.[217] Unglücklicherweise gibt es laut dem Plagiats-Gutachten Springer Spektrum (mit »k«, nicht mit »c«) erst seit 2012 und das Buch von Dawkins ist bei Springer erschienen. Noch unglücklicher ist, dass die wenigen Sätze, die Stahl dazu nennt, von der Internetseite getAbstract übernommen sind, einem kommerziellen Referatedienst. Und dort, der Einfachheit halber, von der frei zugänglichen Rubrik »take-aways«.[218]

»Eine Antwort des heutigen Forschungsstandes« – das klingt wieder schön wissenschaftlich und möchte den Eindruck erwecken, das sei so etwas wie »state of the art«. Nun muss man wissen, dass Dawkins Biologe, Zoologe und Evolutionsbiologe ist. Und Stahl bezieht sich vermutlich nicht zufällig auf ihn. Dawkins ist Evolutionsbiologe und in Stahls Buch wimmelt es von (unbelegten) evolutionsbiologischen Behauptungen. Allerdings ist die Evolutionäre Psychologie alles andere als unumstritten und daher ist hier ein kleiner Exkurs notwendig, um zu verstehen, welche Verführungskraft, aber auch welche Gefahr von dieser Richtung ausgehen kann.

Hier sei insbesondere auf einen erhellenden kritischen Text des Psychologieprofessors Wolfgang Maiers verwiesen, der zugegebenermaßen nicht so schön einfach ist.[219] Maiers ist Psychologe, hat auch Pädagogik studiert und hatte eine Professur für Allgemeine Psychologie inne. Er ist der sogenannten Kritischen Psychologie zuzuordnen. Sein Anliegen war unter anderem die Kritik an der naturwissenschaftlichen Ausrichtung der Psychologie. In Bezug auf die Evolutionäre Psychologie spricht Maiers bildhaft von einem »Etikettenschwindel«[220].

Kritische Betrachtung der Evolutionären Psychologie

Die Evolutionäre Psychologie ist eine weitere Ausprägung jenes – offenbar immer wiederkehrenden – Versuchs, durch Anlehnung an naturwissenschaftliche Kategorien und Methoden zu einem wissenschaftlichen Selbstverständnis zu kommen,[221] möglicherweise, weil man eigene geistes- und sozialwissenschaftliche Konzepte für nicht durchschlagend genug hält. Die Reduktion soziologischer und individualpsychologischer Themen auf biologistische Konzepte ist aber eigentlich meistens schiefgegangen. Auch Freud hat sich an dieser Quadratur des Kreises versucht, weil er sich so mehr Akzeptanz der Psychoanalyse erhoffte. Das Ziel der Evolutionären Psychologie ist nach Maiers die Refundierung der Psychologie auf einer einheitlichen kategorialen und methodologischen Grundlage, da die Vertreter der Evolutionären Psychologie das herkömmliche Verständnis des Menschen für fundamental fehlgeleitet hielten.[222] So ist der Plan der Evolutionären Psychologie, die verschiedenen psychologischen (und damit auch psychotherapeutischen) Ideen in einen Zusammenhang zu bringen, in einer Methode zusammenzuführen. Das mag verführerisch klingen, allerdings gehe es nach Maiers insbesondere darum, psychologisches (und psychotherapeutisches) Denken »unter die Vormundschaft der Biologie«[223] zu stellen. Maiers zitiert Tooby und Cosmides[224] als Vertreter der Evolutionären Psychologie, wonach die politische Ambition darin liege, jene Mechanismen zu finden, die die menschliche (psychische) Architektur ausmachten. Hier begegnen wir bereits einem typischen Begriff der Evolutionären Psychologie, der »psychischen Architektur«, den auch Stahl immer wieder gerne aufgreift.

Bei dem genannten Text von Tooby und Cosmides handelt es sich um eine Art Kampfschrift gegen die Sozialwissenschaften und den ihr vorgeworfenen Milieuradikalismus. Die »Gegner« der Evolutionären Psychologie werden von Tooby und Cosmides in den Sozialwissenschaften ausgemacht, denen ein »sozialwissenschaftliches Standardmodell (Standard Social Science Model, SSSM) angedichtet wird[225], wobei offenbar auf wesentliche Teile der sozialwissenschaftlichen Literatur und Diskussion verzichtet wird. Ist ja dann auch einfacher ... und eingängiger. Die Soziologin Hilary Rose – die die Evolutionäre Psychologie ebenfalls sehr kritisch sieht – beschreibt dann auch passend die Evolutionäre Psychologie als »bloßen Sozialdarwinismus im neuen Gewand«[226].

In dem Text von Tooby und Cosmides ist über einhundert Mal (166 Mal) von der »Architektur« unserer Psyche zu lesen, so auch an dieser Stelle: »All humans share a universal, highly organized architecture« (»Alle Menschen teilen eine allgemeingültige, hoch organisierte Architektur«).[227] Man ahnt also, wie Stahl auf ihre steile These gekommen ist. Aber was hat es nun mit der Richtung der Evolutionären Psychologie auf sich? Ist es wirklich eine neue, von der wissenschaftlichen Community intensiv diskutierte Richtung?

Folgt man Hilary Rose, dann beschäftigt sich eine eher kleine Gruppe mit der Evolutionären Psychologie, »mit sichtlicher Wertschätzung aufeinander« und sich auf sich selbst beziehend (und zitierend).[228] Eine gute Methode, etwas unter die Leute zu bringen, ist seit jeher die Wiederholung. Und so versteht man vielleicht die Eindringlichkeit, mit der von der »weiterentwickelten Architektur« (evolved architecture) gesprochen wird. Der Verwendung dieses Begriffs widerspricht aber beispielsweise Steven Rose, ausgerechnet Neurowissenschaftler (der intensiv zur Therapie von Alzheimer-Erkrankungen geforscht hat), energisch: »Architektur impliziert statische Struktur – nach Blaupausen gebaut und danach festgefügt. Es könnte kein unangemesseneres Konzept geben, um die flüssigen dynamischen Prozesse zu beschreiben, durch die unser Bewußtsein und unsere Gehirne sich entwickeln und aus dem wilden Durcheinander [the blooming buzzing confusion] der Welt, das uns Augenblick um Augenblick begegnet, Ordnung schaffen.«[229]

Den Begriff der Architektur verwendet nun auch Stahl, um mit einem Federstrich Unterschiede zwischen Individuen und Kulturen zu negieren und als »kleine Variationen des Plans«[230] abzutun. Diese »Architektur« stellt man sich in der Evolutionären Psychologie offenbar als aus verschiedenen Modulen bestehend vor. Da gibt es allerlei: ein Modul für soziale Interaktion, eines für die Fürsorge gegenüber Kindern, eines für sexuelle Attraktivität, für Wiedererkennung,

Emotion und so weiter.[231] Das klingt so praktisch, wie es nicht ist, aber es macht den Weg frei für angepasste »therapeutische Module«, mit denen dann – ressourcensparend – die jeweils defekten Module therapiert, oder sollten wir doch besser sagen, repariert werden könnten.

Der Zuspitzung des aus meiner Sicht biologistischen Reduktionismus folgt dann eine Form des genetischen Determinismus,[232] in dem fast jede Erklärung menschlichen Verhaltens auf die Gene zurückgeführt ist. Hier zeigt sich bereits der fast unheimliche (für Freud ist das *Unheimliche* die Wiederkehr des Verdrängten), weil meistens unbemerkte Einfluss der Evolutionären Psychologie auf das kognitive Krankheitsverständnis: Narzissmus, Depression, ADHS, Autismus, bei allem versucht man – zum Teil geradezu krampfhaft – irgendwie geartete Genformationen als Ursache zu postulieren. Wann immer ich versuche, zum Beispiel auch beim Nobelpreisträger Kandel, nachzulesen, welches Gen wie verändert ist, um eine Depression herbeizuführen, lande ich bei gewissen biologisch-genetischen Fundstücken, Annahmen und der Anmerkung, das Verständnis der genetischen Grundlage, zum Beispiel der Depression, stecke noch in den Kinderschuhen.[233]

Maiers stellt sich auch die Frage, warum diese überwiegend anglo-amerikanischen Evolutionäre-Psychologie-Modelle derzeit vor allem in der deutschsprachigen Psychologie auf so fruchtbaren Boden fallen,[234] während sich die akademische Welt anderer kontinentaleuropäischer Länder davon nicht so anstecken lasse.[235] Ihn (und mich) erstaunt auch die sehr kritiklos erscheinende Rezeption. Maiers sieht als einen Grund die zunehmende Komplexität der Welt an, welche die Suche nach einfachen Antworten begünstige. Ich vermute außerdem, dass diese biologistische und einen genetischen Determinismus annehmende Variante einem Teil von uns Menschen auch deshalb sympathisch erscheint, weil sie den Menschen dadurch ein Argument zur Verfügung stellt, sich selbst aus der Verantwortung zu nehmen. Und so höre ich tatsächlich auch jetzt häufiger, dass Eltern das gerade sozial nicht so Begeisterung auslösende Verhalten ihrer Kinder mit »das ist eben genetisch« begründen. Heißt: Da ist dann nix zu machen. Können wir nix für; kann das Kind nix für. Dazu mag erneut die zunehmende Säkularisierung ihren Beitrag liefern, bleibt doch der Wunsch nach einer Glaubensgewissheit, einer Gottheit, die einfache Lösungen liefert, erhalten. Und es schafft Nahrung für unsere Größenfantasien, dass wir nur wenige Schritte von der Unsterblichkeit und dem Paradies entfernt sind, wenn wir alle Genome entschlüsseln und vielleicht doch endlich Möglichkeiten finden, alle Krankheiten zu heilen und so vielleicht das ewige Leben erreichen. Bei Stahl finden sich bereits die Ausläufer davon, wenn sie »direkt in den Köpfen der Betroffenen« etwas »verlöten« möchte, um psychische Erkrankungen zu heilen.[236] So schreibt Maiers auch eingängig, diese Verheißungen hätten »mithilfe der Massenmedien und populärwissenschaftlichen Literatur sehr schnell die Öffentlichkeit erreicht und prägten dort die Klischees der Stammtischdebatten«[237].

Aber warum könnte das nun gefährlich sein? Nun, sich aus der Verantwortung zu nehmen, stellt schon einmal eine sehr gravierende Gefahr dar, denn gerade in Deutschland haben wir eine Geschichte, in der sich Tausende damit herausreden wollten, dass »sie« es ja nicht waren, sondern »andere«, die die Verantwortung trügen. Warum nicht jetzt auch die Gene als die Schuldigen identifizieren? Eine zweite Gefahr lauert in der Unterstützung völkischen Gedankengutes, indem ein solcher »Genetizismus« zu einer neuen (oder eben auch nicht so neuen, sondern wiederholten) kulturellen Erzählung wird, mit dem sich Rassen-, Klassen- oder Geschlechtsdifferenzen scheinbar »erklären« lassen und zur Rechtfertigung gesellschaftlicher Ungleichheit und entsprechender Herrschaftsverhältnisse genutzt werden können.

Ein solcher Auswuchs ist offenbar das Buch von Thornhill und Palmer mit dem Titel *Eine Naturgeschichte der Vergewaltigung*. Die Autoren wollen uns glauben machen, bei sexueller Gewalt handele es sich um ein biologisches Anpassungsprogramm. Die Anpassung besteht aus Sicht der Autoren offenbar darin, dass Gene notfalls durch erzwungenen Geschlechtsverkehr mit fruchtbaren Frauen weitergegeben werden müssen.[238] Das ist nicht weit weg vom sogenannten Lebensborn-Projekt der Nationalsozialisten.

Steven Pinker schwadronierte 1997 im New York Magazine gar über den möglichen evolutionären Sinn, warum Mütter ihre Neugeborenen töten. Er zitiert Psychologen, wonach der Neonatizid zur biologischen Ausstattung von Eltern gehöre. »Martin Daly and Margo Wilson, both psychologists, argue that a capacity for neonaticide is built into the biological design of our parental emotions.« (»Martin Daly und Margo Wilson, beide Psychologen, argumentieren, eine potenzielle Anlage zum Neonatizid sei in den biologischen Entwurf unserer elterlichen Emotionen mit eingebaut.«)[239] Es folgt dann zwar eine Relativierung, indem Pinker schreibt, ein Baby zu töten sei ein unmoralischer Akt. Aber bereits im nächsten Satz schreibt er auch, normale menschliche Motive seien nicht immer moralisch. Ich würde hinzufügen wollen, dass die Motive für einen Neonatizid auch nicht zwingend durch die Evolutionsgeschichte begründet werden müssen. Die Idee, die Pinker verfolgt, ist, dass Mütter im Rahmen der Menschheitsgeschichte immer wieder hätten entscheiden müssen, ob die Bedingungen für das Aufwachsen des Kindes gut genug sind, um es zu behalten. Sind die Bedingungen schlecht, dann sei gewissermaßen eine frühe schmerzhafte Trennung besser als eine spätere, die zunächst Kraft und Energie verbrauchen würde.

Für mich enthält der Text folgenden Tenor: Mütter, die ihre Kinder töten, sind nicht zwangsläufig psychisch krank, sondern können einem – an sich sinnvollen, uns aber inzwischen fremden – biologischen Programm folgen. Pinker ist ein einflussreicher Vertreter der evolutionären Psychologie und jeder möge sich seine eigene Meinung zu diesem Artikel bilden. Ich frage mich allerdings, was er mit all diesen Argumenten sagen möchte. Zum Beispiel dem, in den meisten Kulturen sei Neonatizid eine Form der Triage, die aufgrund der begrenzten elterlichen Ressourcen nötig ist.

Aus meiner Sicht können Motive für einen Neonatizid sehr wohl in der individuellen Geschichte, Disposition und Umgebung zu suchen zu sein; an diesen Dingen könnte man im Übrigen auch etwas ändern. An der Evolutionsgeschichte nicht.

Für mich ist die Nähe zur Eugenik, die Pinker zugleich unbedingt ausschließen möchte, gefährlich, und ich sehe das genetisch erklärte Denkgebäude der Evolutionären Psychologie sehr mechanistisch. Alles in allem ein wildes – und, wie ich finde –, in Teilen gefährliches Durcheinander an Architektur, Evolution, Modulen oder, wie Hilary Rose so treffend schreibt: »So hat der heutige EP-Sozialdarwinismus in nicht geringem Maße Teil an der postmodernen Pick-and-Mix-Kultur.«[240]

Es ist eben diese »Pick and-Mix-Kultur«, die solchen Büchern wie denen Stahls zugrunde liegt. Bedenkenswert ist dabei, dass Stahls vereinfachte und eben sehr vermischte Konzepte sich widersprechen und zu verhängnisvollen Missverständnissen in Bezug auf psychische Erkrankung und Gesundung führen. Gleichwohl erfreuen sie sich großer Beliebtheit. Vermutlich aufgrund ihrer einfachen Weltsicht, nach der sich viele Menschen angesichts des schnellen, vielschichtigen und sehr komplexen Lebensgefüges zu sehnen scheinen, und weil sie zudem die Menschen überwiegend aus der Verantwortung nehmen, denn im Zweifel ist dann eben alles »genetisch«. Gerade die Redeweise von einer »evolutionären Architektur« verrät die gedankliche Herkunft, die es Stahl ermöglicht, hemmungslos zu solchen Äußerungen kommen: »Insbesondere Männer neigen sowohl anlage- als auch erziehungsbedingt dazu, sich gänzlich mit ihrer Vernunft und mit ihrem rationalen Denken zu identifizieren, sodass das Fühlen dabei zu kurz kommen kann.«[241]

Nun ist über unterschiedliche Erziehungsstile bei Mädchen und Jungen schon viel geschrieben worden, das ist hier nicht der Punkt, sondern die etwas später folgende »Erklärung« Stahls: »Neben Erziehungseinflüssen haben Männer jedoch evolutionär die Veranlagung, Gefühle abstellen zu können, was mit der Aufgabenverteilung von Männern und Frauen in der Steinzeit zu tun hat. Wenn sie erfolgreich jagen wollten, mussten sie die Fähigkeit erwerben, Gefühle der Schwäche auch einmal zur Seite zu schieben. Sie mussten tapfer sein. Frauen müssen und mussten das zwar auch schon immer, aber ihr Aufgabenbereich lag in der Steinzeit und zum Teil auch heute noch mehr im Bereich der Familie.«[242]

Fast möchte man sagen, dass diese »Erklärung« mehr aus der wissenschaftlichen Steinzeit zu stammen scheint. Nichts, aber auch gar nichts davon ist belegt. Weder dass Männer besser »Gefühle abstellen« könnten noch dass dies eine »Veranlagung« oder »evolutionär« sei. Gefühle abzustellen, also eine Affektabspaltung oder eine Dissoziation stellt einen psychischen Notwehrvorgang dar, der allen Menschen offensteht. Abgesehen von diesen wirklich freien Erfindungen hat die wirkliche Wissenschaft längst herausgefunden, dass in der Steinzeit auch Frauen zur Jagd gegangen sind.[243]

Hier sehe ich eine echte Gefahr in den stark vereinfachten und häufig nicht belegten Konzepten dieser Art. Sie können reaktionären Kräften, die beispielsweise die »Rolle der Frau« »am Herd« sehen, Vorschub leisten. Mit wenigen Federstrichen erklärt Stahl hier eine komplexe Diskussion um biologische und soziale Ursachen unseres Werdens für beendet. Evolutionär, das heißt, genetisch bedingt, fertig!

Die Macht der Positiven Psychologie (die selbst das gallische Dorf erreicht hat)

Eine weitere Macht im gegenwärtigen psychologischen Diskurs ist die Positive Psychologie (ich finde den Namen merkwürdig, weil man sich fragt, welches dann die »Negative Psychologie« sein soll). Sie begegnet uns inzwischen in zahlreichen Ratgebern und »Alltagsrezepten« wie dem »Dankbarkeitstagebuch«, den »positiven Gedanken« und so weiter und bietet zahlreichen »Coaches« das notwendige Affirmationsfutter.

Auch in Deutschland ist die Positive Psychologie auf dem Vormarsch und ihr prominentester Fürsprecher ist oder war womöglich Eckart von Hirschhausen. Wie groß ihre infiltrative Kraft ist, zeigt sich daran, dass sie selbst das bekannteste Widerstandsdorf der Welt, das kleine Dorf in Gallien, man muss fast sagen – enttäuschenderweise – auf den Kopf stellt.[244] Denn der Arzt und Coach Visusversus verdreht den Galliern Kopf und Stimmung. Die Gallier sollen sich in Achtsamkeit üben und sich gesund und nachhaltig ernähren. Das Positiv-Virus greift sogar auf die Wildschweine über, die Obelix schwer enttäuschen, weil sie sich nicht mehr in Sicherheit bringen, sondern sehr gemütlich im Wald umherstreifen. Aber das ist eigentlich auch der Plan der Römer, die Gallier in einen Achtsamkeits- und Positive-Gefühle-Mantel zu hüllen, damit diese aufhören, sich gegen die Römer zu wehren. Der Plan scheint – zunächst – aufzugehen. Gutemine, die Frau von Majestix (deren Name ohnehin für sich schon in das Konzept der Positiven Psychologie passt), empfindet zu wenig Wertschätzung seitens des Gatten und braucht einen »Freskenwechsel«.

Welch wunderbare und tiefsinnige Interpretation der Positiven Psychologie der beiden Autoren, des Zeichners Didier Conrad und des Texters Fabrice Caro.

Die Positive Psychologie ist eine »Auskopplung« aus der mächtigen CBT-Bewegung. Es ist hier nicht der Platz, um über die sogenannten drei Wellen zu berichten, mit denen die Kognitive Verhaltenstherapie in unsere Welt hineinspült, aber es lohnt sich ein kurzer Blick auf die Positive Psychologie, die auch hinter den Konzepten von Hirschhausen und Stahl steckt.

Eine besonders schöne Art der Darstellung der »Idee« hinter der Positiven Psychologie findet sich bei Farhad Dalal in seinem Buch *CBT: The Cognitive Behavioural Tsunami. Managerialism, Politics and the Corruptions of Science.*[245] Ich schätze an diesem Buch, dass es mir mein Unbehagen, das ich in Bezug auf manche der angeblich schnell wirksamen Therapien habe, erklärt hat. Dalal berichtet zu Beginn des zweiten Kapitels von einem Besuch einer »Happiness«-Konferenz, wo er von lächelnden Menschen begrüßt worden sei, die alle ein Plakat getragen hätten, auf dem »Kostenlose Umarmungen« (»Get free hugs here«) angeboten worden seien. »Merkwürdigerweise«, bemerkt er etwas bissig, sei dieses Angebot nicht von vielen Besuchern wahrgenommen worden. Und er fährt, genauso bissig, fort, man habe den Teilnehmerinnen dieses Kongresses zwei Tage lang erklärt, es gebe nun eine »Wissenschaft« des Glücklichseins. Die habe nicht nur entdeckt, was Menschen glücklich mache, sondern könne auch unglücklichen Personen jene »Skills« beibringen, die sie benötigten, um glücklich zu sein.[246]

Die wissenschaftliche »Entdeckung« hinter dem Angebot von Gratisumarmungen sei die Tatsache, dass glückliche Menschen eher mehr Körperkontakt hätten als unglückliche. Daher also das Angebot, es hier den Glücklichen gleichzutun. Aber, so Dalal, hier hätten die »Wissenschaftler des Glücklichseins« eine wichtige Lektion der empirischen Wissenschaften vergessen: Korrelation ist nicht zwingend gleichbedeutend mit Kausalität.[247]

Er bringt hierzu ein sehr gutes Beispiel: Wir können sehen, dass ein Hund mit seinem Schwanz wedelt. Wir finden ferner heraus, dass nur glückliche Hunde mit ihrem Schwanz wedeln, wir finden zudem heraus, dass unglückliche Hunde nicht mit ihrem Schwanz wedeln, und wir leiten also ab, dass unglückliche Hunde glücklich werden, wenn sie mit dem Schwanz wedeln. Wir entwickeln also ein Behandlungsprotokoll, welches Hunden beibringt, mit dem Schwanz zu wedeln. Wenn die Hunde dann gelernt haben, mit dem Schwanz zu wedeln, und sich dann entscheiden, dies auch zu tun, dann sind sie glücklich. Quod erat demonstrandum.[248]

Viel besser kann man es eigentlich nicht zusammenfassen. Denn auch die Gratisumarmungen unterliegen diesem Fehlschluss: Glückliche Menschen haben mehr Körperkontakt, also muss mehr Körperkontakt zu mehr Glücksgefühlen verhelfen. Oder – so könnte man diese Denklinie fortführen – glückliche Menschen scheinen zu mehr Dankbarkeitsgefühlen in der Lage zu sein, also gibt es »Übungen«, seine Dankbarkeit zu bekunden, damit man auf diese Weise glücklicher wird. Dies ist – wie unschwer erkennbar – eine äußerst mechanistische Denkweise. (Diesen Übungen wird große Wirksamkeit nachgesagt; wir werden uns das noch genauer anschauen.)

Es ist doch vielmehr so, dass der Impuls, jemanden zu umarmen, Ausdruck eines Gefühls, am ehesten eines Nähegefühls dieser Person gegenüber, ist, und eher kein Instrument, um das eigene Sich-gut-Fühlen zu steigern.[249] Dies scheint mir eine elementar wichtige Unterscheidung und zugleich eine Bemerkung zu sein, die wieder einmal auf unseren Hang hinweist, alles zu instrumentalisieren, um etwas zu optimieren.

Man kann diesen Vorgang auch sehr gut bei der Gestaltung verschiedener Fernsehshows beobachten. Bei manchen Szenen bekommen Menschen starke Gefühle, zum Beispiel solche der Rührung und des Mitleids. Diese Gefühle können sehr spontan und authentisch sein, weil sie womöglich auf etwas in der Show reagieren, das dort (einigermaßen) authentisch und spontan passiert ist. Große Gefühle – die Einschaltquoten steigen. Der Sender »lernt« mit und versucht von da an, solche Gefühle gezielt in den Zuschauern hervorzurufen, indem er Szenen einbaut, die zur Rührung oder zum Mitleiden auffordern. In Castingshows führt das beispielsweise dazu, dass die sogenannte Story einer Teilnehmerin zu Beginn ihres Auftritts immer länger und stark effektheischend aufgebaut wird. Das geht eine Weile gut, aber irgendwann scheinen die Zuschauer etwas zu merken. Sie fühlen sich womöglich instrumentalisiert, ohne es genau benennen zu können, aber sie gucken nicht mehr. Die Quoten sinken wieder. Diese Bewegung lässt sich – aus meiner Sicht – bei vielen Shows erkennen. Die Gefühle der Zuschauerinnen sollen instrumentalisiert werden, um den Erfolg der Sendung, das heißt die Einschaltquote (das Einzige, was zählt), zu optimieren.

Zurück zur Positiven Psychologie.

Nochmals: Funktionalisierung von Handlungen durch Dekontextualisierung

Dalal arbeitet ebenso wie ich vorhin das Problem der Dekontextualisierung heraus. Bestimmte Handlungen (zum Beispiel Umarmungen) werden ihres Kontextes entkleidet. Es sind jedoch gerade die Kontexte, die den Handlungen Bedeutung geben. Ohne ihren Kontext würden die Handlungen zu einer leeren, instrumentalisierten Technik herunterkommen, die man dann »skills« nennt.

»Ist eine Umarmung ein skill?« [also eine Fähigkeit,

D. P.], fragt Dalal zu Recht.[250] Wenn die Bedeutung einer Umarmung auf eine Technik reduziert würde, die mich glücklicher machen soll, so würde der andere eher funktionalisiert, als dass er Bedeutung haben könnte. Er würde schlicht zu einem Objekt, welches ich benutze, um meinen emotionalen Zustand zu regulieren.[251] Er wird zu dem, was wir *Selbstobjekt* nennen. Und genau diese Funktionalisierung des anderen ist es, der wir auch schon im Kapitel über das »innere Kind« begegnet sind. Der andere wird das vielleicht eine Weile mitmachen, aber irgendwann wird auch er vorkommen wollen, vielleicht indem auch er einen Anspruch auf Glücklich-Sein erhebt und nicht nur dazu da sein möchte, die Bedürfnisse von anderen zu erfüllen. Von Hirschhausen empfiehlt beispielsweise, sich einen Hund anzuschaffen, weil ... ja, weil Hunde glücklich machen.[252] Nun erfüllen Hunde vermutlich für alle Hundehalter auch eine Funktion, aber hier liegt womöglich derselbe Kurzschluss, dieselbe Dekontextualisierung vor wie bei der Instrumentalisierung von Menschen. Wer sich einen Hund anschafft, allein um glücklich zu werden, dürfte zu denen gehören, die den Hund schnell wieder abgeben. Denn man muss Hunde mögen, sich um sie kümmern wollen, Lust haben, sie kennenzulernen, ihnen eine artgerechte Haltung ermöglichen und so weiter, also lauter Dinge tun, die den Hund glücklich machen, damit er tatsächlich – ohne Anwendung eines Manuals – von allein mit dem Schwanz wedelt, wenn er mich sieht.

Martin Seligman und das Konzept der »erlernten Hilflosigkeit«

Hunde – das ist überhaupt ein Stichwort, das man bei der Positiven Psychologie nicht außer Acht lassen kann. Der »Merchandiser« dieser Richtung heißt Martin Seligman, ist ein amerikanischer Psychologe und hat – laut Dalal – seine

Präsidentschaft in der *American Psychological Association* genutzt, um die Positive Psychologie zu platzieren. Von ihm stammt das Konzept der sogenannten erlernten Hilflosigkeit. Und jetzt wird es – Achtung – furchtbar. Auf psychotherapeutisch: Triggerwarnung! Tierfreundinnen sollten hier eventuell kurz pausieren, denn Seligman hat scheußliche Experimente mit Hunden gemacht.[253] In Kürze: Er hat Hunde in eine sogenannte Shuttle-Box gesetzt, welche aus zwei identischen Teilen besteht, die miteinander verbunden sind. In einer solchen Box hat er Hunden Stromschläge versetzt und beschreibt das dann folgende »typische Verhalten«: Nach dem ersten schmerzhaften Stromstoß rannte der Hund hektisch herum, »defäzierend, urinierend und heulend«. (Einkoten und Urinieren sind im Übrigen schwere Schocksymptome.) Das geht so lange, bis der Hund »aus Versehen« über eine Barriere klettert, die ihn in Sicherheit bringt. Beim nächsten Mal, also nach dem nächsten schmerzhaften Stromstoß, klettert der Hund – wieder herumrennend und wimmernd – schneller über die Barriere. Und ja, man machte dann so lange weiter, bis der Hund »gelernt« hatte, die Stromstöße überhaupt zu vermeiden.[254]

Viel sadistischer geht nicht, denken Sie vielleicht? Leider doch. Ich versuche, es kurz zu machen. Gewissermaßen als Gegenprobe hat Seligman solche Versuche mit Hunden ohne dieses »Training« gemacht, sie hat er Elektroschocks ausgesetzt, denen sie nicht entgehen konnten. Es gab nichts zu »lernen«. Er hat dann dabei zugesehen, wie diese Hunde heulend in der Box herumrannten, bald jedoch damit aufhörten und in der Box wimmernd, sitzend oder liegend, nur darauf warteten, dass die Stromstöße aufhörten. Diese Hunde würden, so Seligman, nicht über die Barriere klettern, sich nicht in Sicherheit bringen, weil sie ja nichts gelernt haben. Selbst schuld also. Es schien Seligman so, als würden die Hunde aufgeben und die Stromstöße akzeptieren. Es kommt – für mich kaum vorstellbar – noch schlimmer: Man hat diese armen Kreaturen weiterhin diesen Stromstößen ausgesetzt und festgestellt, dass sie weiterhin dabei »versagten«, sich zu befreien, sondern so viele Stromstöße aushielten, wie die Experimentatoren wollten.[255]

Mittels dieser Experimente ist Seligman dann auf seine grandiose Erkenntnis der »erlernten Hilflosigkeit« gestoßen: Da die Hunde »lernen«, dass sie – egal, was sie tun – ihre schreckliche Lage nicht verändern können, »lernen« sie, dass es keinen Sinn macht, etwas zu tun, sie können genauso gut resignieren. Diese Resignation nennt Seligman »erlernte Hilflosigkeit«.

Er schloss daraus, dass depressive Menschen sich womöglich auch in einem Zustand der »erlernten Hilflosigkeit« befänden.

Ich habe eigentlich kaum Worte für solche Experimente und ich frage mich, wer diese zugelassen hat. Das ist das eine. Das andere aber ist, dass es durchaus ein bestimmtes »Gemüt« braucht, um Lebewesen in dieser Weise zu quälen, dabei zuzusehen, wie sie leiden, sich quälen und verzweifeln – und das für eine »Erkenntnis«, die man – leider schon reichlich – bei Menschen hatte gewinnen können. Diese Versuche sind nicht nur unerträglich und hätten nicht stattfinden dürfen, sie haben – aus meiner Sicht – auch keinerlei Erkenntnisse gebracht, die das rechtfertigen könnten. Tatsächlich aber werden diese »Erkenntnisse« wohl mehr aus einer anderen Richtung genutzt, nämlich aus der, wie man Menschen am effektivsten »verhören« kann. So berichtet Der Spiegel im Jahr 2008, das US-Militär habe Psychiaterinnen zur Schulung der »Verhörspezialisten« des Militärs eingesetzt und – genau – zum Lehrplan gehörten auch die Theorien und Praktiken des Martin Seligman.[256]

Also das ist der berufliche Hintergrund des Mannes, der der Positiven Psychologie zu beachtlichem Bekanntheitsgrad verholfen hat.

Erstmals verwendet wurde der Begriff offenbar von Abraham Maslow in seinem Buch *Motivation and Personality.*[257] Dort hieß offenbar ein Kapitel ursprünglich (1954) »Towards a Positive Psychology«. Interessanterweise hat Maslow dieses Kapitel in einem Nachdruck von 1970 ausgelassen. So richtig bekannt wurde der Begriff der »Positiven Psychologie« dann durch Seligman.

Seligman wurde 1998 zum Präsidenten der *American Psychological Association* gewählt und kündigte in seiner Antrittsrede die Geburt der Positiven Psychologie an. Von jetzt an würde alles anders werden, nicht immer nur auf das Negative, die negativen Gefühle blicken oder gar zurückschauen, sondern nach vorne und die Dinge einmal positiv sehen. Es folgte dann auch eine Art »Einführungsarbeit« über die Positive Psychologie im Jahr 2000, die er zusammen mit Mihaly Csikszentmihalyi verfasste, eine Art Aufruf.[258]

In diesem Text erfahren wir etwas über die Keimzelle der Positiven Psychologie oder über die »Offenbarung«[259] des Martin Seligman (wem das jetzt etwas groß und religiös vorkommt, der mag richtig liegen). Sein Erweckungserlebnis bestand in einer Zurechtweisung durch seine damals fünfjährige Tochter Nikki. Diese Anekdote (die übrigens auch immer gerne zitiert wird, oft auch falsch und meistens ohne Quellenangabe) lässt aus meiner Sicht tief blicken. Offenbar war Herr Seligman beim Unkrautjäten und lässt uns kommentierend wissen, dass er – obwohl er Bücher über Kinder schreibe – nicht sehr gut sei im Umgang mit ihnen. Nun also, der Herr Papa jätet und das Töchterchen wirft – singend und tanzend – Unkraut in die Luft. Der »zielorientiert«[260] arbeitende Papa schreit sie an. Töchterchen sucht zunächst das Weite, um im Weiteren doch das Gespräch mit dem Papa zu suchen. Sie setzt ihn über einen Vorsatz, den sie an ihrem fünften Geburtstag gefasst habe, in Kenntnis. An diesem Tag habe sie nämlich entschieden, fortan nicht mehr zu weinen. Das sei eines der »härtesten Dinge gewesen, die sie je gemacht habe«[261]. Zuvor nämlich, im Alter von drei bis fünf Jahren, sei sie eine Heulsuse (»whiner«) gewesen. Und nachdem es ihr nun mal gelungen sei, das zu ändern, dürfte es ihrem Vater doch wohl möglich sein, seinerseits etwas zu verändern, nämlich nicht mehr ein solcher »Griesgram« (»grouch«) zu sein.[262]

Wow!, fand Seligman, zu diesem Zeitpunkt frisch gewählter Präsident der *American Psychological Association*, das Programm der Positiven Psychologie hatte er bereits verkündet. Aber nun sei in ihm, durch dieses Erlebnis mit seiner Tochter, die Überzeugung gereift, dass die Welt die Positive Psychologie brauche.[263] Er habe aus diesem Gespräch so viel gelernt, über sich, über Nikki, über das Erziehen von Kindern! Zuerst sei ihm aufgefallen, nicht er habe Nikki das Weinen abgewöhnt, sondern sie selbst war es. Was ihn anging, er stimmte der Diagnose seiner Tochter zu: Er war ein Griesgram, das aber sollte sich nun ändern.

Ich werde am Ende dieses Kapitel noch einmal auf diese Anekdote zurückkommen, weil sie aus meiner Sicht eine Essenz enthält, die man auch sehr kritisch sehen kann, nämlich das Schwarz-Weiß-Denken über unsere Gefühle. Das trägt nun schon der Name der Seligman-Psychologie in sich: Positive Psychologie, als sei Weinen grundsätzlich negativ. Möglicherweise ist es das nur, wenn man es – wie hier – wieder einmal völlig aus dem Kontext reißt. Auch die Bemerkung, die Tochter habe sich das Weinen selbst abgewöhnt, finde ich in der Form nicht haltbar. Warum zur Hölle, möchte man fragen, sollte eine Fünfjährige das tun? Aber diese Frage zu stellen, heißt bereits einen Kontext zu eröffnen, und das ist hier genau nicht erwünscht. Ich für meinen Teil hätte eher einen Riesenschreck bekommen, wenn meine Tochter mir so etwas gesagt hätte. Seligman sah in dieser »Offenbarung« nichts weniger als das: einen Hinweis auf das Problem der Psychologie seit dem Zweiten Weltkrieg. Denn seitdem habe man sich – aus ökonomischen Gründen – hauptsächlich mit psychischen Erkrankungen befasst und nicht mehr mit der Frage, was denn das Leben der Menschen besser mache.[264] Hier wieder dieses Schwarz-Weiß-Muster, als sei die Beschäftigung mit Krankheiten grundsätzlich negativ und würde ausschließen, dass man sich zugleich um Bedingungen für ein gutes Leben kümmert. Abgesehen davon ist es vielleicht auch nicht so verwunderlich, dass man nach dem Zweiten Weltkrieg und der Konfrontation mit den entsetzlichen Schäden, die die Menschen sich gegenseitig zugefügt haben, nicht ganz so »positiv« gestimmt war.

Aus meiner Sicht ist die Heilung oder Linderung einer psychischen Beeinträchtigung durchaus etwas, das zum guten Leben beiträgt. Aber jene Dichotomisierung zieht sich durch und birgt Gefahren. In seiner Übersichtsarbeit kommt Seligman auch auf die Evolutionäre Psychologie zu sprechen, und auch ihm geht es darum, dass die Psychologie auf evolutionären Prinzipien beruhe.[265] Wir können also festhalten: eine offenbar enge Seelenverwandtschaft zwischen der Positiven Psychologie und der Evolutionären Psychologie.

Seligmans Ziele

Welches Ziel verfolgt nun Seligman? Ruch und Proyer nennen in einer Art Grundlagenarbeit seine Absichten. Diese Arbeit ist in der Fachzeitschrift eines Berufsverbandes veröffentlicht worden, dem *Report Psychologie*. Dabei handelt es sich um eine Verbandszeitschrift des Berufsverbandes Deutscher Psychologinnen und Psychologen e. V.

Den Autoren zufolge nennt Seligman als wichtigste Themen der Positiven Psychologie »1) das positive Erleben (z. B. Zufriedenheit; vergangenheits-, gegenwarts- und zukunftsorientierte positive Emotionen), 2) positive Traits (z. B. Tugenden, Charakterstärken oder Talente) und 3) positive Institutionen«[266]. Das Credo der Positiven Psychologie sei nach Meinung der Autoren einfach zusammenzufassen: »Ziel ist es, das zu erforschen und zu kultivieren, was das Leben am meisten lebenswert macht.«[267] »Forschung und Praxis orientieren sich nicht an klinischen Fragestellungen, sondern an Personen, die im Mittelbereich eines Kontinuums des Wohlbefindens angesiedelt sind und ihre Zufriedenheit verbessern wollen. Eine wichtige Aufgabe ist die Entwicklung von positiven Interventionen, die darauf abzielen, das Wohlbefinden der Teilnehmer zu steigern.«[268]

Dagegen ist nichts einzuwenden, wird ja auch schon lange gemacht. Aber warum diese Aufregung und das zum Teil pseudowissenschaftliche Gebaren?

Nun, vielleicht steckt doch mehr dahinter. Denn zugleich lesen wir, obwohl doch gerade behauptet wurde, man orientiere sich an »nicht klinischen« Fragestellungen, man diskutiere die Anwendung in der Psychotherapie …[269]

Außerdem: In dem Text schreiben die Autoren von verschiedenen »Tugenden«, sich wieder auf den Vater dieser Wissenschaft, Seligman, beziehend. Selbstverständlich hat Seligman auch hier bereits eine »Klassifikation« vorgenommen. Wir lesen von sechs Tugenden: Weisheit und Wissen, Mut, Menschlichkeit, Gerechtigkeit, Mäßigung, Transzendenz.[270] Liest sich ein bisschen wie von den Pfadfindern, was kein Zufall ist, denn auch deren »Tugendkataloge« wurden für die »Klassifikation« befragt.[271] Ernsthaft! Ansonsten wird der Katalog noch mit allen denkbaren positiven Eigenschaften aufgefüllt. Wenn Sie einmal gar nicht wissen, was Sie tun sollen, dann lesen Sie das. Selbstredend wurde auch ein Fragebogen zur Messung von Charakterstärken entwickelt, das *Values-in-Action Inventory of Strengths* (VIA-IS).[272] Für jede Person und ihre möglichen 24 Charakterstärken gibt es 240 Items. Das ist doch super! Diese VIA-IS-Klassifikation möchte sich dann auch als eine Art Anti-DSM (*Diagnostic and Statistical Manual of Mental Disorders*) verstehen, ein Klassifikationssystem, vorzugsweise der Psychiater, nur Letzteres kennt jeder Psychiater, die VIA-IS-Klassifikation? Na ja.

Verstehen Sie nicht? Macht nichts, denn diese Klassifikation spielt eher keine Rolle, zeigt aber, wie gerne man etwas skalieren und mathematisieren möchte, um irgendwie wissenschaftlich zu wirken.

Geht man die Liste durch, wäre das auch ein Anforderungsprofil für einen christlichen, möglicherweise auch buddhistischen Mönch. Während des Lesens breitet sich ein gewisses Unbehagen aus, weil das ganze Gebilde etwas Pseudoreligiöses hat. Nun ist wiederum nichts dagegen einzuwenden, eine säkulare Zuflucht für die Ethik zu finden. Nur – warum im Gewand angeblich wissenschaftlicher Psychologie? Vielleicht ist an Seligman ja ein Prediger verloren gegangen.

Aber vielleicht liegt in der säkularen Welt der Grundstein für den Erfolg der Positiven Psychologie? Ähneln nicht die drei Dinge, die wir am Ende eines Tages aufschreiben sollen, einem Gebet, einem Dankgebet? Ja, das tun sie. Allerdings gibt es einen gravierenden Unterschied: Die drei Dinge zu notieren, dazu müssen Sie sich nötigen. Sie tun das, weil Sie sich doch stärken sollen, Sie sollen sehen, was der Tag alles Gutes bereitgehalten hat, also kein Grund, Trübsal zu blasen. Solche Dankbarkeitsjournale dienen damit der Illusion von Kontrolle. Wenn ich das mache, dann werde ich glücklicher. Ein Gebet aber ist ganz das Gegenteil: Es ist Hingabe, Zuflucht, das Aufgeben von Kontrolle, weil man sich anvertraut, welcher Gottheit auch immer.

Glücksforschung, »Glücksformel« und das (Un-)Glück der Positiven Psychologie

In der Positiven Psychologie ist oft von »Glücksforschung« die Rede und von der »Glücksformel«, die uns schon im Vortrag der »Speakerin« in meiner Stadtzeitung begegnet war und deren Inhalt beziehungsweise Zahlen offenbar von allen gerne gegenseitig abgeschrieben werden. Hier also nochmals der Schutzhinweis: Seien Sie skeptisch, wenn Sie »Speaker« hören oder lesen. Fragen Sie nach, was für eine Ausbildung die haben und ob die sich zu den Themen äußern, zu denen sie ausgebildet sind.

Kurz zur Erinnerung: 50 Prozent der Fähigkeit, glücklich zu sein, seien »genetisch« bedingt, 10 Prozent hingen von äußeren Lebensumständen ab und damit blieben 40 Prozent, die man selber in der Hand habe, um glücklich zu sein. Tada! Die »Glücksformel«!

Wir kennen das jetzt schon: Solche Zahlen werden herumgereicht, gerne ohne die Quelle anzugeben, die man doch aber gerne wüsste. Machen wir uns also auf den Weg. Inzwischen wissen wir, dass eine gewisse Skepsis angebracht ist, wenn Quellen nicht genannt werden, und dass man sich Studien durchaus einmal anschauen sollte, bevor man sie zitiert.

Offenbar ursprünglich »auf den Tisch« gebracht wurden die Zahlen in einer Arbeit mit dem Titel *Pursuing Happiness: The Architecture of Sustainable Change*.[273] Um den Begriff der Architektur hatten wir uns schon gekümmert, er taucht auch hier wieder als Metapher auf, die suggerieren soll, man könne sich sein Glück zimmern. In dieser Arbeit erscheint ein sogenanntes Tortendiagramm, das die Zahlen noch einmal schön anschaulich darstellen möchte.[274]

Die Autoren sprechen von drei Faktoren, von denen sie glauben (!), diese würden unser chronisches Glückslevel kausal beeinflussen. Wir sind also jetzt im Bereich des Glaubens angelangt. Für eine »Glücksformel« ein weicher Boden. Interessant ohnehin auch, dass man hier von »Glück« spricht, als sei das eine sichtbare Entität, und nicht etwa vom »Glücksgefühl«. Diese Unterscheidung scheint mir nicht ganz unwichtig, denn es gibt Dinge (zum Beispiel einen Spaziergang im Wald), die dem einen Menschen ein Glücksgefühl bescheren, dem anderen ganz und gar nicht. Aber zurück zu den drei »Faktoren«, für die es angeblich eine substanzielle Forschungslage gebe [275] und die da wären: »intentional activity«, »setpoint« und »circumstances«. Den »setpoint« sehen die Autoren als genetisch bedingt an, er soll gewissermaßen das erwartbare durchschnittliche Glückslevel im Leben darstellen. Ich komme gleich noch mal darauf zurück.

Die »circumstances« sind die Lebensumstände oder, wenn man so will, die individuellen Schicksale. Diese beiden Faktoren sind also, wenn man dieser Annahme (mehr ist es vorerst nicht) folgt, »gegeben«, also nicht beeinflussbar. Ganz anders ist es mit dem dritten »Tortenstück«, der »intentional activity«. Diese Kategorie beinhaltet nach Meinung der Autoren die Dinge, die die Menschen in ihrem täglichen Leben denken und tun, die sie aussuchen könnten, die damit beeinflussbar wären.[276] Das sind die viel zitierten 40 Prozent, die wir als unseres Glückes Schmied selbst in der Hand hätten.

Der »setpoint« sei genetisch determiniert, so postulieren die Autoren. Woher weiß man das? Nun, man kommt in einer Forschungsarbeit nicht umhin, anzugeben, worauf man sich bezieht. Da wird die Arbeit *Genetic and Environmental Influences on Temperament in Middle Childhood: Analyses of Teacher and Tester Ratings* von Stephanie Schmitz et al. von der University of Colorado genannt. Die Studie beruht auf der Untersuchung von Zwillingspaaren, die durchschnittlich im Alter von vier Tagen von der biologischen Mutter getrennt wurden und durchschnittlich nach 28 Tagen in ihre Adoptivfamilie kamen, um zu Erkenntnissen darüber zu kommen, inwieweit genetische oder Umwelteinflüsse das Temperament von Kindern beeinflussen.[277] Es wurden insgesamt weniger als 100 Zwillingspaare untersucht. Und so lesen wir, dass die untersuchte Zahl an Zwillingen keine statistisch signifikanten Ergebnisse liefern konnte, es aber interessant sei, über die vorliegenden Ergebnisse zu spekulieren.[278] Diese Spekulationen schenken wir uns an dieser Stelle und halten fest: Die Zahl 50 Prozent, die angeben soll, wie viel unseres Glücks genetisch bedingt ist, ist nicht statistisch signifikant. Was gilt denn nun?

Wir schauen noch einmal in die Arbeit mit den viel zitierten (oder abgeschriebenen) Zahlen, denn die Autoren verweisen auf eine weitere Arbeit: *Happiness Is a Stochastic Phenomenon* von David Lykken und Auke Tellegen. Ob Lyubomirsky und Kollegen auch in die Arbeit geguckt haben, bevor sie diese zitierten? Denn die Autorinnen der letztgenannten Arbeit halten es für möglich, dass 80 Prozent des durchschnittlichen Glücksgefühls genetisch bedingt sind und beschreiben als Ergebnis unter den Schlussfolgerungen: Ihrer Meinung nach sei die Frage, wie glücklich man sich fühle, eine Frage des – Zufalls![279] Sie verweisen auf einen wichtigen Rückkopplungseffekt: Depressive Menschen machen mehr Dinge, die depressiv machen, hingegen machen glückliche Menschen mehr Dinge, die glücklich machen. Die Autorinnen dieser Studie glauben, dass eher die Stimmung ein bestimmtes Verhalten auslöst, als umgekehrt ein Verhalten eine bestimmte Stimmung erzeugt.

Es geht mir hier nicht darum, ob diese Studie mit den »richtigen« Zahlen aufwarten kann, sondern darum, dass diese viel zitierte »Glücksformel« überwiegend ausgedacht ist, oder anders formuliert, ein persönliches Meinungs- oder Wunschbild wiedergibt. Und wieder einmal geht es um die bisweilen bizarre Technik des Zitierens von Studien, um sich Gewicht und Glaubhaftigkeit zu verleihen. Jedoch, hier haben wir den Fall, dass die zitierte Studie den Ideen der »Glückspsychologie« ziemlich deutlich widerspricht.

Es widersprechen auch noch andere Untersuchungen den beherzt vorgetragenen Thesen, wie leicht doch das persönliche Glück zu erreichen sei. So sind die sogenannten Interventionen der Positiven Psychologie untersucht worden (Positive Psychological Interventions), unter anderem auch die inzwischen hinreichend bekannte Übung, bei der man am Abend doch drei Dinge aufschreiben möge, die an dem Tag gut gelaufen sind. (Auch unsere »Speakerin« hat diese Übung empfohlen.) Man hat auch wieder sogenannte Metaanalysen durchgeführt, also die Ergebnisse vieler verschiedener Studien zusammen untersucht. Herausgekommen ist, dass die Ergebnislage umso dünner wurde, je genauer man hingeschaut hat. Die Studie *Meta-Analyses of Positive Psychology Interventions: The Effects Are Much Smaller than Previously Reported* von Carmela White et al. aus dem Jahr 2019 deckt auf, dass die in den Metaanalysen zuvor festgestellten Effekte solcher Interventionen längst nicht so groß sind, wie behauptet oder angenommen. Die Forscherinnen fanden nur eine geringe Effektstärke für das psychische Wohlbefinden und keine signifikanten Effekte bei Depressionen. Sie deckten dabei Fehler in den vorangegangenen Metaanalysen auf, die uns im Abschnitt über die Studien schon begegnet sind: Zum Teil sind nur sehr kleine Gruppen untersucht worden, ohne dass die Tatsache einer solch kleinen Zahl in der statistischen Auswertung angemessen berücksichtigt worden sei. Zudem – und das ist schon eine deutliche Kritik – seien viele Studien zu dem Thema ausgeschlossen worden, zum Beispiel all jene Untersuchungen, die gemacht wurden, bevor der Begriff der Positiven Psychologie virulent war.[280]

Wir kommen also auf eine altbekannte Tatsache zurück, dass das Ergebnis von Studien durchaus davon abhängen kann, welches Ergebnis man erzielen möchte. »Nicht passend« erscheinende Arbeiten werden unter Umständen lieber gar nicht berücksichtigt.

Aber warum das alles?, fragt man sich. Affirmationen, Selbststärkungen, Reflexionen über den Tag und mein Leben darin, die Suche nach Wohlbefinden – all das sind ja wichtige Parameter für ein gutes Leben. Das kleine Land Bhutan hat bekanntermaßen das Recht auf Glück seit 2008 in seiner Verfassung verankert. Während die westliche Welt immer noch vom Bruttosozialprodukt spricht, misst man in

Bhutan das Bruttonationalglück. Zum Bruttonationalglück gehören neun sogenannte Domänen: psychisches Wohlbefinden, Gesundheit, Zeitnutzung, Bildung, kulturelle Vielfalt, gute Regierungsführung, Lebendigkeit der Gemeinschaft, ökologische Vielfalt, Resilienz und Lebensstandard.[281]

Dieses kleine Land ist so viel weiter als wir. Auch hier gibt es Fragebögen, mit denen man versucht, den Zustand des Glücks bei den Bürgern zu erfassen. Es werden 33 Indikatoren erfasst (die im Übrigen neben den positiven Emotionen auch negative erfassen). Aber hier scheint es wirklich um die Bedingungen der Möglichkeit der Teilhabe am Glück zu gehen. Es gehört so viel mehr dazu als ein paar Tugenden und ein Sich-Zwingen, keine negativen Gefühle zu haben. Ob Seligman & Co sich das einmal angeschaut haben? Auf jeden Fall lässt ein Blick in den kleinen Staat Bhutan deutlich werden, worin der Unterschied besteht: Bhutan bezieht die Politik ausdrücklich mit ein, die Regierung ist mitverantwortlich, die Bedingungen für ein glückliches Leben zu schaffen. Die Positive Psychologie scheint mir aber gerade für das gegenteilige Ziel genutzt werden zu können: Die Einzelne soll doch eigentlich lernen, sich mit dem »abzufinden«, was sie hat. Die »drei Dinge des Tages« dürften doch beim Gutverdiener womöglich anders ausfallen als bei dem, der zwei Minijobs bewältigt, um leben zu können, bei der Gesunden anders als beim Kranken, beim Menschen ohne Behinderungen anders als bei jenem mit Einschränkungen, bei Alleinerziehenden anders als bei Paaren und so weiter.

Insofern wird der Positiven Psychologie aus meiner Sicht nicht ganz zu Unrecht unterstellt, dass sie dazu dienen kann beziehungsweise soll, die gesellschaftlichen Verhältnisse von Macht und wirtschaftlichem Stand zu belassen, also den Status quo zu zementieren. Vermutlich ist es daher auch kein Zufall, dass sich die Positive Psychologie in der Coaching- und Beratungsszene der Wirtschaft besonders zu Hause fühlt.

Die Positive Psychologie ist damit noch einmal ein Paradebeispiel der Wirkmächtigkeit der Psycho-Industrie. Sie erfüllt unsere vier zu Beginn genannten Kriterien der Industrie: Massenproduktion, Spezialisierung, Mechanisierung und Rationalisierung.

Oder wie der Soziologe Andreas Reckwitz schreibt:

»Die Positive Psychologie verdient schon deshalb besondere Beachtung, weil viel der mittlerweile inflationär verwendeten Begriffe der neuen Subjektkultur auf sie zurückgehen.[282] [...] Die spätmoderne Subjektkultur der Selbstverwirklichung ist in grundlegender Weise eine Kultur der positiven Emotionen.«[283] Es seien derzeit die positiven Emotionen der Prüfstein, an dem die Qualität des Lebens bemessen würde.[284]

Wenn man so will: Die positiven Emotionen sind die Währung der Moderne.[285]

Ich war durchaus etwas erleichtert zu lesen, dass man die Inflation der positiven Emotionen auch in der Soziologie nicht unkritisch sieht.

Dass es sich bei der Positiven Psychologie und ihren Abkömmlingen inzwischen um eine Art »Massenware« handelt, davon kann sich jeder überzeugen, der auf die vielen Achtsamkeits- und Glücksübungen achtet, die – gefühlt – eigentlich überall angeboten werden. Die Spezialisierung ist leicht erkennbar: Man konzentriert sich eben auf die positiven Emotionen, die negativen werden, ja, was werden die, nicht beachtet, weggekürzt, überschrieben? Die Mechanisierung findet sich in den Übungen, den zu vermittelnden »Skills«. Und über die Dekontextualisierung hatte ich hier schon geschrieben: Es werden Gesten oder auch »Emotionen« aus dem Kontext gelöst, ihrer Bedeutung entkleidet (dann kann man vielleicht auch dabei zusehen, wie Hunde in einem »Experiment« gequält werden – man kann ja hinterher eine Übung mit »positiven Interventionen« machen). Die Dekontextualisierung zeigt sich auch in der Vernachlässigung »sich widersprechender« Emotionen. Der Mensch ist eben ein sehr konflikthaftes Wesen und keine Maschine, bei der zu einem Zeitpunkt ein einziges Programm laufen kann. Bei uns laufen immer, ob wir wollen oder nicht, mehrere psychische Vorgänge gleichzeitig ab, auch solche, die sich gegenseitig widersprechen. Der Mensch als widersprüchliches und konflikthaftes Wesen kommt in der Positiven Psychologie nicht vor.

Stattdessen geht es um die Rationalisierung, im Falle der »Anwender«, also um eine Optimierung ihres Gemütszustandes – und zwar pronto.

Das ebenfalls schon genannte typische Kennzeichen der Psycho-Industrie: die »Ware«, also auch die sogenannten »positiven Interventionen«, wird sehr gerne von Nichtfachleuten (»Speakerinnen«, Fernsehmoderatoren, »Coaches« und Heilpraktikern) vertrieben. Die Positive Psychologie scheint mir damit ein sehr durchschlagkräftiges Produkt der Psycho-Industrie zu sein.

Man könnte natürlich fragen: Was soll man dagegen haben, wenn doch die Leute sich verstanden fühlen? Gleichwohl macht sich in mir an einigen Stellen Unbehagen breit, und ganz allein stehe ich damit nicht. Der Zeit-Redakteur Burkhard Straßmann beschreibt seinen Besuch eines Symposiums der Positiven Psychologie, auf dem der positive Vater Seligman offenbar höchstselbst auftrat. Der hatte auch ein neues Buch im Gepäck, denn gegenwärtig, nachdem möglicherweise der Glücksacker überdüngt und abgeerntet ist, braucht es ein neues Konzept, das des Erblühens (»flourishing«). Weil es so schön ist, hier die Zusammenfassung von Straßmann:

»Die brandneue Entdeckung Seligmans: Erblühen hat mit Ehe, Kindern und Religion zu tun, mit Dankbarkeit, Engagement und Hoffnung. Und perplex erkennt der depressive Europäer: Der unter dem Label flourishing aufscheinende Neue Mensch ist – der gute alte Amerikaner! Fromm, patriotisch, ein Smiley, dem schon die Verfassung sein Glück garantiert. Die Fortsetzung der amerikanischen Cheerleader-Ideologie mit psychologischen Mitteln.«[286]

Ein kleiner Ausschnitt der Tagung ist auf YouTube zu sehen. Dort sprach auch von Hirschhausen[287], ein Musterbeispiel für Kompetenz qua Selbstzuschreibung. Aus irgendwelchen Gründen fühlt er sich in vielen Fachgebieten kompetent und so auch in der Psychotherapie. Offenbar reicht sein Gefühl aus, denn er lässt uns wissen, er fühle sich als Teil der – offenbar therapeutischen – »Community«, sei doch im Austausch mit den Forschern. Offenbar fühlt er sich – auch ohne psychotherapeutische Ausbildung – berufen, sich fachlich zu Therapien und psychischen Erkrankungen zu äußern. Das steht ihm selbstverständlich frei. Aber uns steht es auch frei, diese Äußerungen einzuordnen.

Der besagte Ausschnitt zeigt, wie der damalige Noch-Glücks-Jünger von Hirschhausen seine Popularität einsetzte, um schnell den Chefredakteur von Psychologie Heute zu kritisieren, der es gewagt hatte, Kritik zu äußern und damit von Hirschhausen »total runtergezogen« hatte, was der offenbar unmöglich fand. Aber man fragt sich, warum von Hirschhausen da nicht auf positive Gedanken zurückgegriffen hat. Hat er nicht, er hatte negative Gedanken, zum Beispiel solche der Empörung, weil im Magazin Psychologie Heute offenbar ein Buch von Barbara Ehrenreich besprochen worden war. Die Autorin hatte sich, an Brustkrebs erkrankt, von der Positiven Psychologie nicht recht helfen lassen wollen, sondern hatte Kritik. Das allein ist offenbar schon schlimm, aber dass man von Hirschhausens Besteller nicht in der Psychologie Heute besprechen würde, das sei »Teil des Problems«, findet jedenfalls von Hirschhausen. Und ihm kamen noch mehr negative Gedanken. So vertrat er lautstark, man solle jemandem, der einem anlässlich einer Krebserkrankung mit kruden Krankheitstheorien komme, »spirituell weiterhelfen«, indem man ihm »in die Fresse« haue. Eine höchst seltsame Intervention.

Und dann ging es – wieder mal – wie originell, gegen die Psychoanalyse, die eine reine »Ressourcenverschwendung« sei, wo es doch »viele viel effektivere Verfahren« gebe. Warum denn das bitte immer noch bezahlt werde? Applaus aus der Menge. Wie überraschend!

Die Szene ist deshalb so erhellend, weil sie performativ das Versagen der Positiven Psychologie an dieser Stelle deutlich macht und auf ein weiterhin bestehendes Problem hinweist: Negative Gefühle, sie suchen uns heim, ob wir wollen oder nicht. Und so ereilen sie auch den positiven Menschen von Hirschhausen: Er fühlt sich »total runtergezogen« (Warum? Weil jemand eine andere Meinung vertritt als er, das ist oft unbekömmlich) und er ist gekränkt (Warum? Weil Psychologie Heute seinen (!) Bestseller nicht besprochen hat, wohl aber ein Buch, das sich kritisch mit der Positiven Psychologie auseinandersetzt). Und was tut er, der Positive? Er haut's raus. Eine bewährte und häufig angewandte Technik, die wir einsetzen, wenn wir voller »negativer Affekte« sind. Wir versuchen, sie aus uns herauszubekommen, zum Beispiel, indem wir uns bei anderen darüber beklagen. Natürlich ist es noch viel effektiver, wenn wir viele haben, die uns zuhören und zustimmen. So bei von Hirschhausen. Offenbar dazu eingeladen, eine Zusammenfassung zu geben, muss er sich doch erst einmal beschweren, beim Chefredakteur der Zeitschrift. Damit »bearbeitet« er seine Kränkung und die damit gefühlt verbundene Entwertung, indem er andere entwertet, in diesem Fall ein bisschen Barbara Ehrenreich, vor allem aber die Psychoanalyse. Es gibt Beifall und er kann sich wieder besser fühlen. Seine Wut bekommt man auch zu spüren, wenn er den erwähnten Rat gibt, man möge jemandem, der einem »blöd« komme, »in die Fresse hauen« und dabei freundlich gucken.

Wie wäre es mit Gefühlsregulation?

Es scheint mir eine menschliche Wahrheit zu sein: Wir können uns nicht davor schützen, negative Gefühle zu haben. Wir können nur lernen, einen vernünftigen Umgang mit ihnen zu finden. Damit tun sich zwei Fragen auf: Was ist vernünftig? Und: Wie kann der Umgang aussehen? Die Beantwortung dieser Fragen könnte sicher Bücher füllen, aber wir wollen hier versuchen, auch in der Kürze befriedigende Antworten zu finden.

Ein vernünftiger Umgang könnte darin bestehen, dass man zunächst einmal die Ursache dieser negativen Emotionen versucht auszuhalten und sie nicht sofort auszuleben. Das ist – wie wir täglich sehen können – für viele Menschen schon keine leichte Aufgabe, aber eigentlich Bestandteil des Erwachsenseins.

Ein zweiter Schritt wäre dann der Versuch, zu verstehen, um auf diese Weise sich selbst besser zu verstehen. Warum bin ich jetzt gerade schlecht gelaunt? Oder was genau hat mich gerade ärgerlich gemacht? Dafür ist es wiederum wichtig, überhaupt bemerken zu dürfen, dass man gerade negativ konnotierte Gefühle hat. Man muss diese zunächst haben dürfen und sie sich nicht sofort verbieten. Besonders entscheidend für den vernünftigen Umgang mit diesen Emotionen ist, dass man sie nicht sofort ausagiert, wie wir sagen, also nicht gleich jemanden beleidigt, weil man gerade sauer ist, oder eben gerade nicht jemandem »in die Fresse haut« (Zitat: von Hirschhausen), selbst wenn man den Impuls haben sollte. Es braucht ein kurzes inneres Moratorium, in dem man versucht zu erfassen, was die Gefühle ausgelöst hat. Der dritte Schritt besteht darin, diese Gefühle in sich zu regulieren, um sich die Frage stellen zu können, wie man mit diesen umgehen kann. Manchmal, also bei nicht so starken Gefühlen, bekommt man das allein hin (sagen wir, bei einem kleinen Ärgernis beim Einkaufen oder Ähnliches).

Bei intensiveren Affekten brauchen wir in der Regel andere Menschen, um unsere Gefühle zu regulieren. Wir haben in der Psychotherapie dafür den Begriff des Containments.

EXKURS

Containment und Container – der Umgang mit »schlechten« Gefühlen

Der Begriff des Containments oder des »Container-Contained«-Modells stammt von dem Arzt und Psychoanalytiker Wilfred Bion. Dieses Modell beinhaltet auch eine Modellvorstellung von Beziehungen und wird von Bion eine »Theorie des Denkens« genannt.[288] Bion hat den Begriff zunächst entwicklungspsychologisch beschrieben, um die frühe Mutter-Kind-Beziehung und die darin stattfindenden Regulationen der Gefühle des Babys zu beschreiben. Man stelle sich vor, das Baby weint, weil es Schmerzen fühlt. Es hat selbst kein Wort für Schmerz, es kann nur fühlen, dass etwas überhaupt nicht gut ist. In Erwachsenensprache könnten wir sagen, es ist aus dem Zustand des Wohlbefindens in jenen einer wie auch immer gearteten Unlust geraten. Sein Weinen ruft (hoffentlich) Mutter oder Vater herbei. Sie nehmen das Baby auf und sprechen beruhigend auf es ein, wiegen es und versuchen währenddessen herauszufinden, was denn los sein könnte. Hunger? Kälte? Windel? Schmerz? Einsamkeit? Zähne? Müdigkeit? Für all das haben Babys keine Worte, sondern sie schreien »es« gewissermaßen »heraus«. Dann hilft häufig schon die erste Stufe, die Anwesenheit eines mitfühlenden aufnehmenden Menschen. Das Zusprechen von Worten (»Och, armes Baby, was hast du denn?«) machen wir fast intuitiv, obwohl wir ja wissen, dass wir keine Antwort in gesprochenen Wörtern bekommen (»Ey, die Windel ist voll und das ist unangenehm und Hunger habe ich auch und überhaupt könnte man mal mit mir kuscheln!«). Die erste Intervention beruhigt häufig ein wenig und gibt Zeit, sich Stufe 2 zu nähern, also der Frage, was denn der Grund ist. Dann erst kann Stufe 3 greifen, die Abschaffung des Übels. Vorher stellen die Eltern sich die Frage, was bitte passiert ist, weshalb das Baby seine Gefühle herausschreit, sein Unbehagen, seine womöglich vorliegende Angst (wie gesagt, für all das hat es keine Worte). All das wird von Mutter oder Vater aufgenommen, ohne dass sie es bereits verstünden. Sie containen die Gefühle, so sagen wir. Und sie versuchen in der Folge, nach und nach etwas zu verstehen. Allein mit diesem Vorgehen geben sie dem Schreien des Babys Bedeutung und damit auch dem Baby selbst (das ist übrigens der große Unterschied zu der unsäglichen Praxis, Babys schreien zu lassen, um sich nicht von ihnen »kontrollieren« zu lassen). Wenn die Eltern den Zustand des Babys »entschlüsseln«, also den Grund für das Unbehagen herausfinden und dann auch Abhilfe schaffen können, dann bekommen auch sie im Laufe der Zeit für das Baby Bedeutung. Es wächst und lernt die Sprache. Die Eltern beginnen, seine Unmutsbekundungen in Sprache zu übersetzen, und irgendwann hat das Kleinkind die Möglichkeit, sich von einem Gefühl etwas abzugrenzen, indem es einen Namen dafür hat. Dann ist auch das Wort schon zu einem (kleinen) Container für sein Gefühl geworden. Dieses »Beziehungsmodell«, dass wir »schlechte« Gefühle haben, also solche des Unwohlseins, und dass ein anderer Mensch diese Gefühle, die für uns nicht »verdaulich« sind, »verdaut«, also versucht zu verstehen, ist das Containing oder Container-Contained-Modell. Dass die Sprache (»verdauen«, »einsaugen«, »beschissen«) sich hier auf die Verdauungsvorgänge bezieht, hat vermutlich seinen Grund darin, dass diese frühe Regulation eben überwiegend über die Verdauungsorgane läuft. Das Kind wird »gestillt«, heißt es, es wird eben nicht nur der Hunger gestillt, sondern es werden viele verschiedene Bedürfnisse mit gestillt, das Bedürfnis nach Wärme, nach Kontakt, Berührung und so weiter.

Unser Leben lang brauchen wir – eigentlich – immer wieder Menschen, die uns »containen«. Oft geschieht das unbewusst, zum Beispiel indem wir nach Hause kommen und noch an der Haustür erzählen müssen, was wir gerade für »eine Schweinerei« erlebt haben. Partner oder Partnerin sollen dann »aufnehmen«, »containen«, sie sollen zuhören und versuchen zu verstehen, sie sollten dem Gefühl Raum lassen und nicht sagen: »Hör auf, dich zu beklagen«, oder: »Sieh es mal positiv.« Je nach eigener Entwicklungserfahrung können die anderen, die Adressaten, das. Wenn nicht, dann wird der Affekt zurückgewiesen, »zurückgestopft«, und derjenige, der erzählen wollte, wird noch ungehaltener. Dann ist das Containen gescheitert. Dieser Mechanismus läuft den lieben langen Alltag überall ab. In der Regel sind sich alle Beteiligten dessen nicht bewusst, dass sie den anderen gerade »containen« oder umgekehrt – diesen als »Container« nutzen. Das Ziel besteht darin, dass der andere die eigenen – vorerst unverdaulichen – Gefühle aufnimmt und sie »verdaut«, um sie dann – irgendwann – in für uns bekömmlicher Form wieder zurückzugeben. Dieses Verdauen kann – wie beim Baby – darin bestehen, dass man dem Gefühl überhaupt erst einmal Worte gibt (»Ich glaube, du hast dich total erschrocken.«) oder – zum geeigneten Zeitpunkt – eine andere Perspektive anbietet. Das geht aber – Vorsicht! – erst, wenn die Gefühle nicht mehr so stark sind und das Gegenüber zur Selbstreflexion fähig ist. Dann kann man vielleicht auch so etwas sagen wie: »Du, vielleicht hat sie das gar nicht so gemeint. Willst du da noch mal nachfragen?«

Von Hirschhausen also nutzt die ihm lauschende Zuhörerschaft als XXL-Container. Er wird seine Gefühle los, die Leute hören ihm zu und – sie stimmen ihm scheinbar zu (das ist nicht zwingend Bestandteil des Containens). Vorerst widerspricht keiner, aber es haben vielleicht viele bemerkt, wie sehr von Hirschhausen in der Situation darauf angewiesen ist, etwas »loswerden« zu können.

Mit diesem Wissen kann man Nikki, Seligmans Tochter, also auch durchaus anders verstehen. Ich würde mich erschrecken, wenn meine Tochter das so gesagt hätte, hatte ich geschrieben. Warum? Weil ich denken würde, es ist natürlich zu früh, sich in dem Alter vornehmen zu wollen, nicht mehr zu weinen. Ich würde denken: Sich »Heulsuse« zu nennen, das ist so entwertend, wo kommt das her? Ich würde denken: Meine Güte, wie habe ich denn bisher auf ihr Weinen reagiert, dass sie denkt, das darf nicht mehr sein? Und ich würde denken: Oje, wie allein muss sie sich in bestimmten Situationen gefühlt haben? Ich würde sie fragen wollen, wie sie darauf gekommen ist, zu viel geweint zu haben, warum sie damit aufhören möchte und warum sie sich als Heulsuse bezeichnet. Und ich würde vermutlich denken, dass hier etwas mit dem »Containing« nicht geklappt hat, sodass das Kind es aufgegeben hat, sich mit seinen von Weinen begleiteten Gefühlen an mich zu wenden.

Seligman scheint aber zu finden, dass seine Tochter da einen super Umgang mit sich gefunden hat, und vor allem scheint er auch zu glauben, dass das, was sie da erzählt, wirklich gehen könnte. Da wäre ich allerdings mehr als skeptisch. Und dann seine »Pointe«, wenn er behauptet, seine Tochter habe sich das selbst beigebracht. Das ist exakt das Leugnen von Beziehung. Sie hat sich das nicht in einem Reagenzglas beigebracht und es sind auch nicht ihre Gene: Es sind die Beziehungen, in denen sie lebt, die ihr dieses Mittel – Nicht-mehr-Weinen – haben ratsam erscheinen lassen.

»Negative« oder, sagen wir, schmerzhafte Gefühle gehören ubiquitär zum Leben dazu. Oder anders formuliert: Vermutlich haben wir, erst wenn wir tot sind, auch keine negativen Gefühle mehr. Verschrien, wie sie sind, machen sie doch – ebenso wie die positiven Gefühle – unsere Lebendigkeit aus. Besonders schlimm ist es immer dann, wenn wir damit allein gelassen werden. Meines Erachtens ist die Positive Psychologie in ihrer massiveren Ausprägung genau das: ein Alleinlassen, weil sie den Menschen »beibringen« will, gute Gefühle zu haben, wo vielleicht gerade keine sind. Die Positive Psychologie suggeriert, dass das gute Leben in »positiven Emotionen« bestehe. Diese Lehre scheint derart infiltrierend zu wirken, dass sie unseren Alltag zu großen Teilen mitbestimmt. Überall soll es positiv zugehen. Schlechte Nachrichten sollen möglichst als »positive« verkauft werden, am besten sollte man einer schweren Erkrankung auch etwas »Positives« voranstellen. Das alles kann ja – auch – hilfreich sein, wenn es nicht dazu benutzt wird, das Schmerzhafte abzuspalten, nicht zu berücksichtigen, den Menschen nicht zuzugestehen, dass sie mit etwas noch nicht »fertig« werden.

Diese Haltung hat leider auch schon in die Psychotherapie Einzug gehalten. Dieses – wie ich finde – krampfhafte »Nach-vorne-Gucken« führt oft dazu, dass keine Anamnesen mehr erhoben werden. Der Begriff der *anamnesis* ist ein wesentliches Element in Platons »Seelenlehre« und heißt so viel wie (Wieder-)Erinnerung.[289] In der Medizin ist es bekanntlich die Geschichte des Kranken. In meinem Beruf als Ärztin und Psychotherapeutin, vor allem als psychodynamische Psychotherapeutin, spielt die Geschichte eines Menschen eine große Rolle, weil ich glaube, dass man sich nicht wirklich verstehen kann, wenn man seine Vergangenheit, sein So-geworden-Sein, nicht versteht. Das Negieren der Vergangenheit und das krampfhafte Nach-vorne-Sehen führen etwa zu dem Fall einer 70-jährigen Patientin von mir, die mehrfach an Depressionen erkrankt war und deshalb auch mehrfach stationär behandelt wurde. Sie hatte zwei Söhne.

Einer von ihnen ist im Alter von 20 Jahren bei einem von einem Autofahrer verschuldeten Verkehrsunfall ums Leben gekommen. Das erzählte sie mir in unserem zweiten oder dritten Gespräch. Sie konnte sich nicht vorstellen, dass ihre Depressionen etwas mit diesem schrecklichen Ereignis zu tun haben könnten (obwohl das Ereignis noch Jahrzehnte später in ihr vollkommen präsent war, zu verschiedensten Gelegenheiten). Sie war überrascht, dass ich mit ihr darüber sprach, denn dieses Unglück sei in all den stationären und anderen therapeutischen Behandlungen nie Thema geworden (was wiederum mich sehr überrascht hat). Gerade bei Traumatisierungen, wie hier durch den Verlust eines Kindes, reagieren wir Menschen manchmal mit einer Art psychischer Notfallmechanismen: Die einen spalten ihre Gefühle ab und »funktionieren«, wie es oft gerne genannt wird, das heißt, sie organisieren (zum Beispiel eine Beerdigung), gehen ihren Tagesgeschäften nach, bleiben tätig. Bisweilen vielleicht so, dass es für die Umwelt fast ein bisschen unheimlich ist, weil sich der Betreffende so benimmt, als sei »nichts geschehen«. Wir nennen das in der psychodynamischen Psychotherapie *manische Abwehr*. Der Mensch möchte einfach so weitermachen, als sei nichts geschehen, um sich auf diese Weise vor den Gefühlen von Trauer und Schmerz zu schützen.

Eine andere Reaktionsweise kann eine Art Erstarrung in Trauer und Schmerz sein. Aber auch diese Reaktion soll – so merkwürdig das auch klingen mag – schützen. Wer »erstarrt«, kann sich beispielsweise nichts antun. Dieses Verhalten wird von der Umwelt in der Regel erst einmal eher verstanden oder akzeptiert. Aber wenn es sehr lange anhält, dann ist es auch hier so wie bei der manischen Abwehr, das heißt, dass der eigentliche Trauerprozess ausbleibt. Irgendwann reagiert auch die Umwelt nicht mehr so verständnisvoll, sondern eher abwehrend. Und so kann es passieren, dass solche traumatischen Prozesse in einem Menschen gewissermaßen wie eingefroren sind, der Schrecken liegt in einer Art Giftschrank, das Gift sickert aber über die Dauer der Jahre mehr und mehr durch die Schrankwand. Wenn man diesen Prozess nicht kennt oder nicht versteht, dann interessiert man sich womöglich nicht für das, was einem Menschen vor längerer Zeit zugestoßen ist, und kann ihm dann auch nicht helfen, sich zu verstehen. Zu verstehen, warum der Verlust eines Kindes auch nach 50 Jahren noch »lebendig« und unverarbeitet sein und zu depressiven Verstimmungen führen kann, wenn wieder einmal etwas aus dem Giftschrank herausdrängt. Im Übrigen werden unser aller psychischen »Giftschränke« gerade im Alter poröser (wie vieles andere auch), weshalb ältere Menschen dann – für die Umwelt »plötzlich« – wieder oder überhaupt das erste Mal richtig von alten schweren psychischen Wunden und Schmerzen erzählen. Daher ist die Lebensgeschichte eines Menschen für das Verständnis seiner aktuellen Situation so wichtig. Anamnesis! Vor- und Werdensgeschichte einer Erkrankung.

Auch in meiner Tätigkeit als Supervisorin, zum Beispiel in psychotherapeutischen oder psychiatrischen Kliniken, begegnet mir immer wieder dieses Phänomen, dass man sich kaum noch oder nur fragmentarisch für die Lebensgeschichte eines Patienten interessiert. Die Erhebung der Anamnese mag mühsam sein, in den Kliniken fehlt oft überhaupt die Zeit, aber die Lebensgeschichten von Menschen sind bewegend, spannend und interessant. Oftmals ist dies bereits ein therapeutisch wirksamer erster Schritt, seine Lebensgeschichte einem anderen Menschen, der zuhört, zu erzählen (und sie nicht per 30-Seiten-Fragebogen abfragen zu lassen). Es ist eine Frage der Beziehung und des Vertrauens, des Sich-Anvertrauens.

Es geht dabei um die Ereignisse, die ein Mensch erlebt hat, darum, wie er sie erlebt hat, wie er sie in seine Lebensgeschichte einfügt, welche Bedeutung er den verschiedenen Stationen und Erlebnissen gibt, welche Bedeutung sie für ihn haben und wie er seine Lebensgeschichte erzählt, wie er überhaupt zu seinem bisherigen Leben steht. All dies ist für eine psychodynamisch arbeitende Therapeutin wichtig und bedeutungsvoll.

Aber das heißt eben auch, zurückzublicken, oftmals verbunden damit, dass ungeahnte schmerzhafte Gefühle an die Oberfläche kommen. Obwohl diese Gefühle schmerzhaft sein mögen, obwohl Patienten dann weinen (womöglich in diesem Zusammenhang das erste Mal), heißt das nicht, dass sie das nur negativ erleben. Häufig sagen mir meine Patienten, wenn sie in der Stunde oder manchmal auch danach noch sehr weinen müssen, dass es für sie »irgendwie gut« gewesen sei, als habe sich etwas lösen können.

Vielleicht haben Sie auch schon erlebt, dass Weinen erleichternd sein kann und Nicht-weinen-Können ein schmerzhaftes Druckgefühl hinterlässt. Also ordne ich, ordnen vermutlich viele meiner psychodynamisch arbeitenden Kolleginnen ein solches Weinen in Therapien oft vollkommen anders ein als Seligman, der es offenbar bei seiner Tochter als »positive« Entwicklung ansieht, dass sie sich diese Gefühlsäußerung im Alter von fünf Jahren verbieten möchte. Wir würden – wenn ein solches Mädchen vielleicht später einmal in der Therapie wieder anfängt zu weinen – wohl eher von einem Fortschritt sprechen, weil sie dann einen Teil ihres Gefühlslebens zurückgewinnen würde, der abgespalten war.

Die Infiltration der Gesellschaft mit dem Gedankengut der Positiven Psychologie breitet sich mehr und mehr auch in die Erziehung der Kinder aus. Ich halte diese Entwicklung für bedenklich. Vielleicht fast unbemerkt hat sich entwickelt, dass viele Eltern offenbar das Gefühl bekommen, sie müssten dafür sorgen, dass ihre Kinder überhaupt keinen »negativen« Affekten ausgesetzt sind, wie sie bei Niederlagen, Enttäuschungen und dergleichen auftreten. Hier greift dann auch die mangelnde Differenzierung, die uns schon bei Stahls »Schattenkind« begegnet war: die Unterscheidung zwischen einem Schmerz, der einem im Leben zwangsläufig begegnet, und einer Traumatisierung.

Manchmal auch aus einem falsch verstandenen Schutzbedürfnis heraus versuchen wir oft schon früh, unseren Kindern solche negativen Affekte zu ersparen, das heißt, wir versuchen etwas Unmögliches. Das gilt für einen Teil der Kinder. Eine andere Gruppe wird mit negativen Affekten (der Umgebung) überfrachtet, als (unreifer) Container missbraucht und mit diesen Gefühlen alleingelassen.

Manche Eltern scheinen inzwischen – bewusst oder unbewusst – zu glauben, ihr Kind würde fürs Leben geschädigt, wenn es ein schmerzhaftes Gefühl erleidet. Entsprechend versuchen sie, Enttäuschungen oder Kränkungen von ihm fernzuhalten. Der Sog der Positiven Psychologie erfasst die Grundschulen, die Sternchen verteilen müssen. Um Gottes Willen keine Noten geben. Vielmehr geht es nur noch darum, »Kompetenzen« wahrzunehmen, die Kinder positiv zu stärken, ja, manchmal geht es so weit, dass das kindliche Größenselbst sich ungehindert ausdehnen soll, damit das Kind nicht am Ende etwa »traumatisiert« wird. Ich halte das für einen großen Irrtum. Ohne Frage ist es wichtig, richtig und toll, einem Kind seine Kompetenzen zu bestätigen, wo sie denn da sind. Es ist auch ohne Frage richtig, Kinder zu ermutigen, Fehler zuzulassen, aber es ist auch wichtig, Fehler als solche noch benennen zu dürfen. Wichtig ist hier die Unterscheidung: Ich darf Fehler machen, bin aber deshalb kein »fehlerhafter« Mensch. Sondern es gibt einfach etwas, das ich noch nicht oder noch nicht gut kann und das ich lernen möchte. Ich muss nicht perfekt sein.

Selbsteinschätzung, mit der wir Menschen es ohnehin schwer haben, muss gelernt werden, und das kann sie nicht, wenn angeblich alles, was ich mache, »toll« oder »super« ist. Wie groß die Probleme in diesem Bereich mitunter sind, kann man sehen, wenn man sich »Castingshows« ansieht, wo sich Menschen mit ihren vermeintlichen »Fähigkeiten«

unter Umständen so zeigen, dass es zum Fremdschämen ist. Hier versagt offenbar nicht nur die Selbsteinschätzung, sondern auch die korrigierende Einschätzung durch das Umfeld.

Sich mit anderen vergleichen, Enttäuschungen, Niederlagen, Kränkungen, all das ist im Leben unvermeidlich. Zu glauben, man könne so etwas von einem Kind fernhalten, gleicht eher einer unbewussten Größenfantasie. Damit helfen wir unseren Kindern gerade nicht, den Umgang mit schmerzhaften Gefühlen zu lernen. Die Fähigkeit zur Frustrationstoleranz kann dann ebenso wenig eingeübt werden wie die Emotionsregulation, aber ein solches Einüben gehört zur Entwicklung. Wenn man beispielsweise so wie ich viel mit Grundschullehrern spricht, dann hört man reihenweise Geschichten von ebendiesen Problemen, die bei vielen Kindern auftreten. Vielleicht sind gar in Lehrerkollegien selbst die Ideen der Positiven Psychologie eingezogen, bewusst oder unbewusst. Dann sind Konflikte vom Übel, es darf sie gar nicht geben, denn Konflikte verursachen Spannungszustände und diese sind »negativ«, sollte man also nicht haben. Wenn es keine Konflikte geben darf, kann es keine Auseinandersetzung geben, keine unterschiedlichen Meinungen, Ansichten, Wünsche. Dann darf man nicht sagen, womit man Probleme hat, wenn die anderen doch augenscheinlich keine Probleme damit haben, und es wird keine fruchtbaren Diskussionen geben. Ja, dann bleiben die Menschen häufig auf Kränkungen »sitzen« und es bleibt scheinbar nur der Rückzug, man wird womöglich krank und in der Statistik bildet sich ein Anstieg psychischer Erkrankungen ab. Man könnte auch sagen, wenn es keine Spannungszustände geben darf, keine äußeren oder inneren Konflikte, dann kann es auch kein psychisches Wachstum mehr geben.

Selbst den Galliern scheint das aufgefallen zu sein, denn am Ende des Bandes *Die weiße Iris* streiten sie wieder und die Wildschweine sind auch wieder wild.

FAZIT: Achtung! Glücksversprechen!

Sind Sie schon jemandem begegnet, der versucht hat, alles sich und seinen Auffassungen unterzuordnen? So müssen wir uns die Situation vorstellen, die entsteht, wenn eine wissenschaftliche Richtung, die Naturwissenschaften, versucht, sich mit ihren Erklärungsmustern Individuen, Gesellschaften, das Menschliche und damit auch dessen Seele unterzuordnen. Psychologinnen versuchen im Rahmen der Evolutionären Psychologie, seelische Prozesse des Einzelnen wie auch gesellschaftliche Bewegungen in die Gesetze und Raster der Genetik zu pressen. Damit sind, so wird suggeriert, die Fragen nach Entwicklung, nach Verantwortung – kurz: Ethik – »erledigt«. »Alles liegt in deinen Genen. Die Gene wollen, die Gene lenken, die Gene steuern deine Existenz.« Und die Gefahren, die in solchen deterministischen Auffassungen des Humanen lauern? Ein vom Determinismus bestimmtes Menschen- und Gesellschaftsbild ist entweder selbst schon Ideologie oder weist zumindest in die Richtung einer solchen, welche die Zugehörigkeits- oder Ausschlusskriterien für »andere« definiert. Soweit ein eher theoretischer Unterbau. Praktischer wird es in der Positiven Psychologie. Sie ist gegenwärtig in allen gesellschaftlichen Bereichen massiv wirksam. Zum Beispiel finanzieren Unternehmen Coaching-Programme, um ihre Mitarbeitenden darin zu trainieren, »nur noch« nach vorn zu blicken (»Es geht immer aufwärts mit uns. Wächst unser Umsatz gerade nicht, dann ist das kein Stillstand, sondern eine Seitwärtsbewegung, Nullwachstum.«). Immer aber Bewegung, immer Wachstum. So sprechen die Wirtschaft, die Politik, auch die Pädagogik: kein Zeugnis über Können und (horribile dictu) Nichtkönnen, sondern positive Berichte, keine Fehler benennen, das Kind könnte entmutigt werden und so weiter. Wir halten Frustrationen fern, prompt fällt die Frustrationstoleranz und die Aggressivität steigt. Alles in allem: Machen wir die Gene verantwortlich, sind die Gene schuld, dann sind wir »frei« von der letztlichen Verantwortung. Denken wir nur positiv, so erwarten wir die Einlösung der marktgängigen Glücksversprechen. Viele »hugs«, viel gutes Gefühl. Doch ich bin gar nicht wirklich gemeint. Ich habe womöglich nur eine Funktion für den anderen. Und bin ich am Ende immer noch nicht »glücklich«, vielleicht sogar krank, dann habe ich eben nicht oft und intensiv genug positiv gedacht. Dabei suchen wir vielleicht jemanden, mit dem wir über die Dinge in unserem Leben sprechen dürfen, die nicht positiv sind, die wir beim besten Willen einfach nicht positiv »hingebogen« bekommen. Wir brauchen in dieser ach so positiven Welt doch auch einen Ort für unsere »negativen« Gefühle.

VERSÄU MNISSE UND AUSBLICKE

Wir haben nun die dunkle Seite der Psycho-Industrie – mit ihren Kennzeichen der Massenproduktion, Mechanisierung und Rationalisierung – doch einigermaßen gründlich durchleuchtet. In dem Kapitel über das Psychotainment konnten wir sehen, dass mediale Kapazitäten nicht zwingend professionelle Kapazitäten sind. Wir haben die Tricks der Psychotainer kennengelernt, zu denen unbelegte Behauptungen, reduziert wiedergegebene Studienergebnisse, bunte Hirnbilder und viel Show gehören. Wir haben gesehen, wie wichtige und komplexe therapeutische Konzepte durch Dekontextualisierung, Trivialisierungen und Reduktionismus verramscht werden. Wir konnten Einblicke gewinnen, was die Nähe der Trivialpsychologie zur Evolutionären Psychologie bedeutet und wie stark die Positive Psychologie bereits unser tägliches Leben infiltriert.

Wir haben die Gefahren gesehen, die in der Psycho-Industrie lauern: Das Moment der Täuschung, wenn man sich in guten, professionellen Händen glaubt und nicht wissen kann, dass es gar keine professionellen Hände sind. Die Reduktion der Existenz des Menschen auf ein Programm, die Reduktion der psychischen Erkrankung auf einen Softwarefehler, der missbräuchliche Einsatz von Medikamenten, insbesondere bei Kindern. Die Nähe der angeblich genetischen Bedingungen zu völkischen Theorien, der Einsatz von Qual für Verhörmethoden, die Entkleidung des menschlichen Fühlens und Erlebens von Bedeutungen, der Versuch, den Menschen schnell zu optimieren, das Verschwinden von wesentlichen Unterschieden zwischen Menschen und Menschengruppen, indem alle in ein System, eine »Architektur«, gepresst werden sollen, die Möglichkeit, diese Konzepte einzusetzen, um letztlich bestehende Machtverhältnisse zu erhalten (sich sein individuelles Unglück schönreden, es »positiv« sehen, um es dann hinzunehmen), und vor allem und immer wieder das Verschwinden der therapeutischen Beziehung, das Verschwinden der Bedeutung von Beziehung in unseren sozialen Kontexten. Das bedeutet, der Einsamkeit und Isolation, unter der so viele Menschen leiden, nichts mehr entgegenzusetzen, nichts, außer vielleicht Computerprogramme.

Es gibt viel zu kritisieren an der Psycho-Industrie.

Aber natürlich drängt sich die Frage auf, warum sie so erfolgreich ist, deshalb müssen wir, die ausgebildeten, professionellen Psychotherapeutinnen, uns selbst fragen, was wir womöglich versäumt haben. An welcher Stelle und wodurch überlassen wir vielleicht den Psychotainern und Trivialpsychologen zu einfach und leicht das Feld? Welche Bedürfnisse erkennen wir nicht, die wir aber berücksichtigen müssen? Wo können und müssen wir etwas ändern? Und wo können und wollen wir vielleicht auch gerade nicht unter das Mühlrad der Psycho-Industrie geraten, sondern müssen dafür kämpfen, uns deutlich von ihr zu unterscheiden?

Welche Versäumnisse also ließen sich vielleicht ausmachen? Und warum?

Meinem Dafürhalten nach gibt es ein Problem der professionellen Psychotherapeutinnen mit der sogenannten Öffentlichkeit. Es könnte sein, dass wir als Berufsgruppe in der Öffentlichkeit einfach zu wenig in Erscheinung treten.

Den Verdacht kann man zum Beispiel bekommen, wenn es in der Bevölkerung immer noch keine Klarheit darüber gibt, wer eigentlich überhaupt Psychotherapeut ist, woran man das erkennen kann und wie die Ausbildung aussieht. Nach wie vor grassiert die Idee, Psychotherapien machen »die Psychologinnen«, obwohl ein Psychologe genauso wenig zwingend oder »automatisch« Psychotherapeut ist wie eine Ärztin. Hier wird offensichtlich, dass wir bisher zu wenig Aufklärungsarbeit geleistet haben. Sehr oft, wenn ich zu meinen telefonischen Sprechzeiten in meiner Praxis angerufen werde und mit dem potenziellen Patienten erst einmal sortiere, was sein Anliegen ist, wer eigentlich Psychotherapien macht, was das ist, welche Richtlinienverfahren es gibt, wie die Beantragung verläuft, was eigentlich ein Kostenerstattungsverfahren ist und dergleichen mehr, höre ich vom anderen Ende des Telefons: »Sie sind die Erste, die mir das erklärt.« Das kann eigentlich nicht sein.

Es mag vielleicht immer noch etwas von dem Staub früherer Jahre auf uns liegen, jenem Gefühl, dass »etwas mit der Psyche zu haben« irgendwie ungut und nicht richtig anerkannt ist. Tatsächlich glaube ich aber, dass der Hauptgrund eher ein anderer ist, und der hat mit Intimität zu tun. Es gehört zu unserer Ausbildung, dass diese fast immer in einem sehr intimen Rahmen, häufig auch in einer Zweierbeziehung, stattfindet. Die Intimität ist unabdingbar, wenn die notwendigen Selbsterfahrungsprozesse auch wirklich zu einer Selbsterfahrung werden sollen, es braucht – wie in Therapien auch – einen geschützten Rahmen. Diese Intimität ist und bleibt immer ein essenzieller Bestandteil unserer Arbeit. Echte Psychotherapie findet eben nicht auf einer Bühne statt.

Aber diese Intimität und unser berufliches »Aufwachsen« in Therapiezimmern mag dazu führen, dass Psychotherapeutinnen womöglich eher eine scheue Klientel sind. Tatsächlich scheint es so zu sein, dass sie sich in größerem Kreis, ja sogar in und mit Therapiegruppen, schwertun. Anscheinend haben Psychotherapeuten eher ein bisschen Angst vor Gruppen. Das klingt merkwürdig, aber Schätzungen zufolge böten nur circa 300 (!) Gruppentherapeutinnen eine Gruppentherapie nach einem anerkannten Verfahren zulasten der gesetzlichen Krankenversicherungen[290] an, obwohl circa 8.500 Kollegen die Zulassung dafür haben. Das hieße, dass sich nur etwa knapp vier Prozent der Psychotherapeutinnen »trauen«, eine Patientengruppe zu leiten. Das hat nun auch organisatorische Gründe, aber über die Hälfte, 54 Prozent der in einer Studie befragten Therapeuten, würden sich bessere Möglichkeiten für eine Co-Leitung wünschen.[291]

Das ist doch erstaunlich, oder? Psychotherapeutinnen haben ein bisschen Angst vor Gruppen, sie haben – so könnte man mutmaßen – eine gewisse Angst, sich zu exponieren. Und damit ein echtes Handicap gegenüber den Psychotainern, deren Hauptanliegen genau darin besteht: sich zu exponieren, das eigene Selbst zu präsentieren.

Es dürfte den einen oder die andere durchaus überraschen, dass wir Psychotherapeutinnen uns in Gruppen offenkundig nicht von Natur aus wohlfühlen, jedenfalls dann nicht, wenn wir in ihnen exponiert sind.

Die »Öffentlichkeit«, wenn man so will, ist nicht unser natürliches Milieu. Wir sind eher wie »Maulwürfe«, graben viel unter der Oberfläche und sind etwas lichtscheu. Das passt jetzt womöglich gar nicht zu dem Bild, das man von Ärzten und Psychologinnen hat, aber ich glaube, da ist etwas Wahres dran. Wir arbeiten ganz gerne im Schutz der Intimität, die – wie gesagt – auch dringend nötig ist. Die gesamte Berufsethik mit Schweigepflicht und allen anderen Regeln versucht diese zu garantieren und zu schützen. Das mag letztlich dazu führen, dass wir zu wenig »Übung« mit Öffentlichkeit haben. Manche von uns natürlich schon, aber mir will scheinen, das sind eher Ausnahmen. Hinzu kommt: Psychotherapeuten wissen sehr gut um die Verletzlichkeit von menschlichen Seelen – der anderen, aber auch der eigenen. Da, wo manche sich vielleicht eher ungeschützt in etwas hineinstürzen, greift bei uns ziemlich schnell die Reflexion: Warum mache ich das? Was kann passieren? Und so zucken wir vielleicht an der einen oder anderen Stelle zurück. Denn wir wissen womöglich, dass gegenwärtig nicht unsere Zeit ist, die »Konjunktur« liegt bei anderen, nicht bei Analytikerinnen. Maulwurfshügel sind so gar nicht beliebt. Wir sind aus den Hochschulen verschwunden und man muss sich manchmal fast die Augen reiben, wie schnell und effizient das gegangen ist.

Außerdem hat kaum ein Psychotherapeut über Mangel an Arbeit zu klagen. So gibt es vielleicht auch von daher wenig Antrieb, wenig Motivation, für unser Fach zu werben. Psychoanalytikerinnen sind, so glaube ich, besonders scheu. Ich weiß noch, dass es mich nach meiner Ausbildung zum Beispiel lange Zeit beschäftigt hat, ob man wohl als Psychoanalytiker eine Website haben darf. Wäre das nicht zu öffentlich?

Dazu muss man wissen, dass wir in unserer Ausbildung lange Zeit gelernt haben, als Person möglichst wenig in Erscheinung zu treten, damit nichts Persönliches »die Übertragung stört«. In früheren Generationen war es noch asketischer, da sollten insbesondere männliche Psychoanalytiker, wenn sie arbeiteten, ihren Ehering abnehmen (so vorhanden), um die Übertragung der (meist weiblichen) Analysanden nicht zu stören. Aber auch in jüngerer Zeit sollte man sich möglichst wenig »zeigen«, beispielsweise sehr genau überlegen, welche Bilder man in seiner Praxis aufhängt. Ich selbst habe jetzt meinen dritten Praxisraum und der ist sehr viel persönlicher als mein erster. So nach und nach hatte sich dann auch in der psychoanalytischen Lehre herumgesprochen, dass sowieso immer übertragen wird, die Übertragung lässt sich nicht so leicht »stören«, sondern sie nimmt, was sie eben so vorfindet, zum Anlass. Das heißt, wie auch immer man sich zeigt, die Patientinnen deuten das, was sie sehen, auf ihre Weise, die immer mit ihrer Lebensgeschichte zu tun hat. Daher vermute ich stark, dass uns unsere Sozialisation, die uns vorgeschrieben hat, uns möglichst gut zu verbergen, dann im Wege steht, wenn es darum geht, sich zu zeigen, also zum Beispiel auch öffentlich sichtbar zu werden. Wenn man so will, ein beruflicher »Erziehungsfehler«.

Vielleicht hängt dieser Punkt mit dem dritten Grund zusammen, warum wir so wenig öffentlich in Erscheinung treten: Weil sie so wenig sichtbar sein dürfen, beschäftigen sich Psychoanalytiker sehr gerne und intensiv mit sich selbst. Nicht mit sich als Person, sondern mit sich als professioneller Figur. Wir sind sehr ausdauernd darin, uns in unseren Fachgesellschaften mit unserem Beruf und damit, wie wir ihn erleben, zu befassen, leider weniger damit, wie andere ihn und uns erleben. Das nennt man auch gerne »Elfenbeinturm«. In denselben zieht man sich zurück, wenn man sich zum Beispiel unverstanden und gekränkt fühlt oder wenn man das Gefühl hat, die eigene Wissenschaft sei ohnehin viel zu kompliziert für die lieben Mitbürgerinnen, da kann man es auch gleich lassen. Stattdessen pflegt man seine Berufsneurosen. Die gibt es freilich nicht nur bei Psychotherapeuten – ziemlich viele Berufe haben ihre Neurosen (das wäre noch einmal ein Buch für sich). Eine Auswirkung unserer Berufsneurose: Wir finden, dass wir zwar sehr viel wissen, trauen uns aber leider nicht, das mitzuteilen. Wir haben eine sehr eigene Sprache, mit der wir uns untereinander verständigen können, die man aber als Außenstehende nicht ohne Weiteres versteht. Auch scheint mir, wir sind uns manchmal zu »fein«, um in die Auseinandersetzungen »auf der Straße« zu gehen (wie diese Edeltechnikerinnen beim Fußball, die ihre Fähigkeiten leider nur abrufen können, wenn der Rasen wirklich ein gepflegter englischer Rasen ist, die jedoch ganz schnell aufgeben, wenn es auf dem Rasen etwas rauer zugeht). In der Vorbereitung für dieses Buch gab es unter meinen Kollegen zwei unterschiedliche Reaktionen: Die eine Gruppe zeigte sich froh darüber, dass jemand »endlich mal was zu alldem sagen wollte«, die andere Gruppe rümpfte ein bisschen die Nase und war eher der Meinung, man solle sich nicht in »diese Niederungen« hinabbegeben, weil man die selbst ernannten Psycho-Leute dadurch nur noch bekannter mache und/oder das alles sowieso verlorene Liebesmühe sei, den potenziellen Patientinnen sei das sowieso egal. Wir werden sehen, was am Ende stimmt. Vielleicht – wie so oft – beides.

Vielleicht müssen wir aber wieder mehr auf die »Straße« und dürfen auch nicht gleich ängstlich werden, wenn uns jemand anbellt.

Es war ja einmal anders. Da gab es Menschen wie zum

Beispiel Horst-Eberhard Richter, er war Analytiker und »politischer Psychotherapeut«.

Was hat der sich nicht alles getraut! Sogar darauf hinzuweisen, dass die Rolle des Kindes sich aus der Gesamtheit der elterlichen Erwartungsfantasien ergibt und daraus, welche Bedeutung die Eltern ihm, dem Kind, bei der Aufgabe, die eigenen Konflikte zu lösen, zukommen lassen.[292] Das Kind als Symptomträger in der Familie. Damals eine befreiende Erkenntnis, heute – so scheint es mitunter – eine gefürchtete Anklage.

Aber Richter stellte eine elementare Frage: »Was suchen die Eltern eigentlich in dem Kind?«[293] Er wies darauf hin, dass die unbewussten Fantasien der Eltern sich auf das Kind auswirken.[294] Diese unbewussten Fantasien sind wirksam in den täglichen Interaktionen, im Verhalten der Eltern gegenüber ihren Kindern, in ihren Einstellungen dem Kind gegenüber, im Beziehungsleben mit dem Kind. Das ist ein deutlich vielschichtigerer Ansatz als »Es sind die Gene!« oder »Die Eltern sind schuld!«. Vor allem ist es ein Ansatz, der Befreiung durch Verstehen verspricht.

Es gab die Mitscherlichs, die mit ihrem Buch *Die Unfähigkeit zu trauern* eine breite Diskussion ausgelöst haben. Ein Buch, dem man auch heute noch Leser wünscht. Aber wird das heute noch gelesen? Würde ein solch mutiges Buch heute noch geschrieben? Würde es überhaupt einen Verlag finden? Denn die Mitscherlichs gehen mit den Deutschen und ihren Abwehrmechanismen gegenüber der Zeit des Nationalsozialismus ordentlich kritisch ins Gericht. Und das nicht um der Kritik willen, sondern in der Hoffnung, Verstehen könnte eine Art Schutz gegen die Wiederkehr einer solchen menschlichen Katastrophe apokalyptischen Ausmaßes gewähren.

Die Mitscherlichs schrieben schon 1967: »Identifiziere ich mich mit ihm [dem Idol; D. P.] und erhöhe es nach Kräften, so spüre ich die von ihm ausgehende Unterdrückung nicht mehr als Last, sondern als Lust.«[295] »Nach dem Sturz des Idols meldet sich dann dieses schwache Ich wieder und bekennt, es sei einem Übermächtigen erlegen; und wie das schwache Kind sei es schuldlos an den Erziehungsfehlern der Erwachsenen.«[296] »Wir können also zusammenfassend formulieren: Die Unfähigkeit zur Trauer um den erlittenen Verlust des Führers ist das Ergebnis einer intensiven Abwehr von Schuld, Scham und Angst [...].«[297]

»Führerinnen« und das Bedürfnis, sich ihnen bedingungslos zu unterwerfen, sind ganz offensichtlich nicht ausgestorben. Es gibt diese »Idole« in der Politik und in der Gesellschaft und es müssen durchaus nicht immer nur Politiker sein. Es können auch Sängerinnen, Unternehmer oder Heilsversprecher sein. Die heutigen »Führer« müssen nicht einmal mehr Personen sein, es können Gruppen, aber auch Ideen sein, wie beispielsweise die Idee des Marktes und des unbegrenzten Wachstums, dem sich doch die allermeisten widerspruchslos unterzuordnen scheinen und dem wir sogar bereit sind unsere lebensnotwendige Umwelt zu opfern.

Heute kaum noch vorstellbar: Bücher von Psychoanalytikerinnen, die in Deutschland eine gesellschaftliche Diskussion auslösen. Es scheint so, als seien sie alle vom Erdboden verschwunden. Warum ist das so? Nun, das hat auch mit den politischen und berufspolitischen Entwicklungen in Deutschland zu tun. Auf diesen Umstand und die zum Teil verheerenden Folgen macht insbesondere auch ein »Weckruf« deutscher Professoren aufmerksam, initiiert durch Michael B. Buchholz und Jürgen Kriz.[298]

Die Autoren beklagen eine Einengung der Psychotherapie, die sich beispielsweise darin ausdrückt, dass Professuren in Klinischer Psychologie und Psychotherapie fast ausschließlich von Vertreterinnen der Verhaltenstherapie besetzt sind. Die Psychodynamische Psychotherapie werde an den Hochschulen nur noch durch zwei Professuren vertreten, der Vorstand der Bundespsychotherapeutenkammer – der alle Therapeuten vertreten sollte – sei nun zu 100 Prozent mit Verhaltenstherapeutinnen besetzt.[299] Das bedeutet natürlich, dass künftige Generationen in diesem System nicht nur sehr einseitig ausgebildet werden, sondern auch für Patienten irgendwann nur noch sehr wenig andere Therapien angeboten werden. Aber es bedeutet vor allem auch eine Einseitigkeit des Denkens, weg vom bio-psychosozialen Paradigma, weg von Sinn verstehenden und kommunikativen Ansätzen, weg von der Suche nach Bedeutung, weg von gelebter, Verstehen schaffender Beziehung.

Stattdessen – zumindest in Deutschland – die sehr einseitige Reduktion auf ein biomedizinisches Funktionsmodell. Diese biologistische Reduktion auf ein scheinbar einfaches Ursache-Wirkungs-Prinzip scheint sich eben gut zu verkaufen. Mache diese Übung oder nimm dieses Medikament, dann geht es dir gut! Das ist ein verführerisches Versprechen für die Patientinnen. Auf Seite der Therapeuten: Wende dieses Manual an, dann bist du gut und wirst erfolgreich arbeiten! Klingt toll, scheint aber nicht zu stimmen.

Die Betrachtung eines menschlichen Problems, einer psychischen Erkrankung gar im Kontext verschiedener Modelle, die Einordnung in bio-psychosoziale Systeme sind anstrengend, verlangen ein Verlassen des Alles-oder-Nichts oder des Richtig-oder-Falsch. Eine solche Betrachtung, ein Zulassen der Grautöne, vorerst unbeantworteter Fragen, ein Aushalten von Nichtverstehen, das löst Unsicherheit aus. Wir Menschen mögen aber keine Unsicherheit – jedenfalls in der Regel nicht.

Stellen Sie sich vor: Sie kommen in ein Therapiezimmer und Sie hören den Satz: »Ihre Panikstörung? Das mache ich Ihnen in zwölf Wochen weg!« Klingt das nicht toll? Gibt das nicht die gesuchte Sicherheit? Patientinnen berichten mir von solchen Sätzen. Die scheinen sich allenfalls selten zu bewahrheiten, aber sie versprechen Sicherheit. Tatsächlich meine ich, dass man – wenn man solche Sätze zu hören bekommt – vorsichtig sein sollte.

Das Aushalten von Unsicherheit und von (vorerst) Nichtwissen ist schwer. Es handelt sich um die typischen Begleitumstände einer Suche, auch der Suche nach sich selbst. Daher ist es wichtig, dass man dabei nicht allein ist, sondern jemanden an seiner Seite hat. Das können Freunde und die Familie, aber in bestimmten Fällen sollten es ausgebildete Psychotherapeutinnen sein.

Wir Psychotherapeuten müssen uns aus unseren unterirdischen Tunnelsystemen und den Elfenbeintürmen herausbewegen, wir müssen eine Sprache finden, mit der wir uns nicht nur untereinander, sondern mit allen Menschen, die Hilfe suchen, verständigen können. Wir sollten uns die Mühe machen, wieder eine neue, jeweils individuell passende und persönliche Sprache zu finden, um den zum Teil verramschten psychotherapeutischen Begriffen wieder Leben einzuhauchen.

Wir müssen einen Raum bereitstellen, in dem sich das Selbst wirklich finden und in der Beziehung mit sich und dem anderen zu sich finden kann. Dazu gehört, dass wir Raum bieten für die negativen Emotionen und unseren Patientinnen dazu verhelfen, mit diesen einen Umgang zu finden. Das Verbannen der »bösen« negativen Affekte, die allenfalls »begraben« gehören oder gleich geleugnet werden, ist aus meiner Sicht eine wesentliche Schwierigkeit der Moderne. Manchmal frage ich mich, wo, wenn nicht in unseren Behandlungszimmern, soll Raum sein, sich mit »negativen Gefühlen« wie Wut, Trauer, Verlust, Verzicht, Neid, Eifersucht und wie sie alle heißen, auseinanderzusetzen, um an dieser inneren und manchmal auch äußeren Auseinandersetzung zu wachsen. Man kann Emotionen nicht einfach »ausschwitzen«, auch nicht »auszwitschern«; die Beschäftigung mit ihnen gehört zur Realität. Wie schwer wir uns oft damit tun, das können wir bei den allgegenwärtigen Debatten sehen, z. B. auch bei der Klimadebatte. Letzten Endes da, wo es um Verzicht, um Trauer und Verlust geht, so sehr wir es mitunter auch manisch leugnen möchten. Womöglich sollten wir uns mit der »Bahnhofsliteratur« auseinandersetzen, den Wiests und Stahls, die ganz gewaltig das mediale und damit öffentliche Bild von Psyche, psychischen Problemen, psychischen Erkrankungen und ihren Behandlungen mitbestimmen. »Denk positiv, hilf dir selbst!« Oder: »Das sind deine Gene, da ist nix zu machen, so bist du eben!« Gute Therapeutinnen sollten sich hinter keinem auch noch so elaborierten und passend erscheinenden Begriff als Person verstecken. Mir scheint, das ist heute wichtiger denn je.

Vielleicht müssen wir uns auch wieder ein bisschen mehr trauen. Das, was wir zu sagen haben, ist unter Umständen manchmal nicht gleich bekömmlich (man denke daran, dass Eltern Einfluss auf die Entwicklung ihrer Kinder nehmen und nicht alles »die Gene« zu verantworten haben), und das, was wir zu sagen haben, sind auch keine unumstößlichen Wahrheiten und sollten auch nicht so behandelt werden. Aber es sind Anstöße, ins Gespräch zu kommen, vielleicht neue Perspektiven, ein mentaler »Freskenwechsel«. Vielleicht bekommen wir dann Zuzug für unser gallisches Dorf.

ANHANG

Danksagung

Danke!
»Ein Buch zu schreiben ist wirklich kein Spaziergang«, schrieb mir Maria Schlager vom Goldegg Verlag, und das ist wahr gesprochen. Ein Buch zu schreiben, kommt mehr einer Wanderung gleich, das Ziel im Blick, wenn auch durchaus in weiter Ferne, unterwegs Ausblicke und Rückblicke. Manchmal auch beschwerliche Verhältnisse, schlechtes Wetter ... dann auch wieder Sonne, leichtere Wege und Vorankommen.

Es ist von unschätzbarem Wert, auf solchen Wanderungen gut und kompetent begleitet zu sein. Und so sage ich von Herzen Danke an die so persönliche, verlässliche und ortskundige Begleitung durch Maria Schlager.

Danke, dass Sie mich gefunden und vom ersten Telefonat an motiviert und begleitet haben!

Danke an den Goldegg Verlag für eine kompetente Begleitung durch das Dickicht der Sachbuchwelt! Und danke für Ihren Mut, auch ein Debattenbuch zu verlegen!

Danke an Mona Jakob für das gründliche Lektorat.

Mein besonderer Dank gilt meinem Mann für seine unermüdliche, kluge und gleichermaßen kritische wie begeisterte Co-Lektüre und Korrektur! »Wann geht es denn weiter? Ich bin jetzt schon gespannt!«, hast du nach dem Lesen eines Kapitels manchmal gefragt.

Danke für deine liebevolle und verlässliche Begleitung auf dieser Wanderung und der anderen großen – die wir Leben nennen!

Quellenverzeichnis

AWMF online: Leitlinien-Details, 02.05.2017; [https://register.awmf.org/de/leitlinien/detail/028-045; zuletzt abgerufen am 12.06.2024]

Balint, Michael: Therapeutische Aspekte der Regression, Stuttgart: Klett-Cotta, 2. Aufl. 1997

BARGRU-Studie, 2022; [https://innovationsfonds.g-ba.de/downloads/beschluss-dokumente/68/2021-06-04_BARGRU_Ergebnisbericht.pdf; zuletzt abgerufen am 23.06.2024]

Banaschewski, Tobias; Hohmann, Sarah; Millenet, Sabina: Leitlinienreport der interdisziplinären evidenz- und konsensbasierten (S3). Leitlinie »Aufmerksamkeitsdefizit- / Hyperaktivitätsstörung (ADHS) im Kindes-, Jugend- und Erwachsenenalter«; [https://register.awmf.org/assets/guidelines/028-045m_S3_ADHS_2018-06-abgelaufen.pdf (Stand 02.05.2017; gültig bis 01.05.2022, daher z. Zt. in Überarbeitung)]

Banaschewski, Tobias; Becker, Katja; Döpfner, Manfred; Holtermann, Martin; Rösler, Michael, Romanos, Marcel: Aufmerksamkeitsdefizit-/ Hyperaktivitätsstörung Eine aktuelle Bestandsaufnahme. Deutsches Ärzteblatt international 114(9): 149-159. März 2017; [https://www.researchgate.net/publication/316285519_Aufmerksamkeitsdefizit-_Hyperaktivitatsstorung_Eine_aktuelle_Bestandsaufnahme/stats; zuletzt abgerufen am 21.06.2024]

Bange, Uta: Robert Betz und die Transformationstherapie. Eine esoterische Pseudotherapie im Fokus der Kritik, 19.03.2013; [https://sekten-info-nrw.de/information/artikel/esoterik/robert-betz-und-die-transformationstherapie---eine-esoterische-pseudotherapie-im-fokus-der-kritik; zuletzt abgerufen am 12.06.2024]

Bartens, Werner: Ist doch nur psychisch. Süddeutsche Zeitung vom 31. Januar 2023; [https://www.sueddeutsche.de/kultur/medizin-psychologie-depression-1.5741041?reduced=true; zuletzt abgerufen am 12.06.2024]

Becker, Matthias: Die Grenzen der Forschungsfreiheit. Wie Politik und Wirtschaft die freie Forschung gefährden, 23.05.2019; [https://www.deutschlandfunkkultur.de/die-grenzen-der-forschungsfreiheit-wie-politik-und-100.html; zuletzt abgerufen am 12.06.2024]

Bennett, Craig M.; Baird, Abigail A.; Miller, Michael B.; Wolford, George L.: Neural Correlates of Interspecies Perspective Taking in the Post-Mortem Atlantic Salmon: An Argument for Proper Multiple Comparisons Correction, in: Journal of Serendipitous and Unexpected Results, Vol. 1, Nr. 1, [o. J.], S. 1–5; [https://teenspecies.github.io/pdfs/NeuralCorrelates.pdf; zuletzt abgerufen am 30.06.2024]

Bion, Wilfred R.: Lernen durch Erfahrung, 2. Aufl., Suhrkamp: Frankfurt a. M., 1990

Blawat, K.: Neuronenforschung. Ein Fisch schaut in die Röhre, in: Süddeutsche Zeitung, 14.12.2012; [https://www.sueddeutsche.de/wissen/neuronenforschung-ein-fisch-schaut-in-die-roehre-1.36460; zuletzt abgerufen am 30.06.2024]

Blech, Jörg: Dämonen der Begierde. Der Spiegel 16/2000 [https://www.spiegel.de/politik/daemonen-der-begierde-a-f0ab5cc2-0002-0001-0000-000016215662; zuletzt abgerufen am 12.06.2024]

Blech, Jörg: Droht Kindern mit ADHS eine falsche Behandlung?, in: Der Spiegel 2021; [https://www.spiegel.de/wissenschaft/technik/gesundheit-aerzte-verschleiern-ihre-nebeneinkuenfte-a-cc290773-910a-46db-8309-d89e7efc1522; zuletzt abgerufen am 30.06.2024]

Böhme-Zeitung, 01.03.2024, S. 8

Bowlby, John: Bindung als sichere Basis. Grundlagen und Anwendung der Bindungstheorie, München: Ernst Reinhardt, 2021

Brooks, Alison Wood: Get Excited. Reappraising Pre-Performance Anxiety as Excitement, in: Journal of Experimental Psychology: American Psychological Association, Vol. 143, Nr. 3, 2014, S. 1144–1158; [https://www.apa.org/pubs/journals/releases/xge-a0035325.pdf; zuletzt abgerufen am 30.06.2024]

Buchholz, Michael B.; Kriz, Jürgen: Weckruf: Gegen die reduktionistische Einseitigkeit der deutschen Psychotherapie; [https://jkriz.de/weckruf-text/; zuletzt abgerufen am 12.06.2024]

Bundesanzeiger: Bekanntmachung von Leitlinien zur Überprüfung von Heilpraktikeranwärterinnen und -anwärtern, 07.12.2017; [https://www.bundesanzeiger.de/pub/publication/d6Pk1lbZta8EPCulJuE?0; zuletzt abgerufen am 12.06.2024]

Caceres, Vanessa: Glück ist zu 40 Prozent genetisch bedingt, aber ihr könnt es auch steuern. Acht Wege, um sich jeden Tag glücklicher zu fühlen, in: Business Insider, 23.05.2022; [https://www.businessinsider.de/leben/glueck-ist-zu-40-prozent-genetisch-bedingt-aber-ihr-koennt-es-auch-steuern-acht-wege-um-sich-jeden-tag-gluecklicher-zu-fuehlen-a/#:~:text=; zuletzt abgerufen am 23.06.2024]

Cadenbach, Christoph; Ludwig, Kristiana: Das Versprechen, in: Süddeutsche Zeitung, 02.02.2024; [https://www.sueddeutsche.de/projekte/artikel/politik/veit-lindau-life-coach-phoenix-psychose-depression-e804344/; zuletzt abgerufen am 23.06.2024]

Christoffer, Andrea; Hinrichs, Jens; Koch, Raphael; Faldum, Andreas; Knott, Heribert; Heuft, Gereon: Barrieren bei GruppenpsychotherapeutInnen gegenüber der ambulanten Gruppenpsychotherapie zu Lasten der GKV; [https://innovationsfonds.g-ba.de/downloads/beschluss-dokumente/68/2021-06-04_BARGRU_Ergebnisbericht.pdf; zuletzt abgerufen am 23.06.2024]

Dalal, Farhad: CBT: The Cognitive Behavioural Tsunami. Managerialism, Politics and the Corruptions of Science, London/New York: Routledge, 2019

De Mos, Katharina: Trierer Bestseller-Autorin. Das sagt Stefanie Stahl zu den Plagiatsvorwürfen, in: Trierischer Volksfreund, 18.09.2023; [https://www.volksfreund.de/region/rheinland-pfalz/plagiatsvorwurf-trierer-bestseller-autorin-stefanie-stahl-aeussert-sich-hat-sie-abgeschrieben_aid-97575339; zuletzt abgerufen am 12.06.2024]

Didi-Huberman, Georges: Erfindung der Hysterie, München: Wilhelm Fink, 1997

Digitales Wörterbuch der deutschen Sprache (DWDS): Ramschware; [https://www.dwds.de/wb/Ramschware; zuletzt abgerufen am 12.06.2024]

Dittrich-Opitz, Christian: Normopathie ist die folgenschwerste Krankheit unserer Zeit, 20.08.2021; [https://christian-dittrich-opitz.de/2021/08/20/christian-opitz-normopathie-ist-die-folgenschwerste-krankheit-unserer-zeit/; zuletzt abgerufen am 12.06.2024]

Dittrich-Opitz, Christian; Salvesen, Christian: Normopathie. Das drängendste Problem unserer Zeit: Selber denken – kritisch bleiben, Bielefeld: Kamphausen-Media, 2021

DocCheck Flexicon: Lisdexamphetamin; [https://flexikon.doccheck.com/de/Lisdexamphetamin#; zuletzt abgerufen am 12.06.2024]

Ehlert-Balzer, Martin: Trauma, in: Mertens, Wolfgang (Hg.): Handbuch psychoanalytischer Grundbegriffe, 5. überarb. Aufl., Stuttgart: Kohlhammer, 2022, S. 968–972

Ferenczi, Sandor: Sprachverwirrung zwischen dem Erwachsenen und dem Kind (1933), in: Ferenczi, Sandor: Schriften zu Psychoanalyse, Band II, S. 303–313, Frankfurt a. M: Fischer, 1972

Festring-Hashem Zadeh, Kristina: Robert Betz: »Glücks-Coach« oder Scharlatan?, 20.11.2013; [https://www.ndr.de/fernsehen/sendungen/panorama3/Robert-Betz-Gluecks-Coach-oder-Scharlatan,betz101.html; zuletzt abgerufen am 22.06.2024]

Forschung & Lehre: IG-Nobelpreis verliehen, 15.09.2023; [https://www.forschung-und-lehre.de/forschung/ig-nobelpreis-verliehen-5916; zuletzt abgerufen am 23.06.2024]

Freud, Anna; Burlingham, Dorothy: Heimatlose Kinder, Frankfurt a. M.: Fischer Wissenschaft, 1982

Freud, Sigmund: Charcot, GW I, S. 21–35, 1893

Freud, Sigmund: Zur Psychopathologie des Alltagslebens, GW IV, 1901b

Freud, Sigmund: Zur Einführung des Narzißmus, GWX, S. 137–170, 1914c

Freud, Sigmund: Triebe und Triebschicksale, GWX, S. 210–232, 1915c

Freud, Sigmund: Massenpsychologie und Ich-Analyse, GW XIII, S. 71–161, Frankfurt a. M.: Fischer, 1921c

Freud, Sigmund: Aus den Anfängen der Psychoanalyse. Briefe an Wilhelm Fliess, Abhandlungen und Notizen aus den Jahren 1887–1902, London: Imago Publishing, 1950

Gay, Peter: Freud. Eine Biographie für unsere Zeit, Frankfurt a. M.: S. Fischer, 1989

Gelbe Liste. Pharmaindex: [https://www.gelbe-liste.de/wirkstoffe/Methylphenidat_1306; zuletzt abgerufen am 23.06.2024]

Georgescu, Vlad: Ärzte beim Militär US-Armee setzt Psychiater als Verhör-Ausbilder ein, in: Der Spiegel, 11.09.2008; [https://www.spiegel.de/wissenschaft/mensch/aerzte-beim-militaer-us-armee-setzt-psychiater-als-verhoer-ausbilder-ein-a-577703.html; zuletzt abgerufen am 23.06.2024]

Gesetze im Internet: Gesetz über die berufsmäßige Ausübung der Heilkunde ohne Bestallung (Heilpraktikergesetz); [https://www.gesetze-im-internet.de/heilprg/HeilprG.pdf zuletzt abgerufen am 23.06.2024]

getAbstract: Richard Dawkins: Das egoistische Gen, [o. J.]; [https://www.getabstract.com/de/zusammenfassung/das-egoistische-gen/7827; zuletzt abgerufen am 12.06.2024]

GNH: [https://ophi.org.uk/gross-national-happiness; zuletzt abgerufen am 23.06.2024]

Gödde, Günter: Unbewusst, das Unbewusste (II), in: Mertens, Wolfgang (Hg.): Handbuch psychoanalytischer Grundbegriffe, 5. Aufl., Stuttgart: Kohlhammer, 2022, S. 1026–1048, 5. Aufl.

Gommel, Martin: Warum ich mich von Stefanie Stahl nicht ernst genommen fühle, in: Krautreporter, 06.04.2022; [https://krautreporter.de/psyche-und-gesundheit/4324-warum-ich-mich-von-stefanie-stahl-nicht-ernst-genommen-fuhle?shared=7490843a-3cd6-45e4-a73c-68cca766f4f2; zuletzt abgerufen am 23.06.2024]

Görges, Frauke; Oehler, Caroline; von Hirschhausen, Eckart; Hegerl, Ulrich; Rummel-Kluge, Christine: GET.HAPPY. Acceptance of an Internet-Based Self-Management Positive Psychology Intervention for Adult Primary Care Patients with Mild and Moderate Depression or Dysthymia. A Pilot Study, in: Internet Interventions, Vol. 12, Juni 2018, S. 26–35; [https://www.sciencedirect.com/science/article/pii/S2214782917301148?via=ihub; zuletzt abgerufen am 23.06.2024]

Goscinny, R.; Uderzo, A.: Die weiße Iris, Asterix, Band 40, Berlin: Egmont Ehapa, 2023

Grawe, Klaus: Neuropsychotherapie, Göttingen: Hogrefe, 2004

Hallich, Oliver: Platons »Menon«, Darmstadt: WBG, 2013

Hampel, Doreen: Michael Winterhoff: Warum unsere Kinder Tyrannen werden, 17.03.2009; [https://www.socialnet.de/rezensionen/7079.php; zuletzt abgerufen am 22.06.2024]

Heinemann, Evelyn; Hopf, Hans: Psychische Störungen in Kindheit und Jugend, 2. Aufl., Stuttgart: Kohlhammer, 2004

Henig, Robin Marantz: Understanding the Anxious Mind, in: The New York Times Magazine, 29.09.2009; [https://www.nytimes.com/2009/10/04/magazine/04anxiety-t.html; zuletzt abgerufen am 23.06.2024]

Herold, Reinhard; Weiß, Heinz: Übertragung, in: Mertens, Wolfgang (Hg.): Handbuch psychoanalytischer Grundbegriffe, 5. Aufl., Stuttgart: Kohlhammer, 2022, S. 1012–1026,

Herrigel, Eugen: Zen in der Kunst des Bogenschießens, eBook-Ausgabe, Knaur-ebook, 2019

Hirschhausen, Eckart von: Hirschhausens Hirnschmalz: Spaziere um dein Leben!, in: Spektrum, 3.11.2017; [https://www.spektrum.de/magazin/hirschhausen-spaziere-um-dein-leben/1514315; zuletzt abgerufen am 23.06.2024]

Hirschhausen, Eckart von, Vytenis Andriukaitis: »Wer sich nicht impfen lässt, ist ein asozialer Trittbrettfahrer«, in: welt.de, 27.04.2018; [https://www.welt.de/debatte/kommentare/article175833877/Eckart-von-Hirschhausen-Wer-sich-nicht-impfen-laesst-ist-ein-asozialer-Trittbrettfahrer.html; zuletzt abgerufen am 21.06.2024]

Horizon: Science in Society. IG Nobel Prizes Make You Laugh … then Think, 14.06.2013; [https://projects.research-and-innovation.ec.europa.eu/en/horizon-magazine/ig-nobel-prizes-make-you-laugh-then-think; zuletzt abgerufen am 21.06.2024]

Kandel, Eric: Was ist der Mensch?, München: Pantheon, 3. Aufl. 2019

Kernberg, Otto F.: Borderline-Störungen und pathologischer Narzißmus, Frankfurt a. M.: Suhrkamp, 1993

Kidsroom.de: Babyentwicklung: Darum lacht dein Baby, 14.04.2016; [https://kidsroom.de/magazin/baby/baby-entwicklung/babyentwicklung-darum-lacht-ihr-baby/#:~:text und https://www.eltern.de/baby/babyentwicklung/baby-lachen; zuletzt abgerufen am 23.06.2024]

Knecht, Thomas: Erfunden oder wiedergefunden? Zum aktuellen Stand der »Recovered-Memory«-Debatte, in: Schweiz Med Forum, Vol. 5, 2005, S. 1083–1087 2005; [https://smf.swisshealthweb.ch/fileadmin/assets/SMF/2005/fms.2005.05674/fms-2005-05674.pdf; zuletzt abgerufen am 23.06.2024]

Köhler, Uwe: Realsatire Gesundheitspolitik, in: Ärzteblatt Sachsen 2, 2022, S. 4; [https://www.slaek.de/media/dokumente/ueber-uns/presse/aerzteblatt/archiv/2021-2030/2022/02/0222_004.pdf; zuletzt abgerufen am 23.06.2024]

Kohut, Heinz: Narzißmus, Frankfurt a. M.: Suhrkamp, 10. Aufl. 1997

Körner, Jürgen: Regression – Progression, in: Mertens, Wolfgang (Hg.): Handbuch psychoanalytischer Grundbegriffe, 5. Aufl., Stuttgart: Kohlhammer, 2022, S. 792–798

Krafft, Elisabeth: Psychologin Stefanie Stahl – »Was sich in den ersten zwei Lebensjahren im Gehirn abspeichert, ist irreversibel«, in: Welt, 14.04.2023; [https://www.welt.de/wissenschaft/plus244304151/Stefanie-Stahl-Was-sich-in-den-ersten-zwei-Lebensjahren-im-Gehirn-abspeichert-ist-irreversibel.html; zuletzt abgerufen am 23.06.2024]

Krettenauer, Tobias: Der Entwicklungsbegriff in der Psychologie, in: Ahnert, Lieselotte (Hg.), Theorien in der Entwicklungspsychologie, Berlin/Heidelberg: Springer, Kindle-Version, 2014, S. 1–25

Kris, Ernst: Psychoanalytic Exploration in Art, New York: International University Press New York, 1952

Laplanche, J.; Pontalis, J.-B.: Das Vokabular der Psychoanalyse, Frankfurt a. M.: Suhrkamp, 14. Aufl. 1998

Lazar, Ross A.: Container – Contained, in: Mertens, Wolfgang (Hg.): Handbuch psychoanalytischer Grundbegriffe, 5. Aufl., Stuttgart: Kohlhammer, 2022, S. 167–172

Ledesma, Dianne; Kumano, Hiroaki: Mindfulness-Based Stress Reduction and Cancer: A Meta-Analysis, in: Psycho-Oncology Vol. 18, Nr. 6, 2009, S. 571–579; [https://www.researchgate.net/publication/23487852_Mindfulness-based_stress_reduction_and cancer_A_meta-analysis; zuletzt abgerufen am 23.06.2024]

Lexikon der Psychologie (Spektrum): Hilflosigkeit, erlernte; [https://www.spektrum.de/lexikon/psychologie/hilflosigkeit-erlernte/6552; zuletzt abgerufen am 10.06.2024]

Liebert, Juliane: Lebensführung. Was ist der Sinn des Lebens?, in: Süddeutsche Zeitung, 23.06.2023; [https://www.sueddeutsche.de/kultur/brianna-wiest-sinn-des-lebens-bestseller-1.5960385; zuletzt abgerufen am 23.06.2024]

Ludwig-Maximilians-Universität München: Psychotainment-Veranstaltung Trennung zwecklos. Die Geheimnisse der Partnerwahl (Einladung), 12.09.2014; [https://www.psy.lmu.de/fachpsy/aktuelles/veranstaltungen/psychotainment/index.html; zuletzt abgerufen am 12.06.2024]

Lykken, David; Tellegen, Auke: Happiness Is a Stochastic Phenomenon, in: Psychological Science, Vol. 7, Nr. 3, May 1996, S. 186–189

Lyubomirsky, Sonja; Sheldon, Kennon M.: Happiness: The Architecture of Sustainable Change, in: Review of General Psychology, Vol. 9, Nr. 2, 2005, S. 111–131; [https://greatergood.berkeley.edu/images/uploads/Pursuing_Happiness-_The_Architecture_of_Sustainable_Change.pdf; zuletzt abgerufen am 23.06.2024]

Maeck, Stefanie: Was ist dran am Konzept des inneren Kindes? Eine kritische Betrachtung, in: GEO, 05.10.2023; [https://www.geo.de/wissen/gesundheit/inneres-kind--was-ist-dran-am-hype-um-seine-heilung--33878022.html; zuletzt abgerufen am 23.06.2024]

Maiers, Wolfgang, Der Etikettenschwindel der Evolutionären Psychologie, in: Forum Kritische Psychologie, Nr. 45, 2002, S. 24–54; [https://www.kritische-psychologie.de/files/FKP_45_Wolfgang_Maiers.pdf; zuletzt abgerufen am 22.06.2024]

Marjorie-Wiki: Psychotainment; [https://marjorie-wiki.de/wiki/Psychotainment; zuletzt abgerufen am 12.06.2024]

Maslow A.H.: Motivation and Personality. Prabhat Books 2015 (ebook; print replica)

Max-Planck-Gesellschaft: Evolution; [https://www.mpg.de/evolution; zuletzt abgerufen am 12.06.2024]

McCabe, David P.; Castel, Alan D.: Seeing is Believing. The Effect of Brain Images on Judgments of Scientific Reasoning, in Cognition, Vol. 107, Nr. 1, 2008, S. 343–352; [https://www.studocu.com/en-us/document/university-of-rochester/intro-to-psychology/brain-images-online-article/17534655; zuletzt abgerufen am 23.06.2024]

Mentzos, Stavros (Hg.): Angstneurose, Frankfurt a. M.: Fischer, 1997

Mitscherlich, Alexander und Margarete: Die Unfähigkeit zu trauern. Grundlagen kollektiven Verhaltens, München: Piper, 16. Aufl. 2001

Niedersächsisches Landesamt für Soziales, Jugend und Familie: Hinweise zur Überprüfung nach dem Heilpraktikergesetz, 18.04.1924; [https://soziales.niedersachsen.de/startseite/soziales_amp_gesundheit/gesundheit_und_pflege/nichtarztliche_heilberufe/heilpraktiker/hinweise-zur-ueberpruefung-nach-dem-heilpraktikergesetz-287.html; zuletzt abgerufen am 23.06.2024]

Nosek, Estimating the Reproducibility of Psychological Science, in: Science, Vol. 349, Issue 6251, 28. August 2015; [https://www.science.org/doi/abs/10.1126/science.aac4716 und https://osf.io/ezcuj/wiki/home/; zuletzt abgerufen am 23.06.2024]

NWZ Online: Wo Meinungen erwünscht und Macken akzeptiert sind, in: NWZ Online, 11.09.2007; [https://www.nwzonline.de/sport/ganderkesee-psychotainment-club-wo-meinungen-erwuenscht-und-macken-akzeptiert-sind_a_5,1,681263656.html; zuletzt abgerufen am 23.06.2024]

Pflichthofer, Diana: Mit Neurosen unterwegs. Kleiner psychoanalytischer Reiseführer durch unseren Alltag, Göttingen: Vandenhoeck & Ruprecht, 2021

Philipsen, Alexandra; Heßlinger, Bernd; von Elst, Ludger Tebartz: Aufmerksamkeitsdefizit-Hyperaktivitätsstörung im Erwachsenenalter. Diagnostik, Ätiologie und Therapie, in: Deutsches Ärzteblatt, Vol. 105, Nr. 17, 2008, S. 311–317; [https://www.aerzteblatt.de/archiv/59867/Aufmerksamkeitsdefizit-Hyperaktivitaetsstoerung-im-Erwachsenenalter; zuletzt abgerufen am 23.06.2024]

Pinker, Steven: Why They Kill Their Newborns, in: The New York Times Magazine, 02.11.1997; [https://www.nytimes.com/1997/11/02/magazine/why-they-kill-their-newborns.html; zuletzt abgerufen am 04.03.2024]

Platon: Menon, Zenodot Verlagsgesellschaft (Kindle-Version), 2016

Reckwitz, Andreas (2021): Das Ende der Illusionen. Politik, Ökonomie und Kultur in der Spätmoderne. Suhrkamp, Berlin 8. Aufl.

Referentenagentur Bertelsmann: Volker Kitz; [https://www.referentenagentur-bertelsmann.de/redner/Volker_Kitz/385955.html; zuletzt abgerufen am 21.06.2024]

Referentenagentur Bertelsmann: Manuel Tusch; [https://www.referentenagentur-bertelsmann.de/redner/Manuel_Tusch/385956.html; zuletzt abgerufen am 21.06.2024]

Reif, Andreas: Fokus ADHS. ADHS und affektive Störungen. Teil 2: Erwachsene; [https://www.takeda-adhs.de/sites/default/files/2022-09/reif_fokus-adhs-2021_adhs-affektive-stoerungen.pdf; zuletzt abgerufen am 23.06.2024]

Richter, Horst-Eberhard: Eltern, Kind und Neurose, Hamburg: Rowohlt Taschenbuch Verlag, 2. Aufl. 1998

Rose, Hilary: Die Evolutionäre Psychologie, der Sozialdarwinismus und das Standardmodell der Sozialwissenschaften, in: Forum Kritische Psychologie, Vol. 45, 2002; [https://www.kritische-psychologie.de/files/FKP_45_Hilary_Rose.pdf; zuletzt abgerufen am 23.06.2024]

Rosa, Hartmut: Resonanz. Eine Soziologie der Weltbeziehung, Frankfurt a. M.: Suhrkamp, 6. Aufl. 2022

Rosenbach, Nicole; Stadler, Rainer: Justiz: Staatsanwaltschaft Bonn erhebt Anklage gegen Michael Winterhoff, in: Süddeutsche Zeitung, 04.07.2023; [https://www.sueddeutsche.de/politik/michael-winterhoff-kinderpsychiater-staatsanwaltschaft-bonn-anklage-koerperverletzung-1.5996404; zuletzt abgerufen am 22.06.2024]

Rosenbach, Nicole; Stadler, Rainer: Kinderpsychiater: Umfangreiche Ermittlungen im Fall Winterhoff, in: Süddeutsche Zeitung, 23.06.2022; [https://www.sueddeutsche.de/politik/winterhoff-staatsanwaltschaft-1.5608127; zuletzt abgerufen am 22.06.2024]

Rosenbach, Nicole; Stadler, Rainer: Kinderpsychiatrie: Razzia bei Bonner Kinderpsychiater Michael Winterhoff, in: Süddeutsche Zeitung, 13.05.2022; [https://www.sueddeutsche.de/politik/winterhoff-razzia-1.5584228; zuletzt abgerufen am 22.06.2024]

Rosenbach, Nicole; Stadler, Rainer: Kinderpsychiater Michael Winterhoff: Schleppende Ermittlungen im Fall Winterhoff, in: Süddeutsche Zeitung, 31.03.2022; [https://www.sueddeutsche.de/politik/winterhoff-kinderpsychiater-staatsanwaltschaft-1.5558312; zuletzt abgerufen am 22.06.2024]

Rosenbach, Nicole; Stadler, Rainer: Der Fall Winterhoff: »Die haben doch gesehen, was mit uns passiert ist«, in: Süddeutsche Zeitung, 18.11.2021; [https://www.sueddeutsche.de/panorama/winterhoff-kinderpsychiater-medizinskandal-1.5467767; zuletzt abgerufen am 22.06.2024]

Rosenbach, Nicole; Stadler, Rainer: Vorwürfe gegen Kinderpsychiater: »Er hat meine Kindheit ruiniert«, in: Süddeutsche Zeitung, 09.08.2021; [https://www.sueddeutsche.de/leben/michael-winterhoff-pipamperon-kinderpsychiater-narzissmus-1.5377911; zuletzt abgerufen am 22.06.2024]

Ruch, Willibald; Proyer, René: Positive Psychologie. Grundlagen, Forschungsthemen und Anwendungen, Januar 2011; [https://www.researchgate.net/publication/278753248_Positive_Psychologie_Grundlagen_Forschungsthemen_und_Anwendungen; zuletzt abgerufen am 22.06.2024]

Scherndl, Gabriele; Mitter Helmut: Braco mit dem heilenden Blick will kein Wunderheiler sein, in: Der Standard, 02.09.2019; [https://www.derstandard.de/story/2000108096947/braco-mit-dem-heilenden-blick-will-kein-wunderheiler-sein; zuletzt abgerufen am 22.06.2024]

Schmitz, Joachim: Eckart von Hirschhausen. Könnte nicht als Arzt arbeiten, in: noz 11.06.2017; [https://www.noz.de/deutschland-welt/promi-show/artikel/moderator-im-interview-eckart-von-hirschhausen-koennte-nicht-als-arzt-arbeiten-22597585#:~:text; zuletzt abgerufen am 23.06.2024]

Schmitz, Stephanie; Saudino, Kimberly J.; Plomin, Robert; Fulker, David W.; DeFries, J. C.: Genetic and Environmental Influences on Temperament in Middle Childhood. Analyses of Teacher and Tester Ratings, in: Child Development, Vol. 67, Nr. 2, April 1996, S. 409–422; [https://www.jstor.org/stable/1131823?read-now=1&seq=1#page_scan_tab_contents; zuletzt abgerufen am 30.06.2024]

Schuhmacher, Andrea: Das betrogene Ich, in: Die Zeit, 02.02.2005, S. 3; [https://www.zeit.de/zeit-wissen/2005/05/Autobiographisches_Gedaechtnis.xml/seite-3; zuletzt abgerufen am 23.06.2024]

Schwartz, Carl E.; Wright, Christopher I.; Shin, Lisa; Kagan, Jerome; Rauch, Scott L.: Inhibited and Unihibted Infants »Grown up«: Adult Amygdalar Response to Novelty, Science Vol. 300, Nr. 5627, Juli 2003, S. 1952–1953; [https://www.researchgate.net/publication/10699370_Inhibited_and_uninhibited_infants_Grown_Up_Adult_amygdalar_response_to_novelty; zuletzt abgerufen am 23.06.2024]

Seiler, Stephan: Stefanie Stahl: »In allen anderen Lebensbereichen bin ich bescheiden, aber in der Psychologie weiß ich, was ich kann«, in: Stern, 01.01.2023; [https://www.stern.de/gesellschaft/stefanie-stahl--was-steckt-hinter-dem-erfolg-der-bestseller-autorin--32912426.html?cc_bust=2950604; zuletzt abgerufen am 23.06.2024]

Seligman, Martin E. P.: Learned Helplessness, in: Annual Review of Medicine, Vol. 23, 1972, S. 407–412; [https://www.annualreviews.org/doi/10.1146/annurev.me.23.020172.002203; zuletzt abgerufen am 23.06.2024]

Seligman, Martin E. P.; Csikszentmihalyi, Mihaly: Positive Psychology: An Introduction, in: American Psychologist, Vol. 55, Nr. 1, Januar 2000, S. 5–14; [https://www.researchgate.net/publication/11946304_Positive_Psychology_An_Introduction; zuletzt abgerufen am 23.06.2024]

Shafy, Samiha: Psychologie. Wie uns Angst prägt, in: Der Spiegel, 26.03.2020; [https://www.spiegel.de/wissenschaft/wie-uns-angst-praegt-a-00000000-0002-0001-0000-000074184597; zuletzt abgerufen am 23.06.2024]

Solms, Mark: Unbewusst, das Unbewusste I, in: Mertens, Wolfgang (Hg.): Handbuch psychoanalytischer Grundbegriffe, 5. Aufl., Stuttgart: Kohlhammer, 2022, S. 1026–1034, 5. Aufl.

Der Spiegel: Psychologie. Ergebnisse vieler Studien erweisen sich als unhaltbar, in: Der Spiegel, 28.08.2015; [https://www.spiegel.de/wissenschaft/mensch/psychologie-ergebnisse-hunderter-studien-nicht-wiederholbar-a-1050202.html; zuletzt abgerufen am 23.06.2024]

Staats, Hermann: Persönliche Mitteilung, 2024

Stahl, Stefanie: Wer wir sind. Wie wir wahrnehmen, fühlen und lieben. Alles, was Sie über Psychologie wissen sollten, München: Kailash, 2022

Stahl, Stefanie: Das Kind in dir muss Heimat finden. Der Schlüssel zur Lösung (fast) aller Probleme, München: Kailash, 2015

Stahl, Stefanie: Psychologische Beratung; [https://www.stefaniestahl.de/beratung/; zuletzt abgerufen am 21.06.2024]

Statista: Anzahl der Verordnungen von Methylphenidat, Atomoxetin und Lisdexamfetamin in Deutschland in den Jahren von 2004 bis 2021, Februar 2023; [https://de.statista.com/statistik/daten/studie/375281/umfrage/adhs-anzahl-der-verordnungen-ausgewaehlter-psychostimulanzien/; zuletzt abgerufen am 08.06.2024]

Stephan, Felix: Plagiate bei Stefanie Stahl. Fremde Gedanken, in: Süddeutsche Zeitung, 01.09.2023; [https://www.sueddeutsche.de/kultur/stefanie-stahl-plagiate-wer-wir-sind-das-kind-in-dir-1.6184248; zuletzt abgerufen am 23.06.2024]

Stephenson, Barry: Charcot's Theatre of Hysteria, in: Journal of Ritual Studies, Vol. 15, Nr. 1, 2001, S. 27–37; [https://www.jstor.org/stable/44368585?read-now=1&seq=11#page_scan_tab_contents; zuletzt abgerufen am 23.06.2024]

Stiftung Deutsche Depressionshilfe und Suizidprävention. Glückstraining bei Depression; [https://www.deutsche-depressionshilfe.de/forschungszentrum/get-happy-studie; zuletzt abgerufen am 12.06.2024]

Stock, Christof: Rechtsgutachten zum Heilpraktikerrecht, 2021; [https://www.bundesgesundheitsministerium.de/fileadmin/Dateien/5_Publikationen/Gesundheit/Berichte/Rechtsgutachten_Heilpraktikerrecht_April_2021.pdf; zuletzt abgerufen am 23.06.2024]

Storebø, Ole Jakob; Storm, Maja Rosenberg Overby; Ribeiro, Johanne Pereira; Skoog, Maria; Groth, Camilla; Callesen, Henrietta E.; Schaug, Julie Perrine; Rasmussen, Pernille Darling; Huus, Christel-Mie L.; Zwi, Morris; Kirubakaran, Richard; Simonsen, Erik; Gluud, Christian: Methylphenidat für Kinder und Jugendliche mit Aufmerksamkeitsdefizit-Hyperaktivitäts-Syndrom (ADHS), in: Cochrane Database of Systematic Reviews, 2023; [https://www.cochranelibrary.com/cdsr/doi/10.1002/14651858.CD009885.pub3/epdf/full; zuletzt abgerufen am 23.06.2024]

Straßmann, Burkhard: Glücksphilosophie: Im Herzen der Sekte, in: Die Zeit, 29.12.2011; [https://www.zeit.de/2012/01/Glueck-Unglueck; zuletzt abgerufen am 23.06.2024]

Strauß, Bernhard: Persönliche Mitteilung, 2024

Tooby, John; Cosmides, Leda: The Psychological Foundations of Culture, Januar 1992; [https://www.researchgate.net/publication/243708265_The_Psychological_Foundations_of_Culture; zuletzt abgerufen am 23.06.2024]

UTA Institut: Das Neuroaffektive Beziehungsmodell; [https://www.uta-akademie.de/de/angebot/das-neuroaffektive-beziehungsmodell-narmtm; zuletzt abgerufen am 04.03.2024]

UTA Institut: Heilung; [https://www.uta-akademie.de/de/angebot/heilung-von-entwicklungstraumata-narmtm; zuletzt abgerufen am 12.06.2024]

Weber, Peter: Psychosomatische und psychiatrische Erkrankungen, in: Psychosomatische und psychiatrische Erkrankungen, 2013, S. 751–760; [https://www.ncbi.nlm.nih.gov/pmc/articles/PMC7498788/; zuletzt abgerufen am 23.06.2024]

Wei-Haas, Maya: Prähistorische Jägerinnen widerlegen alte Geschlechterrollen, in: National Geographic, 12.11.2020; [https://www.nationalgeographic.de/geschichte-und-kultur/2020/11/praehistorische-jaegerinnen-widerlegen-alte-geschlechterrollen; zuletzt abgerufen am 23.06.2024]

WeMynd: Wir sind WeMynd; [https://wemynd.de/ueber-wemynd/; zuletzt abgerufen am 08.06.2024]

White, Carmela A.; Uttl, Bob; Holder, Mark D.: Meta-analyses of Positive Psychology Interventions: The Effects Are Much Smaller than Previously Reported, Mai 2019; [https://www.semanticscholar.org/reader/ac4740bd09a07557088f38df7b286b8e827e6909; zuletzt abgerufen am 23.06.2024]

Wiest, Brianna: The Truth About Everything, München: Piper, 2024

Wiest, Brianna: When You're Ready, this Is How You Heal, München: Piper, 2023

Wikipedia: Ramschware; [https://de.wikipedia.org/wiki/Ramsch; zuletzt abgerufen am 12.06.2024]

Wilson, Timothy D.; Reinhard, David A.; Westgate, Erin C., Gilbert Daniel T.; Ellerbeck, Nicole; Hahn, Cheryl; Brown, Casey L.; Shaked, Adi: Just think: The Challenges of the Disengaged Mind, in: Science, Vol. 345, Nr. 6192, Juli 2014, S. 75–77; [https://www.researchgate.net/publication/263705742_Just_think_The_challenges_of_the_disengaged_mind; zuletzt abgerufen am 23.06.2024]

Windischberger, Christian; Bogner, Wolfgang; Gruber, Stephan; Moser, Ewald, (2011): Magnetresonanztomographie (MRT): Physikalische Grundlagen, Auswertung und Analyse, in: Schicke, Günter (Hg.): Neurobiologie der Psychotherapie, Stuttgart: Schattauer, 2011, S. 35–48

Windscheid, Leon: Besser fühlen. Eine Reise zur Gelassenheit, Hamburg: Rowohlt, 2021

Windscheid, Leon: Über Leon; [https://leonwindscheid.de/ueber-leon/; zuletzt abgerufen am 12.06.2024]

Winnicott, Donald W.: Von der Kinderheilkunde zur Psychoanalyse, Frankfurt a. M.: Fischer, 1997

Wolf, Christian: Hirnforschung. Auf wackligen Füßen, in: Spektrum, 07.06.2013; [https://www.spektrum.de/news/auf-wackligen-fuessen/1197507; zuletzt abgerufen am 23.06.2024]

Wyss, Rebecca: Erfolgsautorin Stefanie Stahl verkauft Millionen von Büchern. Jetzt kommt Kritik auf an der deutschen Star-Psychologin, in: Blick, 07.01.2023; [https://www.blick.ch/schweiz/erfolgsautorin-stefanie-stahl-verkauft-millionen-von-buechern-jetzt-kommt-kritik-auf-an-der-deutschen-star-psychologin-id18204273.html; zuletzt abgerufen am 23.06.2024]

Sendungen, Videos und Podcasts

Hier und heute (WDR): Promitalk mit Leon Windscheid, 28.09.2023; [https://www.ardmediathek.de/video/hier-und-heute/promitalk-mit-leon-windscheid/wdr/Y3JpZDovL3dkci5kZS9CZWl0cmFnLTk5ZDdhYmQyLTRkMWMtNDQ2OC04YTFkLTgxOWRmZWRiYmM4NA; zuletzt abgerufen am 23.06.2024]

Hirschhausen, Eckart von: Positive Psychologie. Eckart von Hirschhausen beim Symposium Positive Psychologie, 28.06.2012; [https://www.youtube.com/watch?v=Ywxca_A7IiE; zuletzt abgerufen am 23.06.2024]

Lisas Paarschitt, WDR: Stefanie Stahl spricht über Mütter, 14.12.2023; [https://www.ardmediathek.de/video/lisas-paarschitt/stefanie-stahl-spricht-ueber-muetter/wdr/Y3JpZDovL3dkci5kZS9CZWl0cmFnLXNvcGhvcmEtNDJlOTdkYWYtYWZhMC00OTU4LWJmZDktYjdjZTdiNzVjNDhl; zuletzt abgerufen am 23.06.2024]

NDR-Talkshow: Psychotherapeutin Stefanie Stahl, 30.06.2023; [https://www.ardmediathek.de/video/ndr-talk-show/psychotherapeutin-stefanie-stahl/ndr/Y3JpZDovL25kci5kZS9mNzBjMWYyZi1kNTgxLTQ5ZTAtOWY1OS01ZjIxMjdiMjA4NjU; zuletzt abgerufen am 23.06.2024]

Reschke, Anja: Psychotricks. Die bizarre Show der Life-Coaches, Reschke Fernsehen (Das Erste), 23.11.2023; [https://www.ardmediathek.de/video/reschke-fernsehen/psychotricks-die-bizarre-show-der-life-coaches/das-erste/Y3JpZDovL2Rhc2Vyc3RlLm5kci5kZS80ODY3XzIwMjMtMTEtMjMtMjMtMzU; zuletzt abgerufen am 23.06.2024]

Richter, Damian: Facebook-Post vom 06.12.2017; [https://www.facebook.com/watch/?v=1015646098787 8273; zuletzt abgerufen am 18.06.2024]

Servus TV: Neue Gurus. Heiler oder Scharlatane?, 02.09.2021; [https://www.servustv.com/aktuelles/v/aa-21hp7rwa52112/; zuletzt abgerufen am 08.06.2024]

Stahl, Stefanie: So bin ich eben! Stefanie Stahls Psychologie-Podcast für alle »Normalgestörten«, RTL+; [https://plus.rtl.de/podcast/so-bin-ich-eben-stefanie-stahls-psychologie-podcast-fuer-alle-normalgestoerten-shkh905mmgb9j; zuletzt abgerufen am 20.06.2024]

Windscheid, Leon: Haben deine Eltern dir geschadet?, Terra Xplore (ZDF), 29.10.2023; [https://www.zdf.de/dokumentation/terra-xplore/haben-deine-eltern-dir-geschadet-s08f02-100.html; zuletzt abgerufen am 23.06.2024]

Endnoten

1 Vgl. https://www.aok.de/pp/bv/pm/fehlzeiten-report-2023/
2 Vgl. https://www.aok.de/pp/bv/pm/fehlzeiten-report-2023/
3 Bartels 2023 [Süddeutsche Zeitung 31.01.2023]
4 Stahl [Audio-Podcast]
5 Vgl. Wikipedia: Normopathie
6 Vgl. Dittrich-Opitz & Salvesen 2021
7 Vgl. Salvesen, Einleitung
8 Dittrich-Opitz 2021
9 Vgl. Laplanche & Pontalis 1998, und Freud 1950, S. 156 ff.
10 Stahl [stefaniestahl.de, »Psychologische Beratung«]
11 NDR-Talkshow 2023
12 Vgl. Stahl 2022, S. 48
13 Vgl. Grawe 2004, S. 185
14 Hier seien genannt: Kernberg 1993 und Kohut 1997
15 Freud 1915
16 Vgl. Marjorie-Wiki
17 Vgl. Ludwig-Maximilians-Universität München 2014 [lmu.de]
18 Vgl. Referentenagentur Bertelsmann: Volker Kitz [referentenagentur-bertelsmann.de] 21.06.2024
19 Vgl. Referentenagentur Bertelsmann: Manuel Tusch [referentenagentur-bertelsmann.de]
20 Vgl. Referentenagentur Bertelsmann: Manuel Tusch [referentenagentur-bertelsmann.de]
21 Vgl. NWZ Online 11.09.2007 [Nordwest Zeitung Online]
22 Vgl. Didi-Huberman 1997, S. 22
23 Vgl. Didi-Huberman 1997, S. 25
24 Siehe auch Stephenson 2001, S. 27
25 Vgl. Freud 1921, S. 117 und S. 118
26 Vgl. Stephenson 2001, S. 28
27 Vgl. Stephenson 2001
28 Vgl. Didi-Huberman 1997, S. 28
29 Vgl. Didi-Huberman 1997, S. 262

30 Vgl. Stephenson 2001
31 Freud 1893, S. 28
32 Vgl. Gay 1989, S. 62
33 Vgl. Didi-Huberman 1997, S. 27
34 Vgl. Didi-Huberman 1997, S. 55
35 Vgl. Didi-Huberman 1997, S. 137 und S. 138
36 Vgl. Didi-Huberman 1997, S. 97
37 Vgl. Didi-Huberman 1997, S. 192
38 Vgl. Didi-Huberman 1997, S. 306 und S. 307
39 Vgl. Didi-Huberman 1997, S. 307
40 Vgl. Seiler 2023 [Stern]
41 Wyss 2023 [Blick]
42 Wyss 2023 [Blick]
43 Vgl. etwa Körner 2022, S. 792
44 Vgl. Kris 1952, S. 177
45 Vgl. Balint 1997, S. 197
46 Vgl. Winnicott 1997, S. 300 ff.
47 Vgl. Stahl 2022, S. 295
48 https://www.stefaniestahl.de/beratung/
49 Gommel 2022 [Krautreporter]
50 Hier und Heute (WDR) 2023
51 Vgl. Wilson et al. 2014, S. 76
52 Hier und Heute (WDR) 2023
53 Vgl. Hier und Heute (WDR) 2023
54 Windscheid 2021, S. 14
55 Vgl. Windscheid 2023 [Terra Xplore]
56 Vgl. Weber 2013
57 Vgl. Windscheid 2023 [Terra Xplore]
58 Vgl. Gay 1989, S. 80
59 Vgl. Rosa 2022
60 Schmitz, Joachim 2017
61 von Hirschhausen, Andriukaitis 2017
62 Köhler 2022, S. 4
63 https://www.gelbe-liste.de/wirkstoffe/Methylphenidat_1306
64 Reif 2024 [takeda-adhs.de]
65 https://register.awmf.org/de/leitlinien/detail/028-045

66 Vgl. Statista: Verordnungen 2023 [statista.de]
67 Vgl. DocCheck Flexicon: Lisdexamphetamin
68 Philipsen et al. 2008
69 Vgl. AWMF Online [awmf.org]
70 Vgl. Blech 2021 [Der Spiegel]
71 Banaschewski et al., S. 15
72 Banaschweski et al. 2017, S. 156
73 Storebø et al. 2023, S. 2
74 Vgl. Heinemann & Hopf 2004, S. 152
75 Heinemann & Hopf 2004, S. 152
76 Brandes 2024 [persönliche Mitteilung]
77 Vgl. Rosenbach & Stadler 18.11.2021 [Süddeutsche Zeitung]
78 Vgl. Rosenbach & Stadler 09.08.2021 [Süddeutsche Zeitung]
79 Vgl. Rosenbach & Stadler 09.08.2021 [Süddeutsche Zeitung]
80 Rosenbach & Stadler 09.08.2021 [Süddeutsche Zeitung]
81 Vgl. Rosenbach & Stadler 18.11.2021 [Süddeutsche Zeitung]
82 Vgl. Rosenbach & Stadler 09.08.2021 [Süddeutsche Zeitung]
83 Vgl. Rosenbach & Stadler 09.08.2021 [Süddeutsche Zeitung]
84 Vgl. Rosenbach & Stadler 18.11.2021 [Süddeutsche Zeitung]
85 Vgl. Rosenbach & Stadler 18.11.2021 [Süddeutsche Zeitung]
86 Rosenbach & Stadler 18.11.2021 [Süddeutsche Zeitung]
87 Rosenbach & Stadler 31.03.2022 [Süddeutsche Zeitung]
88 Vgl. Rosenbach & Stadler 13.05.2022 [Süddeutsche Zeitung]
89 Vgl. Rosenbach & Stadler 13.05.2022 [Süddeutsche Zeitung]
90 Vgl. Rosenbach & Stadler 23.06.2022 [Süddeutsche Zeitung]
91 Rosenbach & Stadler 04.07.2023 [Süddeutsche Zeitung]

92 Rosenbach & Stadler 09.08.2021 [Süddeutsche Zeitung]
93 Vgl. Hampel 2009 [socialnet.de]
94 Vgl. Reschke 2024 18.01.2024 [Reschke-Fernsehen]
95 Vgl. Cadenbach & Ludwig 02.02.2024 [Süddeutsche Zeitung]
96 Vgl. Cadenbach & Ludwig 02.02.2024 [Süddeutsche Zeitung]
97 Vgl. Richter 2017 [Facebook]
98 Richter 2017 [Facebook]
99 Bange 2013 [sekten-info-nrw.de]
100 Festring-Hashem Zadeh 2013 [NDR]
101 Vgl. Bange 2013 [sekten-info-nrw.de]
102 Vgl. Servus Reportage 2021 [Servus TV]
103 Scherndl/Mitter, Der Standard 2019
104 Herold & Weiß 2022, S. 1012
105 Krafft 2023 [Welt]
106 Vgl. NDR-Talkshow 2023 [NDR]
107 Seiler 2023 [Stern]
108 Seiler 2023 [Stern]
109 Vgl. Seiler 2023 [Stern]
110 Vgl. WeMynd [wemynd.de, »Wir sind WeMynd«]
111 Vgl. Windscheid [leonwindscheid.de, »Über Leon«]
112 Vgl. Becker 2019 [Deutschlandfunk Kultur]
113 Vgl. Nosek 2015
114 Vgl. Der Spiegel: Psychologie 2015 [Der Spiegel]
115 Lisas Paarschitt (WDR) 2023
116 Lisas Paarschitt (WRD) 2023
117 Stahl 2022, S. 65
118 Staats 2024 [persönliche Mitteilung]
119 Vgl. etwa: Kidsroom.de: Babyentwicklung 2016 [kidsroom.de]
120 Strauß 2024 [persönliche Mitteilung]
121 Vgl. Windscheid 2021, S. 19 ff.
122 Vgl. Shafy 2020 [Der Spiegel]
123 Vgl. Shafy 2020 [Der Spiegel]
124 Windscheid 2021, S. 27
125 Vgl. Schwartz et al. 2003

126 Vgl. Schwartz et al. 2003, S. 1952
127 Vgl. Henig 2009 [The New York Times Magazine]
128 Schwartz et al. 2003, S. 1953
129 Vgl. McCabe & Castel 2008
130 Vgl. McCabe & Castel 2008, S. 343 ff.
131 Bennett et al. (o. J.)
132 Vgl. Horizon 2013 und Forschung & Lehre: IG-Nobelpreis 2023
133 Vgl. Blawat 2012 [Süddeutsche Zeitung]
134 Vgl. Windischberger et al. 2011, S. 36
135 Vgl. Windischberger et al. 2011, S. 39
136 Vgl. Wolf 2013 [Spektrum]
137 Vgl. Windscheid 2021, S. 30 f.
138 Vgl. Mentzos (Hg.) 1997
139 Windscheid 2021, S. 31/32
140 Vgl. Brooks 2014
141 Vgl. Brooks 2014, S. 1149
142 Windscheid 2021, S. 35
143 Vgl. Ledesma & Kumano 2009, S. 577
144 Vgl. Ledesma & Kumano 2009, S. 574
145 Vgl. Ledesma & Kumano 2009, S. 577
146 Vgl. Digitales Wörterbuch der deutschen Sprache (DWDS): verramschen
147 Herrigel 2019, S. 40
148 Herrigel 2019, S. 41
149 Herrigel 2019, S. 46 und S. 47
150 Herrigel 2019, S. 62
151 Herrigel 2019, S. 68
152 Herrigel 2019, S. 84
153 Dalal 2019, S. 38
154 Vgl. Maeck 2023 [GEO]
155 Stahl 2015, S. 6 ff.
156 Vgl. Stahl 2022, S. 44
157 Bowlby, 2021, S. 19
158 Krettenauer 2014, S. 6
159 Stahl 2015, S. 25
160 Vgl. Stahl 2022, S. 81

161 Vgl. Stahl 2022, S. 295
162 Vgl. etwa: Knecht 2005 und Schuhmacher 2005, S. 3 [Zeit Online]
163 Ehlert-Balzer 2022, S. 968
164 Vgl. Ehlert-Balzer 2022, S. 968
165 Vgl. Freud & Burlingham 1982, S. 20
166 Vgl. Stahl 2015, S. 50
167 Vgl. Stahl 2022, S. 43
168 Vgl. Ferenczi 1972
169 Vgl. Stahl 2022, S. 43
170 Vgl. Ferenczi 1972, S. 303–313
171 Vgl. Stahl 2022, S. 81
172 Stahl 2015
173 Wiest 2023
174 Wiest 2023, Einführung
175 Vgl. zum Beispiel Bundesanzeiger [bundesanzeiger.de] und Niedersächsisches Landesamt für Soziales, Jugend und Familie [soziales.niedersachsen.de]
176 Vgl. Stock 2022, S. 28
177 Vgl. Stock 2022, S. 30
178 Vgl. Stock 2022, S. 33
179 HeilprG https://www.gesetze-im-internet.de/heilprg/BJNR002510939.html
180 Vgl. UTA Institut: Beziehungsmodell [uta-akademie.de]
181 Vgl. UTA Institut: Heilung [uta-akademie.de]
182 Stahl 2015, S. 14
183 Wiest 2023, Einführung
184 Wiest 2024
185 Liebert 2023 [Süddeutsche Zeitung]
186 Solms 2022, S. 1026
187 Vgl. Solms 2022, S. 1028
188 Freud 1901
189 Gödde 2022, S. 1034
190 Vgl. Gödde 2022, S. 1034
191 Vgl. Stahl 2022, S. 60
192 Stahl 2022, S. 44
193 Böhme-Zeitung 2024, S. 8

194 Vgl. Caceres 2022 [Business Insider]
195 Stiftung Deutsche Depressionshilfe und Suizidprävention [deutsche-depressionshilfe.de] und Görges et al. 2018
196 Vgl. Pflichthofer 2021, S. 32 ff.
197 Stahl 2022, S. 295
198 Freud 1914, S. 161
199 Vgl. Freud 1921, S. 115
200 Vgl. Pflichthofer 2021, S. 65 f.
201 Seiler 2023 [Stern]
202 Seiler 2023 [Stern]
203 Vgl. Seiler 2023 [Stern]
204 https://plagiatsgutachten.com/blog/plagiatsvorwurf-stahl/
205 Vgl. Stephan 2023 [Süddeutsche Zeitung]
206 De Mos 2023 [Trierischer Volksfreund]
207 De Mos 2023 [Trierischer Volksfreund]
208 Stahl 2022, S. 14
209 Vgl. Stahl 2022, S. 48
210 Stahl 2022, S. 17
211 Stahl 2022, S. 21
212 Max-Planck-Gesellschaft: Evolution [mpg.de]
213 Stahl 2022, S. 21
214 Stahl 2022, S. 21
215 Vgl. Stahl 2022, S 21
216 Stahl 2022, S. 17
217 Vgl. Stahl 2022, S. 172
218 Vgl. getAbstract: Richard Dawkins [getabstract.com]
219 Vgl. Maiers 2002
220 Maiers 2002, S. 24
221 Vgl. auch Maiers 2002, S. 25
222 Vgl. Maiers 2002, S. 24
223 Maiers 2002, S. 25
224 Vgl. Tooby & Cosmides 1992; Maiers S. 24
225 Vgl. Tooby & Cosmides 1992, S. 3
226 Rose 2002, S. 14
227 Tooby & Cosmides 1992, S. 67
228 Vgl. Rose 2002, S. 6
229 Vgl. Rose, 2000, S. 262, hier zitiert nach Maiers 2002, S. 49

230 Stahl 2022, S. 21
231 Vgl. Tooby & Cosmides 1992, S. 65
232 Vgl. auch Maiers 2002, S. 29
233 Vgl. Kandel 2019, S. 114
234 Vgl. Maiers 2002, S. 24
235 Vgl. Maiers 2002, S. 30
236 Vgl. Stahl 2022, S. 14
237 Vgl. Maiers 2002, S. 32
238 Blech, Jörg: Dämonen der Begierde. Der Spiegel 16/2000
239 Pinker 1997 [The New York Times Magazine]
240 Rose 2002, S. 14
241 Stahl 2015, S. 82
242 Stahl 2015, S. 82
243 Zum Beispiel Wei-Haas 12.11.2020 [National Geographic]
244 Vgl. Goscinny & Uderzo 2023
245 Dalal 2019
246 Vgl. Dalal 2019, S. 13
247 Vgl. Dalal 2019, S. 13
248 Vgl. Dalal 2019, S. 13
249 Vgl. Dalal 2019, S. 13
250 Vgl. Dalal 2019, S. 13
251 Vgl. Dalal 2019, S. 13
252 Vgl. Hirschhausen 2017 [Spektrum]
253 Vgl. Seligman 1972
254 Vgl. Seligman 1972, S. 407 f.
255 Vgl. Seligman 1972, S. 407
256 Vgl. Georgescu 2008 [Der Spiegel]
257 Maslow 2015
258 Vgl. Seligman & Csikszentmihalyi 2000
259 Seligman & Csikszentmihalyi 2000, S. 6
260 Seligman & Csikszentmihalyi 2000, S. 5
261 Seligman & Csikszentmihalyi 2000, S. 6
262 Vgl. Seligman & Csikszentmihalyi 2000, S. 5
263 Vgl. Seligman & Csikszentmihalyi 2000, S. 5
264 Vgl. Seligman & Csikszentmihalyi 2000, S. 6
265 Vgl. Seligman & Csikszentmihalyi 2000, S. 8
266 Ruch & Proyer 2011, S. 62

267 Ruch & Proyer 2011, S. 61
268 Ruch & Proyer 2011, S. 69
269 Vgl. Ruch & Proyer 2011, S. 68
270 Vgl. Ruch & Proyer 2011, S. 63
271 Vgl. Ruch & Proyer 2011, S. 62
272 Vgl. Ruch & Proyer 2011, S. 66
273 Lyubomirsky et al. 2005
274 Vgl. Lyubomirsky et al. 2005, S. 116
275 Vgl. Lyubomirsky et al. 2005, S. 116
276 Vgl. Lyubomirsky et al. 2005, S. 118
277 Vgl. Schmitz et al. 1996, S. 411
278 Vgl. Schmitz et al. 1996, S. 418
279 Vgl. Lykken & Tellegen 1996, S. 189
280 Vgl. White et al. 2019, S. 40
281 Vgl. Gross National Happiness [o. J.]
282 Reckwitz, Andreas 2021, S. 212
283 Reckwitz, Andreas 2021, S. 215
284 Reckwitz, Andreas 2021
285 Vgl. Reckwitz, Andreas 2021, S. 218
286 Straßmann 2011 [Die Zeit]
287 https://www.youtube.com/watch?v=Ywxca_A7IiE 08.06.2024
288 Vgl. Bion 1990; Lazar 2022
289 Vgl. Platon 2016 und Hallich 2013, S. 78 f.
290 BAGURU-Studie 2022, S. 5
291 Vgl. BARGRU-Studie 2022, S. 40
292 Vgl. Richter 1998, S. 73
293 Richter 1998, S. 72
294 Vgl. Richter 1998, S. 75
295 Mitscherlich 2001, S. 33
296 Mitscherlich 2001, S. 34
297 Mitscherlich 2001, S. 34
298 Vgl. Buchholz & Kriz [jkriz.de]
299 Vgl. Buchholz & Kriz [jkriz.de]